No Espelho do Passado

Palestras e Discursos
1978–1990

No espelho do passado
Palestras e discursos 1978–1990
In the Mirror of the Past: Lectures and Addresses, 1978–1990
Ivan Illich

© Marion Boyars, Nova York, Londres, 1992
© n-1 edições, 2024
ISBN 978-65-6119-001-5

Embora adote a maioria dos usos editoriais do âmbito brasileiro, a n-1 edições não segue necessariamente as convenções das instituições normativas, pois considera a edição um trabalho de criação que deve interagir com a pluralidade de linguagens e a especificidade de cada obra publicada.

COORDENAÇÃO EDITORIAL Peter Pál Pelbart e Ricardo Muniz Fernandes
DIREÇÃO DE ARTE Ricardo Muniz Fernandes
GESTÃO EDITORIAL Gabriel de Godoy
ASSISTÊNCIA EDITORIAL Inês Mendonça
TRADUÇÃO © Neto Leão e Nilo Coradini de Freitas
PREPARAÇÃO Flavio Taam
REVISÃO Gabriel Rath Kolyniak
EDIÇÃO EM LaTeX Paulo Pompermaier, Rogério Duarte e Guilherme Araújo
CAPA Gabriel de Godoy

A reprodução parcial deste livro sem fins lucrativos, para uso privado ou coletivo, em qualquer meio impresso ou eletrônico, está autorizada, desde que citada a fonte. Se for necessária a reprodução na íntegra, solicita-se entrar em contato com os editores.

1ª edição | Abril, 2024
n-1edicoes.org

No Espelho do Passado

Palestras e Discursos
1978–1990

Ivan Illich

tradução
**Neto Leão e
Nilo Coradini de Freitas**

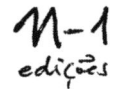

n-1
edições

Sumário

Prefácio	7
Nota dos tradutores	9
Apresentação à edição brasileira	11
Introdução	23
Parte I	**27**
Pela desassociação da paz e do desenvolvimento	29
O direito à dignidade do silêncio	43
Eu também decidi me manter em silêncio	49
Alternativas à ciência econômica: para uma história do rejeito	51
O silêncio é um comum	65
Morar	73
A mensagem da choupana de Bapu	85
Desvalor	91
As três dimensões da opção pública	105
Parte II	**127**
A esfera educacional	129
A história do *homo educandus*	137
Língua materna ensinada	143
Parte III	**169**
H_2O e as águas do esquecimento	171

Um apelo por pesquisa em letramento leigo	187
Mnemósine: o molde da memória	213
Letramento computacional e o sonho cibernético	235

Parte IV — **243**

Doze anos após *Nêmesis da medicina*: um apelo por uma história do corpo	245
A construção institucional de um novo fetiche: a vida humana	253
Ética médica: um chamado para desmascarar a bioética	269

Prefácio

PE. JÚLIO LANCELLOTTI

É uma tarefa quase impossível prefaciar alguém que se tem em alta consideração e admiração. Ivan Illich me deixa impactado por suas provocações desafiadoras.

O silêncio me mobiliza ao ler seus pensamentos diante do "extermínio de pessoas consideradas indignas de vida" e como ele mesmo escreve: "gritar está mais perto do silêncio do que a fala".

Todo o seu pensamento permite perceber "a máquina genocida" que nos massacra e, no "silêncio de horror que não pode ser usado ou governado", contestar a lógica institucional e desenvolvimentista que nos domina.

Illich nos faz perceber de maneira nítida "as exigências do homem comum" serem "desconsideradas em comparação com os de cima".

Faz-nos refletir "sobre as causas da guerra moderna, da feiura moderna e da desigualdade social moderna a ponto de encarar um horror quase insuportável".

Orienta-nos a mudanças de paradigma e a considerar "a simplicidade do serviço e da veracidade".

Eu o li a partir da convivência com a população em situação de rua, e meus olhos os viam na consideração de que "morar é humano", de que "uma morada não é um ninho nem uma garagem" e que a realidade de hoje ainda mostra que "o morar sucumbiu às avenidas do rei em que em nome da higiene, segurança e decoro derrubam as vizinhanças".

A realidade que vivemos nos faz "sucumbir aos profissionais que introduziram esgotos e controles".

Diariamente nos questionamos: "será porque as pessoas sentem que a inverdade e a violência as levarão ao objetivo desejado"?

As lutas diárias, com tantas derrotas e desafios, nos fazem perceber que "mesmo que os ricos vejam a verdade, se recusam a acatá-la".

Contemplar e vivenciar a Choupana de Bapu nos ajudará a resistir por caminhos novos.

Refletir e discernir a partir da simplicidade que nos humanizará e que garantirá "o direito de cada homem à sua própria cama!".

No espelho do passado nos provoca a olhar para o "espelho do futuro" no qual os sonhos possam ser refletidos nas águas do comum.

Ler e refletir a respeito destes textos, deixar-nos afetar por eles, banhados nas dores e nos amores do nosso tempo, e sermos livres no silêncio e no gesto de cada luta.

Nota dos tradutores

Você tem em mãos a primeira tradução de *No espelho do passado* para a língua portuguesa. Trata-se de um livro que reúne uma coleção de palestras, conferências, apontamentos e declarações proferidas por Ivan Illich. Como o texto original em língua inglesa carrega fortes marcas de oralidade, mantidas pelo próprio Ivan Illich, optamos por preservar a escolha do autor. A tradução conservou ao máximo as características do original, o que significou manter o plural como masculino, a repetição de alguns termos, entre outras questões. Tal escolha busca apresentar o autor ao público lusófono sem reescrevê-lo. Palavras ou frases entre colchetes sinalizam intervenções nossas.

Apresentação à edição brasileira

NETO LEÃO
NILO CORADINI DE FREITAS

A inabilidade de superar um modelo de sociedade que se ampara no industrialismo e no extrativismo é, em grande medida, o que vem continuamente mostrando no Brasil que tudo sempre pode piorar. É certo, a sabotagem do valor da solidariedade em nível de sociedade, traduzida na mobilização da ideia de "privatizar tudo", pareada com a "meritocracia", e a circulação do punitivismo sob a máscara dos valores ditos tradicionais tornam mais agudo o que já era difícil de se suportar. Contudo, a repetição de que a solução é a volta do crescimento econômico capitaneado pelo investimento público, possibilitando o consumo das massas – leia-se, emprego, carro próprio, carne vermelha a preço baixo etc. –, apresenta uma mudança superficial e coloca a esquerda no estranho lugar da defesa de instituições que servem para proteger aquilo que ela historicamente se propunha a derrubar; de reforçar maneiras de viver que cada vez mais se encerram no papel do consumidor, minando as possibilidades de construção coletiva, do lugar do sujeito político, e abrindo espaço para que a extrema direita se apresente como "antissistema". Propomos este livro entendendo que é preciso ir além do pêndulo desenvolvimentista entre eficiência mercadológica e capacidade estratégica estatal, pêndulo esse que vai cobrindo tudo vertiginosamente de asfalto, plástico e agrotóxicos, ampliando a dependência do consumo, expandindo o Sistema Internacional às custas de um ambiente natural que já não é mais capaz de suportá-lo. No lugar da expansão econômica, procuramos a expansão da esfera do possível e o reencontro com uma capacidade propositiva sobre o viver em sociedade, que passa pela retração da esfera da escassez. São esses os debates para com os quais queremos contribuir com a inédita edição lusófona do presente livro.

As discussões de Illich põem em questão o que entendemos normalmente por "escassez". O autor, declaradamente inspirado nos trabalhos de Karl Polanyi e Louis Dumont, relembra que seres humanos detêm habilidades inatas que lhes permitem a (re)produção da vida que estão para além disso que hoje se coloca como onipresente, a codificação da produção social por meio de instituições e *commodities*, seja a distribuição mercadológica ou planificada. Historicamente, as sociedades capturam as atividades humanas definindo-as, por meio de agências profissionais, como necessidades que devem ser supridas pela oferta de serviços e produtos. Illich encontra na criação da gramática castelhana de Nebrija, no século xv, o modelo desse processo que vai se expandindo, até a cruzada do desenvolvimentismo, em detrimento das atividades que ocorrem para além dele. O ir e vir é escasso porque é um serviço das indústrias de transporte; o morar é escasso porque é um produto da indústria da habitação; paquerar passa a ser escasso, pois se torna um serviço dos aplicativos de encontro etc. O diagnóstico illichiano da escassez passa por proposições de proteção e fortalecimento das formas de viver que estão no exterior da escassez. No século xx o desenvolvimentismo, sobretudo no Pós-guerra, naquilo que foi nomeado "A Grande Aceleração" no debate do Antropoceno, representou uma investida planetária de escala sem precedentes da escassez como única forma possível de viver em sociedade.

Ivan Illich via claramente o caráter histórico do desenvolvimentismo, isto é, o fato de que teve um começo e que, portanto, poderá ter um fim. Já em 1938, aos onze anos de idade e com o avanço do nazismo, ele compreendeu que o mundo que conheceu em sua infância chegava ao fim e que o futuro trazia algo de radicalmente diferente, o que o fez desde então jurar jamais ter filhos. Polímata, o autor se formou em química e, depois, em teologia na Universidade Gregoriana de Roma. Foi ordenado sacerdote em 1951. Recusando carreira na burocracia da Igreja, acabaria se formando também doutor em história pela Universidade de Salzburgo. Ordenado padre, assume o posto de vice-pároco da Iglesia de la Encarnación em Nova York, onde se aproxima do público porto-riquenho. O encontro com esse público é, simultaneamente, o encontro com o desenvolvimentismo e com a América Latina, região que o autor viria a escolher como seu lugar no mundo. Na primeira metade da década de 1950, Nova York recebeu cerca de meio milhão de porto-riquenhos, que procuravam melhorar suas condições de vida após mudanças de cenário – desenvolvimentistas – em sua ilha natal. Eles praticavam um catolicismo muito diferente do habitual na Europa e nos Estados Unidos, muito mais intimista e menos institucionalizado, no qual a fé era praticada no cotidiano de maneira a refletir a parca disponibilidade do clero – realizando batismos sem a participação de um padre, sem dar importância à presença semanal às missas.

Posteriormente, em 1956, Illich seria nomeado vice-reitor da Universidade Católica em Porto Rico e participaria do Concílio Vaticano II em Roma. Sua inserção na América Latina lhe rendeu um convite para assumir a chefia do Centro Intercultural de Formação (CIF), mais tarde rebatizado como Centro Intercultural de Documentação (CIDOC), com sede em Cuernavaca, no México, e que nascera como um braço missionário da Igreja Católica dedicado a "suprir" a falta de sacerdotes nas comunidades mais longínquas dos centros urbanos latino-americanos. Seus superiores talvez não contassem com sua atitude anti-institucionalizante. Tachado de antimissionário e anticlerical por alguns de seus colegas, Ivan Illich fez duras críticas ao voluntarismo norte-americano e aos ímpetos imperialistas escamoteados por uma caridade que confundia a exportação do modo de vida industrializado dos Estados Unidos com a difusão do evangelho. Defendia que o verdadeiro missionário cultivava o silêncio como a linguagem mais fundamental para o compartilhamento da boa-nova. Escreveu artigos nesse período que mais tarde deram origem ao seu primeiro livro, *Celebração da Consciência*, e, combinados com sua atuação, também levaram ao banimento do CIDOC pelo Vaticano e a uma investigação de Illich por parte da Congregação para a Doutrina da Fé, a herdeira moderna da Inquisição. Após os ocorridos, Illich se retirou publicamente do sacerdócio, por não querer levar adiante o clima de escândalo e notoriedade criado pelo Vaticano, ainda que insistisse que suas visões religiosas eram ortodoxas, que seu comportamento estava correto e que mantinha uma devoção profunda pela Igreja. O CIDOC contou com a presença de nomes como Erich Fromm, Boaventura de Sousa Santos, Francisco Julião, Paulo Freire, Paul Goodman, Susan Sontag, André Gorz, Sylvia Marcos e Jean Robert. Continuou fomentando um debate vibrante de onde saiu sua obra "panfletária", na qual desenvolve suas críticas ao industrialismo e à institucionalização. O centro foi encerrado em 1976, para que ele próprio não sobrevivesse à sua vivacidade, passando a ser mais um componente da camisa de força institucional que se impusesse à América Latina.

O próprio Illich definiu essa parte de sua obra como panfletária, nascida de um caldo de ideias fomentado no CIDOC, outrora apelidado de "cozinha do futuro". São cinco títulos: *Energia e equidade*, *Sociedade sem escolas*, *Nêmesis da medicina*, *A convivencialidade* e *O direito ao desemprego criador*.[1] Afora *Sociedade sem escolas*, que foi publicado em múltiplas edições, e *Energia e equidade*, que só foi publicado no Brasil em 2005, os títulos foram publicados em língua portuguesa pouco após o lançamento dos originais em língua inglesa, mas não receberam novas edições posteriormente. A ideia de que as instituições modernas sobrepassam um determinado limiar que as faz ir contra o propósito para o qual elas haviam sido criadas em primeiro lugar – fenômeno que o autor

---

1. Ivan Illich. *A expropriação da saúde: nêmesis da medicina*. Rio de Janeiro: Nova Fronteira, 1975; *Celebração da consciência*. Trad. Heloysa de Lima Dantas. 2. ed. Rio de Janeiro: Vozes, 1976; *A convivencialidade*. Lisboa: Publicações Europa-América, 1976; *O direito ao desemprego criador: a decadência da idade profissional*. [s.l.]: Alhambra, 1978; "Energia e equidade". In: *Apocalipse motorizado: a tirania do automóvel em um planeta poluído*. Org. Ned Ludd. São Paulo: Conrad, 2005. pp. 33-72; *Sociedade sem escolas*. Trad. Lúcia Mathilde Endlich Orth 9. ed. Petrópolis: Vozes, 2018.

nomeou de "contraprodutividade" – é a espinha dorsal de cada um desses livros em relação às diferentes instituições. Os panfletos de Illich foram disseminados amplamente em todo o mundo durante os anos 1970. Muitas das proposições que preencheram as páginas de tais livros diziam respeito à tentativa de explorar uma janela de oportunidade na qual a maior parte das pessoas do mundo poderia ainda evitar o desenvolvimentismo como ponta de lança da modernidade. Tais panfletos propõem uma sociedade moderna, porém preservando limites sociais e ecológicos que evitariam tanto a degradação das relações sociais devido à escala e à intensidade próprias das instituições modernas, produtoras de bens e serviços, quanto a degradação do ambiente. Dito de outra forma, as propostas desse "primeiro Illich" buscavam direcionar o desenvolvimento tecnológico de forma a preservar a possibilidade da vida em sociedade na qual fosse possível colocar politicamente a escolha de como vivemos juntos, ambiente e sociedade, visto que há um condicionamento mútuo.

O desenrolar da história trouxe a vitória do desenvolvimentismo e a realização dos problemas que o autor apontava. Em nosso tempo, muito do que é exposto no primeiro Illich é de muito mais fácil compreensão do que era na época em que os textos foram escritos. Os acontecimentos ao longo dos anos, com seu caráter trágico, levaram o autor a produzir textos que aprofundam as críticas apresentadas anteriormente, mas às custas de se retirar dos holofotes do debate público, de se colocar às margens das grandes decisões políticas. Na década de 1970, sua obra apresentou debates consequentes tendo em vista a influência de *Os limites do crescimento* e da Conferência de Estocolmo de 1972, quando se tentava lidar com o fato de que o modo de vida industrial deveria mudar para evitar uma catástrofe em escala global. Os panfletos do primeiro Illich levaram adiante as consequências do dar-se conta da necessidade de limitar a produção de bens: a necessidade de também limitar a produção de serviços profissionais, como serviços médicos e a "produção" de diplomas. Enquanto a primeira obra do "segundo Illich", *Shadow Work*

[*Trabalho-Sombra*], avança o debate para um terceiro momento, centrado no comum, o debate público de maneira geral acaba sucumbindo aos imperativos do sistema econômico e passa a fingir que não há contradição entre crescimento econômico e ambientalismo, descartando de vez a ideia de limite e desembocando no autoengano que foi nomeado de "desenvolvimento sustentável". Atualmente, quando a queima da Amazônia grita aos olhos e o IPCC declara sem deixar dúvidas que o mundo teria três anos para inverter as tendências das atividades produtivas se quiser evitar a catástrofe, Illich aparece como um autor necessário, embora percebamos que as armas da crítica sozinhas não serão suficientes. Apresentamos aqui uma primeira correção desse imenso atraso da chegada da obra tardia de Ivan Illich ao Brasil, na esperança de que ajude nos debates e ações que levem a fazer sobrar (ao menos) um mundo habitável.

Se há algo como um método na obra de Illich, ele se encontra na perspectiva daquele que se posiciona no passado para encarar o presente em seu espelho. Da década de 1980 em diante, Illich dedicou muito de seu tempo a voltar a estudar a Europa do século XII, o que lhe permitiu ganhar estranheza com relação aos conceitos que tomamos como dados, quase naturais. A ideia de que a vida humana deve ser possibilitada por meio de uma atividade remunerada não só soaria estranha a alguém daquela época, como conotaria um estado de despossessão digno de pena. A subsistência era a maneira mais comum de sustentar a vida, e aquelas sociedades só passaram a aceitar a necessidade do trabalho depois de muita repressão – as multidões que passaram a exigir menos horas de trabalho primeiramente recusavam ter que trabalhar. Ambos os lados da política institucional do Brasil (como em outros lugares) são cegos por considerar naturais construções como essas, que são históricas.

O debate político no Brasil discute amplamente como gerir o sistema que já está dado, como se não estivesse a ponto de desmoronar. Apesar das farpas trocadas pelos defensores de uma ou outra proposta, *grosso modo* em torno de quanta ênfase deve ser dada à iniciativa privada ou se deve haver maior subsídio público das atividades econômicas, há uma continuidade entre ambas que permanece largamente intocada, que produz uma degradação ambiental e social. Tal continuidade é evidenciada, por exemplo, em algumas políticas que ficaram intocadas desde a ditadura militar: as atividades de mineradoras, memoráveis por seus momentos "célebres" como a usina de Belo Monte, da fotografia de Tuíra, com o facão no rosto do diretor da Eletronorte, à bandeira do governo Dilma de que a usina "vai sair!"; as estruturas das polícias e o aumento das taxas de encarceramento etc.

A obra de Ivan Illich tem por mérito evidenciar quais as crenças que circulam no cotidiano de forma a assegurar a continuidade tanto do desmatamento da Amazônia quanto da crescente comodificação de cada mínimo aspecto da vida.

O presente livro é uma coletânea de palestras e ensaios selecionados e ordenados por Valentina Borremans. De maneira geral, abarca assuntos que Illich tratou em toda sua vida. Apresenta o seguimento de seu pensamento com relação às reflexões de quando o autor era mais jovem, em uma série de palestras que não está apresentada cronologicamente, mas por temas. Tem o mérito, ainda, de apresentar as reflexões de maneira acessível, evitando o uso de jargões ou "xiboletes",[2] como coloca o autor.

A primeira e maior parte do livro é composta de intervenções sobre o tema do desenvolvimentismo e da crescente inclusão do ambiente no regime da escassez. O autor aborda com muita clareza como a "paz" havia sido instrumentalizada para a efetiva promoção do seu contrário. Com muita sensibilidade, o autor expõe como uma ideia de paz que faça jus ao nome só pode ser heterogênea de região para região e, portanto, incompatível com a universalização das instituições desenvolvimentistas. A fala proferida em 1980 ressoa com percepções que ficaram evidentes no Brasil com sua paz total pós-2013,[3] com a reação aos levantes

---

2. Ver p. 24, nota de rodapé número 1.
3. Cf. Paulo Arantes. *O novo tempo do mundo*. São Paulo: Boitempo, 2014.

e seu efeito policial pacificador, em que a ação estatal passa e fica a dor, é claro, mas também leva a pensar no efeito pacificador das vontades legalistas da esquerda institucional. Illich expõe na referida seção como a crescente ruptura na organicidade da reprodução da vida, o que Polanyi denominara "desarraigamento", torna as pessoas necessitadas, incapazes de proverem a si mesmas e a seus próximos, por um lado, por meio da produção de subjetividades que naturalizam tal estado e, por outro, efetivamente impossibilitando as capacidades de intervir no ambiente à sua volta – vemos pontos de contato com aquilo que Suely Rolnik nomeou "síndrome da carência-e-captura".[4] Conforme a autonomização da esfera econômica cresce, o discurso da ciência econômica vai minando a capacidade de compreender o mundo fora de si – para Illich, o "comum" não é um recurso, como quer Elinor Ostrom, mas algo fundamentalmente diferente, que está além do regime da escassez, como outros depois dele postularam, tais como Gustavo Esteva e Valérie Fournier. É essa mesma autonomização da economia que neutraliza os limites que as diferentes cosmovisões ao redor do mundo impunham para impedir o abuso e a abolição do comum, em favor da exploração que leva ao esgotamento do que passa a ser entendido como recurso, o que inclui as pessoas. Podemos pensar, por exemplo, a *xawara* da mercadoria nessa chave.[5] Também não estamos muito distantes de noções como a de Murray Bookchin, que liga a exploração social à exploração da natureza.[6]

A segunda parte do livro reúne palestras sobre a continuação do pensamento do autor em torno da escola como a instituição que faz as pessoas acreditarem que precisamos da sociedade tal como ela é. O autor percebe, primeiramente, que a crença de que seres humanos precisam passar por um ritual educativo, que

---

4. Suely Rolnik. *Cartografia sentimental: transformações contemporâneas do desejo*. Porto Alegre: Sulina; UFRGS, 2016.
5. Davi Kopenawa e Bruce Albert. *A queda do céu: palavras de um xamã yanomami*. São Paulo: Companhia das Letras, 2015.
6. Murray Bookchin. *Post-Scarcity Anarchism*. Montreal: Black Rose Books, 1986.

organiza e fornece um saber que então é autenticado por um documento reconhecido socialmente, se espalha além das instituições escolares e em detrimento de um saber-fazer orgânico. A legitimidade do conhecimento se encontra nos manuais de instruções dos produtos a serem consumidos, nas gramáticas, nos tutoriais da internet, e a experiência cotidiana aparece como algo falso. Em segundo lugar, o autor também ressalta como esse processo, que poderíamos descrever como burocratização do saber, passa pela institucionalização das próprias falas, com a produção e oferecimento do que aparece como verdade necessariamente passando por agências profissionais. Apesar de já haver muitos estudos socialmente engajados em torno de temas como a propaganda – pensamos em nomes como os de Adorno e Chomsky –, a obra de Illich se destaca por insistir em algo fundamental: a necessidade da desprofissionalização como requisito para a possibilidade de controle social sobre a produção. Isso significaria destituir agências profissionais de seu monopólio sobre o saber e sobre as práticas, assim como reconhecer que o conhecimento se difunde livremente tanto quanto não sirva para a criação e manutenção de privilégios estamentais, um exemplo óbvio sendo a indústria da produtividade acadêmica – não é porque se publica mais que se pensa melhor, saber falar é diferente da habilidade de dizer algo novo.

A terceira parte do livro contém reflexões a respeito dos impactos da tecnologia sobre a sociedade. O autor expõe como a relação das sociedades com suas ferramentas condiciona a maneira de ver o mundo e reflete sobre a relação com o texto desde o século xii até a contemporaneidade. A ascensão de noções abstratas em nosso relacionamento com o mundo leva a uma desconexão com nossos sentidos, o que o autor denomina de "desincorporação", e reflete a desconexão geral da produção social. É muito difícil esperar que as pessoas sejam capazes de assimilar profundamente a necessidade de defesa de algo como "a biodiversidade". O efeito primário do encantamento com a tecnologia – a devoção à *technique* de que falava Jacques Ellul – se dá em nível corporal. Não existem ecossistemas e o meio ambiente, existem os nomes e as significações atribuídas a cada componente do mundo ao seu redor. Como deveria estar claro, ao menos desde Cochabamba: a água é sagrada. O ato de ser transportado por veículos automotores quebra a conexão com a terra que se cria ao caminhar, da mesma forma que as horas de Instagram enfraquecem a capacidade de interação com o próximo. Também não estamos diante de argumentos que sonham com a volta de um passado idealizado ou que negam a ciência e a racionalidade, é importante frisar. Trata-se antes de considerações que levem à sobriedade dos efeitos de nossas relações e práticas com artefatos técnicos, que possibilitem a manutenção da capacidade de viver em sociedade.

Finalmente, a última parte traz a reflexão do "segundo Illich" com relação à saúde e ao corpo, atualizando o debate apresentado em *Nêmesis da medicina*. O que anteriormente o autor identificava na atuação da profissão médica – a objetificação da pessoa e a monopolização do cuidado por parte de uma corporação profissional – acaba por sair das mãos dessa corporação para ser difundida ao largo da sociedade. Passamos a lidar com pessoas que objetificam a si mesmas, que se percebem enquanto partes do sistema de produção e, portanto, desencarnadas de si próprias. Isso leva a uma ideia de "vida" bastante abstrata, que o autor coloca como um engano no discurso religioso, um ídolo. Aqui temos, sobretudo, uma proximidade com os debates atuais em torno da biopolítica. Illich oferece uma maneira de compreender a desumanização e os horrores que podem ser cometidos em nome da defesa da vida, se esta é entendida como algo abstrato como um biossistema ou um ultrassom.

É certo, muitas outras conexões e debates nos escapam nessa apresentação. Gostaríamos de acreditar que esta primeira publicação é apenas o começo da reinserção do pensamento de Illich no debate público e, sabemos, é apenas um grão de mostarda na tarefa imensa de encarar os problemas que afligem o Brasil e o mundo. Esperamos que esteja claro que Ivan Illich é um autor que tem a contribuir – e que contribuiu em vida – para o debate *abajo y a la izquierda*, seu pensamento encontra lugar político junto às correntes como o anarquismo, o autonomismo e o comunismo libertário. Esperamos contribuir para um deslocamento do debate de forma a colocar a ideia de que a liberdade se constrói dentro de limites e de maneira coletiva. Esperamos que *No espelho do passado* abra um espaço imaginário que está diante de nós, mas que muitas vezes não conseguimos mais perceber. Que permita assumir, em vários aspectos da vida, posições em contato com o corpo, pelo resgate da arte de habitar, e a arte de cuidar de si e do outro. Talvez o reencontro com o passado nos surpreenda no presente.

Introdução

Este volume reúne notas que eu havia preparado para minhas intervenções em debates públicos ocorridos entre 1978 e 1990. Os manuscritos foram selecionados por Valentina Borremans, que também decidiu sua ordem de apresentação. Alguns já haviam sido publicados, outros até agora eram inéditos. Seus propósitos originais explicam seus estilos, a eventual repetição de argumentos e a ausência de referências.

A partir das minhas notas de falas públicas, Valentina Borremans selecionou apenas aquelas que foram preparadas para falas em língua inglesa e que também manifestam um interesse particular meu: cada uma foi escrita como um convite endereçado a um público distinto e cada uma argumenta em favor de uma nova avaliação histórica de alguma noção aparentemente banal. Em cada ocasião, clamei por uma perspectiva histórica sobre justamente aqueles postulados que são aceitos como verdades ou "certezas práticas" contanto que sua sociogênese permaneça inexplorada.

Em algumas dessas falas eu me dirigi a profissionais. O fato de ter sido convidado por eles me fez suspeitar que as questões fundamentais que comprometem sua autoimagem como corporação eram parte de um projeto oculto. Em cada ocasião, tentei chamar a atenção aos axiomas que geram o espaço mental específico de cada época, dentro dos quais ambas as realidades, cotidiana e profissional, passaram a existir.

Já faz vários anos que minhas próprias leituras e aulas se preocupam principalmente com o imaginário, percepções, concepções e fantasias de meados do século XII. Ao interpretar textos de Hugo de São Vítor, Heloísa [de Argenteuil], Guiberto [de Nogent] e Teófilo Presbítero, tentei captar a possível e precoce emergência de um tipo de postulado cujos desdobramentos se tornaram uma realidade social da qual não nos atrevemos mais a nos distanciar.

Minhas falas públicas foram uma distração desses estudos medievais, e o leitor perceberá que frequentemente vejo o presente como se eu precisasse explicá-lo aos autores dos antigos textos que tento entender. A cada público, quis sugerir que apenas no espelho do passado se torna possível reconhecer a alteridade radical de nossa topologia mental do século xx e tomar conhecimento dos axiomas geradores que normalmente permanecem abaixo do horizonte da atenção contemporânea.

Fui convidado para a maior parte dos debates para os quais preparei estas notas na condição de um forasteiro bem-vindo, cujos escritos haviam sido controversos, décadas atrás, entre os membros mais antigos da assembleia. Jamais aceitei qualquer convite sem que meu anfitrião entendesse que uma longa estrada, que não poderia ser resumida em algumas palavras introdutórias, separava minhas preocupações atuais dos livros e panfletos que escrevi quando era muito mais jovem. Ao me abster de utilizar a linguagem especializada que dava o tom a cada encontro específico, demonstrei prudência e respeito aos profissionais que me convidaram, fossem eles arquitetos, educadores, formuladores de políticas públicas, pessoal médico, bispos luteranos ou economistas. Em cada caso, me dediquei a fomentar a controvérsia precisamente em torno dos conceitos, percepções sensoriais e convicções morais que, dentro de cada círculo específico ao qual me dirigia, eram provavelmente tabus. Não me privei de satirizar os xiboletes[1] do momento.

A apresentação de minhas notas aqui não segue uma ordem cronológica. Isso obscurece o progresso do meu pensamento e terminologia, mas pode facilitar a compreensão do leitor de seu fio condutor.

---

1. "Xibolete", palavra utilizada na Bíblia Hebraica (*shibboleth*), refere-se ao som ou às palavras de difícil articulação e cuja pronúncia entrega a origem estrangeira do falante. Illich usa o termo de modo jocoso para evidenciar a mesquinhez de tais diferenciações. [N. T.]

Na primeira parte do livro, delineio o que quero dizer com "comum" e como percebo a cultura tradicional como um conjunto de regras que impediam a ascensão de percepções de escassez dentro de uma comunidade. Desempenho tal tarefa primeiro ao separar paz de desenvolvimento e então ao reconhecer a alternativa a essa desassociação como um assunto do qual eu não poderia falar. Em terceiro lugar, esclareço que a alternativa à ciência econômica não pode ser reduzida a uma ciência econômica alternativa. O que se perde quando o comum é transformado em recurso é então exemplificado nas notas sobre o silêncio e o habitar. Na fala à *Japanese Entropy Society*, argumento que é a criação social do desvalor que nos força às atividades econômicas e ao crescimento. Na última nota desta primeira seção, lido com as dimensões da opção pública, visando à frenagem da expansão do desvalor. Procuro a política da renúncia por meio da qual, mesmo além dos horizontes da cultura atual, o desejo pode florescer e as necessidades declinarem.

Os capítulos seguintes, na segunda parte do livro, são voltados aos ditos educadores. Seu tema comum é um apelo por pesquisas sobre educação, não em educação. De diferentes maneiras, peço que se conduzam pesquisas sobre aquelas verdades que constituem os postulados comuns latentes nas atuais teorias educacionais. Argumento que a esfera educacional é uma construção social tanto quanto aquilo que fora chamado de esfera sublunar, ou aquela de Vênus. Sugiro que a sociogênese do *homo educandus* deve ser estudada da mesma maneira que Louis Dumont estudou a emergência do *homo economicus*. Proponho que o postulado da língua materna ou do destino "natural" do homem de começar a vida como monolíngue tem um começo identificável e, portanto, pode também ter um fim.

Neste ponto, minha pesquisa na terceira parte do livro conduz à "história das coisas". O que quero dizer por "coisa" da modernidade aparece no reflexo da água que se tornou H_2O. Os próximos capítulos são, para mim, lembretes de um período de transição que me levou do estudo da escolarização enquanto uma liturgia mitopoiética, ou ritual, à transformação do Ocidente sob o impacto simbólico do alfabeto. Revejo meus passos e faço um chamado à pesquisa sobre a efetividade simbólica de sistemas de notação nas percepções sensitivas daqueles que não podem manipulá-los. Por volta do ano de 1170, o texto se descolou da página do manuscrito, e tal descolamento gerou a nova coisa literária que se cristaliza em verdades e memórias. Mas tal coisa também é instável. O que chamo de "letramento leigo" no século XII se torna, para mim, uma metáfora para o "transe cibernético" que o uso de computadores pode induzir não apenas em quem os opera, mas também nos "iletrados computacionais".

Em 1976, publiquei a terceira e última versão de *Nêmesis da medicina*[2] e passei seis semanas debatendo a respeito. Desde então me abstive de qualquer debate com profissionais da saúde. Na quarta parte do livro, proponho que os serviços de saúde não são mais, certamente, a questão principal. Ainda não entendo como eles podem ter sido levados tão a sério. A percepção da "vida" como recurso último e sua insidiosa gestão são os temas que devemos explorar. Este é o ponto para uma chamada para desmascarar a bioética, texto que escrevi na companhia do Dr. Robert Mendelsohn, que faleceu antes que pudesse assiná-lo. Alguns destes textos são, em conteúdo e forma, o resultado de minha colaboração de longa data com Lee Hoinacki. Dedico este volume a Marion Boyars, editora de todos meus livros em língua inglesa e uma amiga cuja crítica e incentivo eu valorizo muito.

IVAN ILLICH
Ocotepec, 1991

---

2. Ivan Illich. *A Expropriação da saúde: nêmesis da medicina*. trad. José Kosinski de Cavalcanti. 3. ed. Rio de Janeiro: Nova Fronteira, 1975. [N. T.]

Parte I

Pela desassociação da paz
e do desenvolvimento[1]

Professor Yoshikazu Sakamoto, seu convite para abrir esta série de conferências que marcam a fundação da *Asian Peace Research Association* é para mim uma honra e um desafio ao mesmo tempo. Agradeço por tal confiança, mas também peço que tenha paciência com minha ignorância quanto ao mundo japonês. Esta é a primeira vez que faço um discurso público em um país cuja língua eu desconheço.

Fui convidado para falar sobre um assunto que recorre ao uso moderno de certos termos da língua inglesa. Hoje, a violência ronda muitas palavras-chave dessa língua. John F. Kennedy pôde declarar guerra à pobreza; pacifistas planejam estratégias (literalmente, planos de guerra) para a paz. Nessa língua, atualmente moldada pela agressividade, devo lhes falar sobre a recuperação de um verdadeiro sentido de paz, enquanto mantenho sempre em mente que não sei nada sobre sua língua vernacular. Portanto, cada palavra que eu falar hoje me lembrará da dificuldade de expressar a paz em palavras. Para mim, parece que a paz de cada povo é tão distinta quanto a poesia de cada povo. A tradução da paz é, então, uma tarefa tão árdua quanto aquela da tradução da poesia.

Paz tem um significado diferente para cada época e para cada atmosfera cultural. Este é um assunto sobre o qual o professor Takeshi Ishida tem escrito. Como ele nos lembra, dentro de cada atmosfera cultural, a paz significa algo distinto, tanto no centro como nas margens. No centro, a ênfase está em "manter a paz"; nas margens, as pessoas esperam ser "deixadas em paz". Este

---

1. Fala de abertura na ocasião do primeiro encontro da Asian Peace Research Association, Yokohama, 1º de dezembro de 1980.

último sentido, da *paz das pessoas comuns*, a *paz popular*, se perdeu durante as três ditas "décadas do desenvolvimento". Esta é minha tese principal: sob a máscara de "desenvolvimento", uma guerra mundial foi travada contra a paz popular. Atualmente, em áreas desenvolvidas, não sobra muito da paz popular. Acredito que a principal condição para que as pessoas comuns recuperem sua paz é que desde a "base" se imponham limites ao desenvolvimento.

A cultura sempre deu significado à paz. Cada *ethnos* – povo, comunidade, cultura – tem se espelhado, simbolicamente se expressado e reforçado seu próprio *ethos* de paz: mito, lei, deusa, ideal. A paz é tão vernacular quanto a fala. Nos exemplos escolhidos pelo professor Ishida, essa correspondência entre *ethnos* e *ethos* aparece com muita clareza. Tomemos os judeus: veja o patriarca judeu que, com os braços erguidos, abençoa sua família e seu rebanho. Ele invoca *shalom*, que traduzimos como paz. Ele vê *shalom* como graça, vinda do céu, "como o óleo que escorre da barba do antepassado Arão". Para o pai semita, a paz é a bênção da justiça que o único Deus verdadeiro despeja sobre as doze tribos dos pastores recém-assentados.

Para o judeu, o anjo anuncia *shalom*, não a *pax* romana. A paz romana significa algo completamente diferente. Quando o governador romano ergue a insígnia de sua legião para cravá-la no solo da Palestina, ele não olha na direção do céu. Olha para uma cidade muito distante, impõe a lei e a ordem *daquela cidade*. Não há nada em comum entre *shalom* e *pax* romana, ainda que ambas existam no mesmo lugar e ao mesmo tempo.

Em nossa época, ambas desapareceram. A *shalom* foi retirada a um reino privado da religião enquanto a *pax* invadiu o mundo como *peace – paix, pace*. Ao longo de dois mil anos de uso pelas elites dirigentes, *pax* se tornou um termo polivalente e genérico. O termo foi explorado por Constantino para transformar a cruz em ideologia. Carlos Magno a utilizou para justificar o genocídio dos saxões. *Pax* foi o termo empregado por Inocêncio III para subjugar a espada perante a cruz. Nos tempos modernos, os dirigentes a manipulam para manter o controle do partido sobre o exército. Dita por São Francisco de Assis e Clemenceau, *pax* agora perdeu os limites de seu significado. Tornou-se um termo sectário e proselitista, seja usado pelo *establishment* ou por dissidentes, seja sua legitimidade aclamada pelos países do Leste ou pelos do Ocidente.

A ideia de *pax* tem uma história rica e interessante, apesar do fato de até agora ter sido objeto de pouca pesquisa. Historiadores têm estado mais ocupados enchendo prateleiras de livrarias com tratados sobre a guerra e suas técnicas. *Huo'ping* e *Shanti* parecem ter hoje significados que não são diferentes daqueles do passado. Mas entre os termos há um abismo; não são nem um pouco comparáveis. O *Huo'ping* dos chineses é a doce e serena harmonia interna à hierarquia celestial, enquanto o *shanti* dos indianos evoca primeiramente o despertar íntimo, pessoal, cósmico e não hierárquico. Resumidamente, não há uma "identidade" na paz.

Em seu sentido concreto, a paz localiza o "eu" dentro de seu "nós" correspondente. Mas em cada área da linguagem, essa correspondência é diferente. A paz fixa o significado da primeira pessoa do plural. Ao definir a forma do "nós" exclusivo (o *kami* das línguas malaias), a paz é a base sobre a qual o "nós" inclusivo (o *kita*) das línguas malaias aparece naturalmente para a maioria dos falantes ao redor do Pacífico. É uma diferença gramatical totalmente estranha à Europa e completamente ausente na *pax* ocidental. O "nós" indiferenciado da Europa moderna é semanticamente agressivo. Portanto, todo o cuidado é pouco para a pesquisa asiática com relação à *pax*, que não tem nenhum respeito pelo *kita*, pelo *Adat* [o comum]. Aqui no Extremo Oriente deveria ser mais fácil do que no Ocidente ter como fundamento de uma pesquisa sobre a paz aquilo que deve talvez ser seu principal axioma: que a guerra tende a tornar as culturas similares enquanto a paz é a condição na qual cada cultura floresce em sua maneira própria e incomparável. Disso se segue que a paz não pode ser exportada; ela é inevitavelmente corrompida pela transferência, sua tentativa de exportação significa guerra. Quando a pesquisa sobre a paz negligencia esse truísmo etnológico, ela se transforma em uma tecnologia de manutenção da paz: ou degradada em algum tipo de rearmamento moral, ou pervertida em uma polemologia (ciência de guerra) negativa dos Estados-maiores e seus jogos de computador.

A paz é uma noção irreal, uma mera abstração, se não se apoia em uma realidade etnoantropológica. Mas ela permaneceria igualmente irreal se não nos ativéssemos à sua dimensão histórica. Até bem recentemente, a guerra não conseguia destruir a paz completamente, não conseguia penetrar todos seus níveis, porque a continuação da guerra estava baseada na sobrevivência das culturas de subsistência que a alimentavam. A guerra tradicional dependia da continuação da paz popular. Muitos historiadores negligenciaram esse fato; fazem a história parecer um conto de guerras. Isso é claramente verdade para historiadores clássicos, que tendem a relatar a ascensão e queda dos poderosos. Infelizmente, isso é igualmente verdade para muitos dos novos historiadores que querem agir como repórteres dos campos dos que nunca conseguiram, que querem contar os contos dos vencidos, evocar as imagens daqueles que desapareceram. Muito seguidamente tais novos historiadores estão mais interessados na violência do que na paz dos pobres. Relatam primariamente resistências, motins, insurgências, revoltas de escravos, camponeses, minorias, marginais; mais recentemente, as lutas de classe de proletários e as lutas das mulheres contra a discriminação.

Em comparação com os historiadores do poder, os novos historiadores da cultura popular têm uma tarefa difícil. Historiadores de culturas de elite, de guerras travadas por exércitos, escrevem sobre o centro de suas áreas culturais. Como sua documentação, têm monumentos, decretos gravados em pedra, correspondências comerciais, as autobiografias de reis e as profundas pegadas deixadas pelas marchas de exércitos. Historiadores do campo derrotado não têm evidências desse tipo. Relatam assuntos os quais, na maior parte do tempo, desapareceram da face da Terra, povos cujos vestígios foram apagados por seus inimigos ou levados pelo vento. Os historiadores do campesinato e de nômades, da cultura provinciana e da vida doméstica, das mulheres e crianças, têm poucos traços a examinar. Devem reconstruir o passado a partir de intuições, devem estar atentos às pistas que encontram em provérbios, charadas e canções. Comumente, os únicos registros em *verbatim* deixados pelos pobres, especialmente por mulheres, são respostas dadas por bruxas e rebeldes sob tortura, declarações gravadas por tribunais. A história antropológica moderna (história das culturas populares, *l'histoire des mentalités*) teve que desenvolver técnicas para tornar inteligíveis esses estranhos vestígios.

Mas esta nova história muitas vezes tende a focar na guerra. Ela retrata os fracos principalmente em seus confrontos contra quem devem se defender. Ela conta narrativas de resistência e não fala da paz do passado. O conflito torna os oponentes comparáveis, introduz simplicidade ao passado, fomenta a ilusão de que o que aconteceu antes pode ser relatado no *uniquack*.[2] Portanto, a guerra, que torna as culturas similares, é muito frequentemente utilizada por historiadores como um quadro ou esqueleto para suas narrativas. Atualmente, há uma necessidade desesperada de uma história de paz, uma história infinitamente mais diversa do que a narrativa da guerra.

O que é agora designado como pesquisa sobre a paz muitas vezes carece de perspectiva histórica. O objeto dessa pesquisa é a "paz" desprovida de seus componentes históricos e culturais. Paradoxalmente, a paz é transformada em um objeto de estudo acadêmico apenas quando reduzida a um equilíbrio entre potências econômicas soberanas agindo sob o postulado da escassez. Assim, o estudo é restrito à pesquisa sobre a trégua menos violenta entre competidores em um jogo de soma zero. Como faróis, os conceitos dessa pesquisa focam na escassez, mas deixam em uma sombra espessa o gozo pacífico daquilo que não é escasso.

O postulado da escassez é fundamental para a economia, e a ciência econômica formal é o estudo dos valores em função desse postulado. Mas a escassez, e portanto tudo que pode ser analisado

---

2. A linguagem que engloba todas as linguagens e que é corrente no século xx. Ver Ivan Illich e Barry Sanders. "From Taught Mother Tongue to Newspeak and Uniquack". In: *ABC, The Alphabetization of The Popular Mind*. São Francisco: North Point Press, 1988. [N. T.]

significativamente pela ciência econômica formal, foi algo de importância marginal na vida da maioria das pessoas durante a maior parte da história. A propagação da escassez para todos os aspectos da vida pode ser traçada. Ela ocorreu na civilização europeia desde a Idade Média. Sob o crescente postulado da escassez, a paz adquiriu um novo significado, que não tem precedentes em lugar algum exceto na Europa. A paz se tornou *pax economica*. *Pax economica* é o equilíbrio entre potências formalmente "econômicas".

A história dessa nova realidade merece nossa atenção. E o processo pelo qual a *pax economica* monopolizou o significado de paz é especialmente importante. Este é o primeiro significado de paz a alcançar aceitação mundial. Portanto, eu quero contrastar a *pax economica* com seu oposto complementar, a paz popular.

Desde a formação da Organização das Nações Unidas, a paz tem sido progressivamente ligada ao desenvolvimento. Antes disso, tal ligação teria sido impensável. A novidade disso dificilmente é entendida por pessoas com menos de quarenta anos de idade. A curiosidade da situação é mais facilmente inteligível para quem já era, como eu, adulto no dia 10 de janeiro de 1949,[3] o dia em que o presidente Harry Truman anunciou o programa "Ponto Quatro". Naquele dia, a maioria de nós se deparou pela primeira vez com o termo "desenvolvimento" em seu significado atual. Até então, o termo era usado em referência às espécies animais ou vegetais, à valorização imobiliária e às jogadas de xadrez. Mas desde então, pode se referir às pessoas, aos países e às estratégias econômicas. E em menos de uma geração fomos inundados por teorias desenvolvimentistas. Atualmente, no entanto, a maioria delas é mera curiosidade para colecionadores. Vocês talvez se lembrem, com certo constrangimento, de como pessoas generosas foram encorajadas a fazer sacrifícios para uma sucessão de programas que objetivavam "aumentar a renda *per capita*", "alcançar os países

---

3. Ivan Illich confundiu-se sobre a data correta do discurso, que, na verdade, ocorreu no dia 20 de janeiro do mesmo ano, quando o presidente dos Estados Unidos anunciou, no seu discurso de posse, o programa "Ponto Quatro" de ajuda técnica aos países subdesenvolvidos. [N. T.]

avançados" ou "superar dependências". Também nos impressionamos com as coisas consideradas dignas de exportação: "foco em objetivos", "átomos pela paz", "empregos", "eólico" e, atualmente, "estilos de vida alternativos" e "autoajuda" supervisionada por profissionais. Essas duas incursões teóricas vieram em ondas. Uma trouxe os pragmatistas autointitulados *experts* que enfatizavam o empreendedorismo, a outra, os pretensos políticos que almejavam "conscientizar" as pessoas da ideologia estrangeira. Ambos os campos concordavam quanto ao crescimento. Ambos advogavam o aumento da produção e da dependência das pessoas com relação ao consumo. E cada campo com sua seita de *experts*, cada assembleia de salvadores, sempre ligou seu próprio esquema de desenvolvimento com a paz. A paz concreta, sendo assim conectada ao desenvolvimento, se tornou um objetivo partidário. E a busca da paz por meio do desenvolvimento se tornou um axioma abrangente e inquestionável. Qualquer pessoa que se opusesse ao crescimento econômico, não a um tipo específico, mas ao crescimento econômico como tal, poderia ser denunciada como uma inimiga da paz. Mesmo Gandhi foi tachado de tolo, romântico ou psicopata. E o que é pior, seus ensinamentos foram pervertidos em ditas estratégias não violentas de desenvolvimento. A sua paz, também, foi ligada ao crescimento. *Khadi* foi redefinida como *commodity*, e a não violência, como uma arma econômica. O postulado do economista, de que não vale a pena defender valores a menos que sejam escassos, transformou a *pax economica* em uma ameaça à paz popular.

    A associação da paz com o desenvolvimento dificultou desafiar este último. Permitam-me sugerir que tal desafio deveria, agora, ser a principal tarefa da pesquisa sobre a paz. E o fato de que o desenvolvimento significa diferentes coisas para diferentes pessoas não é um obstáculo. Significa uma coisa para executivos de empresas transnacionais, outra para ministros do pacto de Varsóvia, e uma terceira coisa para arquitetos da Nova Ordem Econômica Internacional. Mas a convergência de todos os grupos sobre a necessidade do desenvolvimento deu ao termo um novo *status*. Essa concordância fez do desenvolvimento a condição para a busca dos ideais do século XIX de igualdade e democracia, contanto que estes sejam restritos aos postulados da escassez. Sob as disputas em torno do assunto de "quem fica com o quê", os custos inevitáveis e inerentes a qualquer desenvolvimento foram enterrados. Porém, durante os anos 1970, uma parte desses custos foi posta em evidência. Repentinamente, algumas "verdades" óbvias tornaram-se controversas. Sob o rótulo ecológico, os limites dos recursos, do envenenamento e estresse aceitáveis tornaram-se questões políticas. No entanto, a agressão violenta ao valor de uso do ambiente até agora não foi suficientemente exposta. Mostrar a violência contra a subsistência que é implícita a qualquer crescimento subsequente e que é velada pela *pax economica* me parece uma tarefa central à pesquisa sobre a paz.

Tanto na teoria quanto na prática, todo desenvolvimento significa a transformação de culturas orientadas para a subsistência e sua integração em um sistema econômico. O desenvolvimento sempre implica a expansão de uma esfera econômica formal às custas das atividades orientadas à subsistência. Significa o "desarraigamento"[4] da esfera na qual as trocas ocorrem sob o postulado de um jogo de soma zero. E essa expansão procede às custas de todas as outras formas tradicionais de trocas.

Assim, o desenvolvimento sempre implica uma propagação da dependência em relação aos bens e serviços que são percebidos como escassos. O desenvolvimento necessariamente cria um ambiente no qual as condições para atividades de subsistência foram eliminadas no processo de fazer do ambiente um recurso para produção e circulação de mercadorias. O desenvolvimento, portanto, significa inevitavelmente a imposição da *pax economica* às custas de toda forma de paz popular.

Para ilustrar a oposição entre paz popular e *pax economica*, permitam-me tratar da Idade Média europeia. Com isso, de modo algum advogo um retorno ao passado. Olho para o passado

---

[4] No original em inglês *disembedding*, no sentido de Karl Polanyi. [N. T.]

apenas para ilustrar a oposição dinâmica entre duas formas complementares de paz, ambas formalmente reconhecidas. Exploro o passado e não alguma teoria de ciência social para evitar pensamentos utópicos e uma mentalidade de planejamento. O passado não é, como os planos e os ideais, algo que possa talvez se produzir. O passado me permite estar embasado em fatos quando olho para o presente. Volto-me à Idade Média europeia porque foi próximo ao seu fim que a *pax economica* tomou forma. E a substituição da paz popular por sua falsificação engenhada, a *pax economica*, é uma das exportações europeias.

No século xii, *pax* não significava a ausência de guerra entre lordes. A *pax* que a Igreja ou o imperador queriam garantir não era primariamente a ausência de encontros armados entre cavaleiros. *Pax* – a paz – significava proteger os pobres e seus meios de subsistência da violência da guerra. A paz protegia o camponês e o monge. Este era o significado de *Gottesfrieden* [paz de Deus], de *Landfrieden* [paz da terra]. Ela protegia lugares e momentos específicos. Não importa quão sangrento fosse o conflito entre os lordes, a paz protegia o gado e os grãos plantados. Salvaguardava os silos emergenciais, as sementes e o período de colheita. De maneira geral, a "paz da terra" protegia os valores de uso do ambiente comum de interferências violentas. Garantia acesso à água e à pastagem, aos bosques e aos animais, para aquelas pessoas que não tinham nenhuma outra forma de assegurar sua subsistência. A "paz da terra" era, portanto, distinta da trégua entre grupos guerreiros. Esse significado de paz, primariamente orientado para a subsistência, foi perdido com a Renascença.

Com a ascensão do Estado-nação, um mundo inteiramente novo começou a emergir. Esse mundo introduziu um novo tipo de paz e um novo tipo de violência. Tanto sua paz quanto sua violência eram igualmente distantes de todas as formas de paz e violência que já haviam existido. Onde a paz significara a proteção de uma mínima subsistência da qual a guerra dos lordes tinha de se alimentar, a própria subsistência passou a ser vítima de uma agressão supostamente pacífica. A subsistência tornou-se a presa de mercados de bens e serviços em expansão. Esse novo tipo de paz implicou a busca de uma utopia. A paz popular protegera comunidades precárias porém reais da extinção total. Mas a nova paz foi construída sobre uma abstração. A nova paz é desenhada para o *homo economicus*, homem universal, feito por natureza para viver mediante o consumo de mercadorias feitas alhures por outros. Enquanto a *pax populi* protegera a autonomia vernacular, o ambiente no qual esta pôde florescer e uma variedade de padrões para sua reprodução, a nova *pax economica* protegeu a produção. Ela assegura a agressão contra a cultura popular, o comum e as mulheres.

Em primeiro lugar, a *pax economica* esconde o pressuposto de que as pessoas se tornaram incapazes de prover para si próprias. Ela favorece que uma nova elite faça com que a sobrevivência de todas as pessoas dependa do seu acesso à educação formal, serviços de saúde, proteção policial, apartamentos e supermercados. De maneira sem precedentes, ela exalta o produtor e degrada o consumidor. A *pax economica* rotula o subsistente de "improdutivo", o autônomo de "associal", o tradicional de "subdesenvolvido". Ela promove a violência contra todos os costumes locais que não se encaixam em um jogo de soma zero.

Em segundo lugar, a *pax economica* promove violência contra o ambiente. A nova paz garante impunidade – o ambiente pode ser usado como recurso a ser minerado para a produção de mercadorias e como espaço reservado para sua circulação. Ela não apenas permite, mas encoraja a destruição do comum. A paz popular protegia o comum. Ela guardava o acesso do pobre às pastagens e bosques; salvaguardava o uso das estradas e do rio pelo povo; reservava às viúvas e aos pedintes direitos excepcionais para utilizar o ambiente. A *pax economica* define o ambiente como um recurso escasso, reservado para utilização otimizada na produção de bens e provisão de cuidados profissionais. Historicamente, é isto que desenvolvimento tem significado: a começar com o cercamento das ovelhas dos lordes, chegando ao cercamento das ruas para uso dos carros e à restrição dos empregos desejáveis àqueles com mais de doze anos de escolarização. O desenvolvimento sempre significou uma exclusão violenta daqueles que queriam sobreviver sem depender do consumo dos valores de uso do ambiente. A *pax economica* alimenta a guerra contra o comum.

Em terceiro lugar, a nova paz promove um novo tipo de guerra entre os sexos. A transição da batalha tradicional por domínio a essa nova guerra sem tréguas entre homens e mulheres é provavelmente o efeito colateral menos analisado do crescimento econômico. Também essa guerra é uma consequência necessária do assim chamado crescimento das forças produtivas, um processo que implica um monopólio cada vez mais completo do trabalho remunerado sobre todas as outras formas de trabalho. E isso também é agressão. O monopólio do trabalho remunerado implica uma agressão contra uma característica comum de todas as sociedades orientadas à subsistência. Apesar de essas sociedades serem diferentes umas das outras tanto quanto as do Japão, da França ou de Fiji, uma característica central é comum a todas elas: todas as tarefas relevantes à subsistência são designadas especificamente por gênero, para homens ou mulheres. O conjunto de tarefas específicas que é cultural e é necessariamente definido varia de sociedade para sociedade. Mas cada sociedade distribui as várias tarefas possíveis ou para homens ou para mulheres, e o faz de acordo com seu próprio padrão único. Não existem duas sociedades nas quais a distribuição de tarefas seja igual. Em cada cultura, "tornar-se adulto" significa, para os jovens, crescer no contexto das atividades que lá e apenas lá são características dos homens ou das mulheres. Ser um homem ou uma mulher em sociedades pré-industriais não é um traço secundário adicionado a humanos sem gênero.[5] É a característica mais fundamental em cada ação. Crescer não significa ser "instruído", mas crescer para uma vida em que se age como mulher ou como homem. A paz dinâmica entre homens e mulheres consiste precisamente nessa divisão de tarefas concretas. E isso não significa igualdade,

---

5. Ver Ivan Illich. *Gender*. Nova York: Pantheon Books, 1982. Embora ainda não tenhamos uma versão em língua portuguesa, há tradução ao espanhol: Ivan Illich. *Obras Reunidas vol. 2*. Cidade do México: Fondo de Cultura Econômica, 2008. [N. T.]

mas estabelece limites de opressão mútua. Mesmo nessa esfera íntima, a paz popular limita ambas, a guerra e a extensão de dominação. O trabalho remunerado destrói esse padrão.

O trabalho industrial, o trabalho produtivo, é concebido como neutro e seguidamente experienciado dessa forma. É definido como trabalho sem gênero. E isto é verdade, seja ele pago ou não, seja seu ritmo determinado pela produção ou pelo consumo. Mas mesmo que o trabalho seja concebido como algo sem gênero, o acesso a ele é radicalmente enviesado. Os homens têm acesso primário às tarefas remuneradas que são percebidas como desejáveis, e às mulheres são atribuídas as tarefas que restam. Originalmente, as mulheres eram forçadas ao desempenho de trabalho- sombra[6] não remunerado, embora essas tarefas também sejam cada vez mais atribuídas aos homens. Como uma consequência dessa neutralização do trabalho, o desenvolvimento inevitavelmente promove um novo tipo de guerra entre os sexos, uma competição de pares teoricamente iguais, dos quais metade é incapacitada por seu sexo. Agora vemos uma competição por trabalho remunerado, que se tornou escasso, e uma luta para evitar o trabalho sombra, que não é remunerado nem capaz de contribuir para a subsistência.

A *pax economica* protege um jogo de soma zero e garante a tranquilidade de seu progresso. Todos são coagidos a jogar e aceitar as regras do *homo economicus*. Quem se recusa a se encaixar no modelo dominante é banido como inimigo da paz ou educado até que se conforme. Pelas regras do jogo de soma zero, ambiente e trabalho humano são ambos postos em jogo de acordo com o postulado da escassez; enquanto um ganha, o outro perde. A paz agora é reduzida a dois significados: o do mito de que, ao menos em economia, algum dia dois mais dois somarão cinco, ou o de uma trégua e um impasse. Desenvolvimento é o nome dado à expansão desse jogo, à incorporação de mais jogadores e mais recursos. Portanto, o monopólio da *pax economica* só pode ser

---

6. Ver Ivan Illich. *Shadow Work*. Boston e Londres: Marion Boyars, 1981. Embora ainda não tenhamos uma versão em língua portuguesa, há tradução ao espanhol: Ivan Illich. *Obras Reunidas vol. 2*. Cidade do México: Fondo de Cultura Económica, 2008. [N. T.]

letal, e deve haver alguma outra paz além daquela ligada ao desenvolvimento. Pode-se conceder que a *pax economica* contém algum valor positivo – as bicicletas foram inventadas e suas peças devem circular em mercados distintos daqueles em que se comercializavam especiarias. E a paz entre potências econômicas é no mínimo tão importante quanto a paz entre lordes dos tempos antigos. Mas o monopólio dessa paz elitista deve ser questionado. Formular esse desafio me parece a tarefa mais fundamental da pesquisa sobre a paz atualmente.

O direito à dignidade do silêncio[1]

No inverno passado, aqueles que visitaram uma certa cidade da Alemanha presenciaram uma cena um tanto incomum. Em certos momentos pré-selecionados, e somente durante uma hora, algumas pessoas se reuniam regularmente em cruzamentos movimentados e permaneciam em silêncio. Movendo eventualmente seus pés, elas permaneciam mudas no frio, sem dizer nada, sem responder aos que passavam. Passada uma hora, elas se dispersaram ainda em silêncio. Essa gente muda era cuidadosa para não perturbar o tráfego nem atrapalhar os pedestres. Nada, em sua vestimenta, saía do ordinário. Geralmente, uma ou duas pessoas carregavam o letreiro que explicava a razão de sua postura: "Eu estou em silêncio porque não tenho nada a dizer sobre a destruição nuclear."

Juntei-me a alguns desses grupos mudos. Rapidamente notei que essa gente em silêncio pode ser muito ofensiva àqueles que passavam – o silêncio de tal grupo fala de maneira irreprimível, em alto e bom som. Essa quietude troveja e transmite um horror inexplicável. Os alemães estão bem-informados dos efeitos das máquinas nucleares. No entanto, a grande maioria desconsidera evidências científicas que demonstram consequências inevitáveis da utilização de aparatos nucleares. Alguns, gente honrada e de espírito religioso, se reconciliaram com os riscos apresentados pelo crescente número de mísseis estadunidenses, *Cruise* e *Pershing*, estacionados em solo alemão. Não obstante, uma considerável e crescente minoria se opõe determinadamente a qualquer aumento do arsenal nuclear, dentre a qual uma porção significativa está comprometida com o desarmamento nuclear incondicional.

1. Discurso ao People's Forum: Hope, em Tóquio, 23 de abril de 1982.

As pessoas silenciosas apresentam uma provocação desafiadora tanto aos falcões quanto ao espectro total das pombas. Aquelas que escolhem participar desse ritual de esquina se comprometem a não dizer nada e a não responder a nenhuma pergunta. Certa vez, um homem irritado me acossou durante meia hora. Tenho certeza de que ele apoiava com a mesma veemência o desarmamento unilateral, mas, na visão dele, o silêncio não era a maneira adequada para defender minhas convicções. Porém, naquele momento e naquele lugar, eu não podia lhe responder.

Ora, posso dar quatro razões, compartilhadas por muitos, para acreditar que é imperativo que alguns de nós exerçam o silêncio não violento, defensivo, ainda que à custa de perturbar ou magoar alguns de nossos amigos. Devo responder quatro perguntas: 1) Por que uma resposta de silêncio às bombas nucleares é tão importante, especialmente na Alemanha? 2) Por que eu, enquanto filósofo, acredito que a argumentação, por si só, não é suficiente para resistir à produção, à instalação e à manutenção de aparatos nucleares? 3) Por que eu penso que o silêncio costuma ser mais convincente do que as palavras? 4) Por que inscrevo o silêncio entre aqueles direitos humanos que merecem proteção legal?

Em primeiro lugar, acredito que os jovens alemães mantêm uma relação particular com as máquinas genocidas. Todavia é preciso entender bem o que é uma máquina genocida; *não é uma arma*. Tal qual a bomba atômica, é um tipo de fenômeno fundamentalmente novo. Aparatos nucleares são objetos sem qualquer similaridade com tudo o que foi construído no passado. Contudo, o genocídio não tem nada de novo. Por toda a história, os conquistadores muitas vezes erradicaram cidades ou populações inteiras. Lemos na Bíblia, por exemplo, que os judeus se sentiram instruídos por seu Deus a matar todos os seres humanos em certas cidades que haviam conquistado.

Mas nossos ancestrais cometeram genocídios com meios que também tinham um uso normal – o bastão, a faca e o fogo. Esses objetos foram usados com fins pacíficos, por exemplo, para a preparação do alimento, não obstante, também para os atos horrendos da tortura, do assassinato e do genocídio. Isso não é verdade para as bombas atômicas. Seu propósito exclusivo é o genocídio. Elas não são úteis para nada mais, nem sequer para o assassinato.

Tais instrumentos genocidas, invenções para a destruição dos povos, foram concebidos pela primeira vez em meados dos anos 1940, na mesma época em que o presidente Roosevelt pôs em marcha a produção da bomba atômica, seguindo as instruções de Albert Einstein. Simultaneamente, Hitler iniciava na Alemanha a investigação sobre esse mesmo tipo de bomba, porém ali concebida para os campos de extermínio em massa de judeus, ciganos, homossexuais e outros grupos de pessoas consideradas indignas de vida.

Esses campos estavam em atividade há quatro anos quando o *Enola Gay* deixou cair sua bomba em Hiroshima. Eles eram dirigidos por alemães que hoje são muito velhos ou estão mortos. Entretanto, muitos jovens alemães se sentem pessoalmente associados àquelas máquinas genocidas empregadas por alguns de seus pais, embora tenham nascido depois do fechamento ou demolição dos últimos campos de concentração, das últimas câmaras de gás, dos últimos grandes fornos crematórios. Esses jovens, assombrados pelas imagens dos campos, sofrem um horror inefável. Consideram totalmente desnecessário e, de fato, quase impossível formular qualquer razão lógica para resistir à reconstrução de tais campos. Eles acham desnecessário e impossível discutir o óbvio, visto que ninguém na Alemanha de hoje propõe campos de concentração com propósitos de genocídio.

Na Alemanha nazista, os únicos que argumentaram contra a construção e funcionamento dos campos de concentração foram alguns funcionários nazistas do alto escalão, que acreditavam que o genocídio deveria ser postergado ou que, por outros meios, poderia ser conduzido de maneira mais eficaz. Outros, ainda, apontaram para os altos custos. Hoje, muitos jovens europeus se recusam a se comportar como esses funcionários nazistas. Reconhecem que as bombas atômicas não são armas, mas máquinas genocidas, cuja existência – e especialmente sua fixação em solo alemão – exige resistência, *mas sem desperdiçar uma única palavra com isso.*

Em segundo lugar, sei que algumas pessoas gritam de horror quando já não podem mais dominar suas emoções. E não há nada de errado em agir com um coração prudente ao invés de agir com uma mente limpa. Contudo, como filósofo, sei que existem razões convincentes para, sobre certos temas, recusar arrastar-se ao debate direto. Os judeus, e alguns cristãos, acreditam que não devem pronunciar o nome de Deus. Os filósofos modernos têm descoberto conceitos que tornam absurdas as aparições desses próprios conceitos em afirmações. Nos testamentos, por exemplo, a frase que começa "Após minha morte, deixarei..." é costumeira, porém absurda. Após a minha morte, não sou capaz de deixar nada.

Máquina genocida é outro daqueles conceitos aos quais os lógicos atribuem "estatuto epistemológico extraordinário". Posso falar sobre a bomba atômica (e, na minha opinião pessoal, igualmente sobre as usinas nucleares) *unicamente* com argumentos que provem que se trata de uma máquina genocida. Entretanto, a partir do momento em que isso é comprovado, já não posso mais usar o conceito em uma frase sem desumanizar meu estatuto de interlocutor. Não posso, nem mesmo para o bem de uma discussão, entrar em uma argumentação em que a ameaça de genocídio, por mais cautelosamente proferida, seja considerada.

Em terceiro lugar, só posso gritar quando encontro pessoas que lidam com este assunto por meio de argumentos. E, paradoxalmente, gritar está mais perto do silêncio do que da fala. Semelhante às lágrimas, ou à sílaba OM [mantra universal do Yoga], certas maneiras de lamentar e gritar, assim como o silêncio, estão fora do reino da linguagem. Ainda assim, essas formas de expressão podem falar mais alto e com mais precisão do que palavras.

Ademais, o silêncio, emoldurado pelo grito de horror, transcende a linguagem. Pessoas de diferentes países e grupos de idade, que talvez não tenham uma língua comum, podem falar com uníssona voz em seu grito mudo.

Finalmente, a oposição incondicional à existência de máquinas genocidas, como a expressa em um compromisso de silêncio, é radicalmente democrática. Deixe-me esclarecer. Se eu afirmo que bombas atômicas não são armas, mas máquinas genocidas, e ainda argumento, como cientista, que a energia nuclear inevitavelmente colocará em perigo as gerações futuras, o peso dos meus argumentos depende da minha competência em um tema complexo, e minha credibilidade depende do meu *status* social. O debate público, particularmente na sociedade atual dominada pelos meios de comunicação, é necessariamente hierárquico. Porém, isso não é verdade para o silêncio eloquente e racionalmente escolhido. O especialista mais inteligente e com mais experiência pode usar o silêncio *como sua última palavra*. E qualquer pessoa no mundo pode escolher o protesto mudo e a manifestação de horror inefável como uma expressão de sua fé direta e sábia na vida e na esperança de seus filhos. A decisão de permanecer em silêncio, o ritual do "não, obrigado", é uma voz com a qual a grande maioria pode falar mais alto com uma extrema simplicidade.

Em quarto lugar, ao falar em defesa do silêncio como um exemplo a ser seguido, não pretendo desencorajar debates sensatos que identifiquem as razões para manter o silêncio. Porém, estou ciente de que o silêncio ameaça introduzir a anarquia. Quem permanece em silêncio é ingovernável. E o silêncio prolifera. Por isso, haverá tentativas para quebrar nosso silêncio. Exigirão nossa participação em "discussões sobre a paz". É possível até uma caça às bruxas contra a gente do silêncio. Nesse instante, então, o direito de se retirar da discussão silenciosamente, o direito de encerrar a argumentação, caso a dignidade dos participantes, em sua visão, esteja prejudicada, precisa ser reivindicado e defendido. Também existe um direito de propagar o silêncio do horror.

Eu também decidi me manter em silêncio[1]

Eu, também, decidi me manter em silêncio

porque não serei arrastado para nenhum debate sobre genocídio;

porque bombas nucleares não são armas; elas não podem ser usadas exceto para a exterminação dos homens;

porque o lançamento de bombas nucleares torna ambas, a paz e a guerra, sem sentido;

porque aqui o silêncio fala melhor do que as palavras;

porque ao debater as condições sob as quais renunciaria a usar essas bombas, torno-me um criminoso;

porque a dissuasão nuclear é loucura;

porque eu não irei ameaçar os outros com meu suicídio;

porque a "zona de silêncio", que circundava o genocídio sob mando dos nazistas, tem sido substituída por uma "zona de argumentação";

porque só o meu silêncio fala claramente nessa zona de compulsivas conversações de paz;

porque meu silêncio de horror não pode ser usado ou governado;

porque...

Risque fora o que não lhe convém. Acrescente suas próprias razões para o silêncio. Faça-as circular.

[1]. Lido e distribuído durante o vigésimo Evangelischer Kirchentag [Assembleia da Igreja Protestante Alemã], Hanôver, 9 de junho de 1983.

Alternativas à ciência econômica: para uma história do rejeito[1]

Meu tema são as bênçãos de que ainda desfrutamos, a despeito do crescimento econômico; a redescoberta do presente quando este se move para fora da sombra que o futuro lançou sobre ele durante três décadas de desenvolvimento. Penso que este é o momento de pleitear a pesquisa sobre a dádiva não econômica, que descobrimos melhor quando a esperança no avanço do assim chamado desenvolvimento se desvanece.

Falo propositalmente de bênçãos e dádivas quando me refiro à redescoberta do caminhar e do pedalar ao invés de ser transportado, de morar em um espaço autogerado em vez de reivindicar habitações, de cultivar tomates na varanda e encontrar-se em bares que excluem o rádio e a televisão, de sofrer sem terapias e de preferir a intransitiva atividade de morrer ao medicídio monitorado. Não uso a palavra "valor". Sei o quão recentemente esse termo econômico escorregou dentro do nosso discurso para substituir "o bem". No entanto, reconheço o perigo em tentar preservar a noção do bem. Hoje, o termo "bem" denota caracteristicamente gerenciamento. Professores, médicos e ideólogos dizem profissionalmente "agir para o seu próprio bem". Por isso, tento recuperar as ideias de bênçãos e dádivas para falar sobre a redescoberta de alegrias, mas também de tristezas, que tenho observado em países tanto ricos quanto pobres, no momento em que a expectativa de prazeres e seguranças mercantis entra em colapso.

1. Discurso pronunciado durante a sessão anual da Human Economy Session na Eastern Economics Association Conference em Boston, 11 de março de 1988. A palavra em questão no original em língua inglesa é *waste*, que é tanto um verbo como um substantivo. Usamos a palavra "rejeito". Não é uma escolha simples, uma vez que a palavra *waste* carrega nuances em seu significado de acordo com o seu contexto. [N. T.]

O fato de que benção e até mesmo dádiva outrora tiveram conotações sectárias não me preocupa. Pois quero argumentar que o discurso sobre essas experiências pode ter consistência teórica e relevância prática unicamente se for conduzido em uma linguagem que é desprovida de implicações econômicas, de referências à produtividade, às necessidades, aos recursos, às decisões, aos sistemas, aos *feedbacks* e, sobretudo, ao desenvolvimento.

Considero um privilégio que me tenham convidado para debater esse tema entre economistas profissionais que se enxergam como dissidentes dentro da sua própria disciplina; que entre vocês eu possa levantar a questão das bênçãos – algo que a linguagem econômica não pode apreender mas somente corromper; que eu possa falar sobre uma alternativa à ciência econômica em meio a acadêmicos que reconhecem em [Kenneth E.] Boulding e em [Karl W.] Kapp, em [Ezra J.] Mishan e, sobretudo, em [Ernst F.] Schumacher os seus ancestrais imediatos, e dos quais muitos se dizem inspirados por [Gregory] Bateson. Por outro lado, também estou assustado com o desafio de submeter minha tese a essa instruída assembleia porque, até onde consigo ver, a dissidência no interior das ciências econômicas tem significado não mais que a extensão do guarda-chuva disciplinar dos postulados da escassez sobre fatos e relações que a maioria dos [economistas] ortodoxos não levam em consideração.

Não sou economista. Em vez disso, sou algo parecido com um historiador. Estudo história como um antídoto às obsessivas especulações sobre o futuro. Ao historiador, o presente aparece como o futuro do passado. A história eleva minha sensibilidade ao vetor-tempo oculto em todos os nossos termos quando tentamos debater sobre os bens públicos. Os estudos históricos me tornam ciente de que a maioria das certezas evidentes sobre as quais eu ajo, penso e até mesmo percebo não eram suspeitadas nem imagináveis para os autores cujos escritos são minhas fontes. Estudo história para me tornar sensitivo àqueles postulados modernos que, ao não serem examinados, se tornaram formas de percepção *a priori* específicas da nossa época. Não estou usando a história nem quero refugiar-me nela. Estudo o passado para olhar de sua perspectiva os axiomas daquela topologia mental do pensamento e do sentir que me confronta quando escrevo ou falo. E, saindo do passado e adentrando o presente, constato que a maioria dos axiomas que geram meu espaço mental é tingida de ciência econômica.

Ao preparar-me para este encontro, li os artigos da *The Other Economic Summit* (TOES) e com frequência consultei o livro que Paul Ekins editou.[2] Permitam-me citar as palavras com as quais esse livro começa: "A ciência econômica está em um impasse. Seus instrumentos estão embotados. Sua direção está confusa". O público está de fato "se tornando cético e desnorteado". A campanha presidencial estadunidense de 1988 reflete essa confusão. O consenso pós-guerra sobre o *status* da ciência econômica enquanto disciplina reconhecida já não existe. Enquanto nos anos 1960 economistas eram admirados como astrônomos da sociedade, eles agora são consultados mais como astrólogos. O investimento simplesmente não reduz o desemprego. Tampouco o crescimento. A inflação é endêmica. Nenhum candidato político inteligente fala de desenvolvimento. Majid Rahnema faz da AIDS a metáfora para algo que até muito recentemente era chamado de *takeoff* – aquele ponto em que uma cultura perde sua imunidade contra uma autônoma transformação aparente [*transmogrification*] em mera economia. Neste ponto, o HIV latente se manifesta como AIDS: a autossustentação cultural rapidamente se colapsa. Em toda parte, a pobreza se espalha com o progresso. O recente livro publicado por Rist e Sabelli leva um título apropriado: *Once upon a time, there was something called development.*

Implacavelmente os autores da TOES acumulam evidências com resultados contrapropositais da monetarização. Mas, muito mais importante, eles criaram conceitos que fazem desses paradoxais e dolorosos resultados do crescimento fatos científicos que não podem mais ser ignorados pela academia. Dessa forma, veio

---

2. Ver Paul Ekins. *The Living Economy: a new economics in the making*. Londres e Nova York: Routledge, 1986. [N. T.]

à tona todo um conjunto de novos indicadores. Critérios técnicos agora podem distinguir entre o dispendioso crescimento de bens e o crescimento dispendioso do rejeito. Entretanto, alguns desses novos conceitos fazem do economista alternativo um defensor da colonização econômica do trabalho doméstico, do sexo ou da jardinagem. Paradoxalmente, a demonstração econômica da contraprodutividade do crescimento econômico confirma a crença de que aquilo que importa para os seres humanos pode ser expresso em termos econômicos.

Pleiteio por uma segunda averiguação daquelas certezas que são comuns aos economistas alternativos e seus dragões. No espelho do passado, seus postulados sobre os quereres, as necessidades, os valores e os recursos são da mesma laia. Parece flagrantemente ilógico quando Ekins, na mesma página, define a meta da TOES como a provisão de orientação científica na alocação ótima de recursos escassos para a maximização do bem-estar humano, e segue com esta frase: "Os mesmos postulados que formam as bases da economia convencional são agora incoerentes". A constante repetição do desejo de colocar a ciência econômica a serviço das pessoas e seu bem-estar, em vez de a serviço dos objetos e das suas acumulações, de nenhum modo perturba o próprio postulado da escassez, que imputa ao *homo economicus* necessidades e desejos. Economistas, profissionais ou leigos, oficiais ou dissidentes, cravam o mesmo prego do postulado da escassez em cada enunciado.

Não posso ver de outra forma os artigos da TOES senão como publicidade para a *Macintosh*, com suas farpas contra a IBM. Anúncio após anúncio, me é dito que um *Mac* roda com um sistema operacional que é desenhado como se as pessoas importassem. Permitam-me supor que isso é verdade. Por razões que vocês podem facilmente imaginar, isso me tornaria ainda mais cauteloso quanto à *Mac*. Da mesma forma que a ciência econômica ortodoxa, seus oponentes também concebem a ciência econômica no interior de qualquer sociedade em analogia com o sistema operacional de um computador. Os economistas conhecem e gerenciam os programas. Ao chamar as necessidades de "básicas", os valores de "humanos", o desenvolvimento de "pessoal", exigindo um "uso sustentável de recursos" e uma taxa de crescimento "temperada por considerações culturais", a ciência econômica passa por uma lavagem política, mas nenhum de seus postulados básicos é perturbado. Sua linguagem permanece útil somente para apreender aquilo que de um bem cultural foi transformado em um valor ao ser reformulado como um fator social que funciona sob os postulados da escassez.

Qualquer crítica séria à ciência econômica ortodoxa é inevitavelmente capturada por um dilema: a fim de formular as implícitas e inexoráveis consequências do crescimento econômico, ela precisa medir a destruição cultural, que resulta desse crescimento econômico, em termos monetários. Então, isso leva o crítico a modelar suas recomendações em uma linguagem que soa como um anúncio de *Band-Aids* ou como uma exortação religiosa. Entretanto, não é exatamente isso, mas outra descoberta que faz da minha leitura de alguns dos artigos da TOES uma experiência fascinante. De vez em quando, um dos autores passa a ser, de um mero dissidente, um verdadeiro cético. Schumacher foi um deles. Ele redefiniu, nos últimos anos de sua vida, a tecnologia intermediária (que ele mesmo originalmente cunhara) como tecnologia apropriada e tornou-se o precursor de uma série de questões, hoje, formulada da seguinte forma: "Depois do desenvolvimento, o quê?". Entre esses questionadores, [Leopold] Kohr tem sido um mestre para muitos ao sugerir que o bem-estar autossuficiente depende de fatores que somente a análise dimensional pode revelar; ela não pode ser reduzida a qualquer tipo de bem-estar social medido em termos quantitativos.

Em seu artigo para a TOES, James Robertson fornece um exemplo bem formulado de uma crítica da ciência econômica que extrapola amplamente a crítica no interior da própria disciplina. Seu artigo questiona: "O que vem depois do pleno emprego?". Hoje é sabido que o pleno emprego é reconhecido como um conceito cuja implementação prática não é uma utopia, mas uma impossibilidade. Robertson discute essa evidência. Enuncia que estamos no meio de um crescimento sem emprego. Em muitos setores, o emprego está se tornando uma modalidade antieconômica de realizar trabalho, algo parecido com a escravidão quando, no passado, perdeu sua razão econômica de ser. Porém, ele ainda serve para alguns propósitos óbvios. Por exemplo, de um modo antieconômico e cada vez mais antiético, serve para redistribuir os ganhos. Talvez seja tempo de desvencilhar a nossa percepção das miríades de atividades humanas do conceito normativo reducionista de emprego.

Ao final de seu artigo, ao longo do qual desconstruiu a categoria convencional e corrente de trabalho, Robertson nota que, ao fazê-lo, desconstruiu, simultaneamente, a disciplina no interior da qual ele mesmo argumentava:

> A era da ciência econômica, de fato, coincidiu com a era do emprego. Foi somente a partir dos últimos duzentos anos que o emprego se desenvolveu como a forma dominante de organização do trabalho... A questão que se coloca é se a ciência econômica acabará relativamente sendo uma estrutura de raciocínio efêmera... enquanto o emprego tem sido a forma dominante de trabalho, ou se os economistas serão capazes de estender suas disciplinas para lidar com escolhas que refletem necessidades e atividades de pessoas reais em contraste com aquelas do *homo economicus*.

Nessa afirmação, Robertson lida com a ciência econômica como aquela disciplina que formalizou a mentalidade que prevaleceu em uma época na qual o emprego foi a forma dominante de trabalho. Aceitando o peso convincente de seu raciocínio, "emprego" pode ser substituído por outros termos, como, por exemplo, "necessidades". A era da ciência econômica coincide com a progressiva descoberta das necessidades humanas, que os economistas hoje definem como finitas, limitadas em número, classificáveis e universais. Quero focar minha atenção sobre o conceito de necessidade e desconstruir sua naturalização, em analogia ao que Robertson fez a propósito do trabalho. O que percebemos e experienciamos como necessidades é uma criação social ainda mais recente que o trabalho.

O que definimos como necessidades era desconhecido em épocas passadas. Michael Ignatieff, em *The Needs of Strangers*, critica corretamente minhas tentativas anteriores de falar de uma "História das Necessidades". Aquilo que no passado era homólogo às nossas necessidades ocupa um lugar tão diferente no interior da constelação de postulados sociais que os dois elementos resultam incomparáveis. Uma recente ruptura epistêmica marca o surgimento daquilo a que chamamos "necessidade". Portanto, não podemos traçar sua história, mas somente examinar a tardia sociogênese moderna das necessidades como temos aprendido a percebê-las.

Falar da sociogênese das necessidades é uma tarefa delicada. Necessitamos das necessidades – das nossas e das dos outros – para mantermos nossa integridade intacta. Devemos tentar encontrar uma linha de raciocínio que evite suscitar a cólera ou a nostalgia. Quando, por exemplo, contrasto a morte de um velho homem no canto de seu casebre com a morte de outro cujas "necessidades" de cuidados intensivos foram plenamente atendidas, não comparo o que é desejável de duas condições ou situações. O exemplo enfatiza unicamente a impossibilidade de usar as mesmas palavras quando se fala de ambos os homens. Por favor, notem o que estou dizendo. Não caço lições do passado. Contudo acredito que a história, quando devidamente praticada, nos faz ver com clareza a condição de Homem Necessitário [*Needy Man*] que é o *homo economicus*.

Só muito recentemente começamos a tolerar a definição de pessoas em termos de suas necessidades. Isto se confirma com uma averiguada no segundo volume do *Oxford English Dictionary Supplement*. Sob a entrada *"need*, substantivo", o Suplemento de 1976 lista um novo significado: "Psicol.: um estado de carência fisiológico ou psicológico que, consciente ou inconscientemente, motiva um comportamento em direção à sua satisfação". A primeira citação oferecida pelo dicionário para sustentar essa acepção nova, moderna, data de 1929. Hoje, cinquenta anos depois, seria difícil usar a palavra "necessidade" e prescindir dessa conotação. As necessidades, desde então, tornaram-se carências motivadoras.

Então, de acordo com o *Oxford English Dictionary*, os anos 1960 acrescentaram palavras como *needs test*, *needs analysis* e *need pattern*. Esses neologismos indicam que as necessidades são faltas que podem ser verificadas operacionalmente e gerenciadas. Constituem hoje uma falta que reconheço no meu próximo, que é passível de ser certificada por um dos inúmeros *experts* especializados em reconhecimento de necessidades. Progressivamente mais, minhas próprias necessidades são legítimas na medida em que podem ser igualmente verificadas nos demais.

Desde 1960, a condição de necessitar tem se tornado uma meta de aprendizado. A educação em necessidades tem se tornado uma crescente e proeminente tarefa. Os médicos já não se limitam a definir as necessidades de um paciente. Eles aceitam o "dever" de *educar* o paciente. O paciente deve agora reconhecer como suas as necessidades que lhe são diagnosticadas. Esse é o significado originário da expressão "consentimento informado e adesão à terapia prescrita". Igualmente, os assistentes sociais não se contentam mais com a administração das necessidades de seus clientes. Eles são treinados a trazer essas necessidades à consciência e a defender sua tradução em reivindicações. Esse gerenciamento da formação, em vez da simples satisfação das necessidades, é uma preparação para deslocar a formulação de políticas sociais além do mero bem-estar. Uma vez que as necessidades podem ser gerenciadas, na utopia vindoura não surgirá nenhuma necessidade que não possa ser satisfeita pela ação coletiva de maneira realista. Ao passar da mera imputação e gestão da satisfação para a encarnação sentida das necessidades, as profissões de serviço tentam galgar a liderança na rota para um Éden skinneriano.

Finalmente, durante os anos 1970, o termo "necessidades básicas" adentrou a ciência econômica. E, assim, se tornou uma palavra-chave no léxico político. Uma nova estirpe de economistas elaborou recomendações de políticas baseadas na ética da satisfação eficaz das necessidades. Os proponentes dessa nova ordem econômica, eticamente fundamentada, estão sob ataque constante de economistas técnicos obstinados. Contudo, raramente são criticados por conta de seus métodos de imputação das necessidades ou por se utilizarem das necessidades como medidas de demanda potencial. Geralmente são rotulados de socialistas, epíteto designado àqueles que traduzem necessidades imputadas em direitos precisos que podem ser utilizados para medir as obrigações incumbidas a outros.

O que está em questão aqui não são as diretrizes técnicas e matemáticas pelas quais várias escolas de economistas deram expressão a algo que na linguagem corrente vem agora designada como necessidades, e sim a utilização desse termo na linguagem cotidiana. Não somente em debates políticos, mas também em conversas casuais, "necessidades" não satisfeitas são cada vez mais utilizadas na definição de pessoas. E isso começou há apenas alguns anos. O nascimento do "subdesenvolvido" – o extremamente necessitado – data do dia 10 de janeiro de 1949,[3] quando o presidente Harry Truman o trouxe à existência no discurso em que lançou o programa Ponto Quatro. Outras análogas definições-pelo-negativo escorregaram para a linguagem de uma maneira mais sorrateira. O termo *iliteracia* [*illiteracy*], como substantivo, foi usado pela primeira vez em 1982, na *Harvard Educational Review* de Boston. Desde então, entidades estatísticas como os "não diagnosticados", os "sem-tratamento" e os "não segurados" transmutaram-se em sujeitos com necessidades e reivindicações profissionalmente definidas. A utilização das necessidades para definir a condição humana, portanto, tem se tornado axiomática. O ser humano é percebido como o animal necessitado. A consequência última da transformação aparente das culturas em ciência econômica, dos bens em valores, é o desarraigamento do *self* individual. Daí, parece natural definir a pessoa por meio de deficiências abstratas em vez de pela peculiaridade do contexto.

Essa percepção do humano como um ser necessitário constitui uma ruptura radical com qualquer tradição conhecida. E uma situação similar a essa ocorre com o significado corrente atribuído

---

3. Ivan Illich confundiu-se sobre a data correta do discurso, que, na verdade, ocorreu no dia 20 de janeiro do mesmo ano. [N. T.]

à igualdade, uma definição baseada nessa ótica "miserável". No interior do discurso das necessidades, a igualdade humana está ancorada na certeza da identidade entre as necessidades básicas de todos os povos. Já não somos iguais por causa da dignidade intrínseca e da importância [*worth*] de cada pessoa, mas por causa da legitimação a reivindicar o reconhecimento de uma falta.

O discurso definido pelas necessidades também caracteriza a nossa alienação em relação a uns com os outros. Vivemos entre estranhos que não se tornam menos estranhos pelo fato de nos sentirmos responsáveis pelo financiamento da assistência ao outro. As necessidades, traduzidas em exigências, medeiam a nossa responsabilidade *pelo* próximo. Mas é justamente isso que nos isenta da responsabilidade *para com* ele. Um exemplo esclarece a questão.

No Japão, em 1985, a suposição de que as pessoas necessitam de assistência especial porque estão envelhecendo, adoecendo ou estão desequilibradas estava longe de ser generalizada. Durante aquele ano, a senhora Hashimoto, da Universidade das Nações Unidas, contrastou duas comunidades comparáveis, uma nos Estados Unidos e outra no Japão. No Japão, 70% dos idosos, contra 26% nos EUA, vivem com seus filhos, e, destes, 66% (contra 6% nos EUA) vivem juntos em famílias compostas da terceira ou quarta geração. Isto não surpreenderá nenhum conhecedor das tradições familiares japonesas. No Japão, o casamento adiciona um novo membro à comunidade familiar e, diferentemente da nossa tradição, deixa a estrutura domiciliar intacta. Como consequência, não é surpresa que no Japão a assistência formal vise apenas a casos excepcionais de necessidades comprovadas, enquanto nos EUA ela visa a todos os idosos cujas necessidades e direitos consequentes são presumidos como uma obviedade. Isto é o que me impressiona nas análises que a senhora Hashimoto fez das entrevistas que realizou: nos EUA, aquelas poucas famílias que abrigam os seus parentes que passaram a idade dos 65 anos insistem que fornecem assistência "informal" aos idosos em razão das necessidades especiais dessas pessoas. No Japão, os idosos simplesmente vivem com a família, independentemente de qualquer percepção de suas necessidades. Esses idosos recebem algo que pode ser mais bem descrito como "hospitalidade", mas eles não "necessitam" de hospitalização ou de assistências formais ou informais.

Não obstante os altos níveis de modernização no Japão, a maioria dos pais com filhos acima de 35 anos contam com a benção da velhice no interior do domicílio familiar. Os economistas podem calcular quanto dinheiro é poupado com o cuidado doméstico em comparação com quanto custaria um leito e a manutenção em um lar de idosos. Contudo, a linguagem da ciência econômica é imprópria para expressar tanto a dádiva quanto o fardo vivenciado diariamente pelos membros de uma família de quatro gerações. Indicadores econômicos só podem medir abstrações, eles podem comparar os fenômenos em Tampa com os em Yokohama. Por definição, lhes escapam as alegrias e as tristezas possíveis em uma cultura. As consequências das escolhas utilitárias feitas por um ator econômico sob o postulado da escassez são coisas bastante diferentes do imediatismo com que se ama essa pessoa. Essa última vivência resulta em bênçãos cujo alcance varia das gargalhadas à triste amargura das lágrimas.

O discurso das necessidades desenraíza tanto a avó da casa familiar da qual ela fez parte até aqui quanto a urna com as cinzas de um ancestral. Quando então ela é transformada em um sujeito no interior do discurso das necessidades, uma nova pessoa vem à existência: um *senex economicus*. Esta nova pessoa é uma estranha que, pela escolha de outrem, é hospitalizada em sua própria cama. Daqui em diante, a casa familiar é vivenciada como um centro de assistência. Daqui em diante, a avó recebe o que ela necessita na condição de uma mulher idosa. Ela deixa de receber simplesmente o que lhe é devido, independentemente de qualquer reivindicação com base em uma necessidade economicamente definível.

Durante o início dos anos 1980, o discurso das necessidades desarraigou milhões de japoneses idosos do contexto de vivência que até então tinha definido tanto seus *status* quanto o domicílio familiar. Até mesmo a economia japonesa atual está despreparada para satisfazer as necessidades que foram criadas por essa reinterpretação da idade no interior de um contexto econômico em vez de um cultural. Ano passado, uma missão do alto escalão japonês viajou para o México. Vieram negociar um acordo que permitiria a empreendimentos japoneses abrirem um milhão de leitos para despejar, em um clima tropical, os japoneses que estão envelhecendo, e ofereceram em troca um pacote de desenvolvimento industrial. Os idosos, outrora vivenciados como uma dádiva e um fardo no interior da casa familiar, foram transformados em um desvalor[4] para a economia. O professor Jun Ui afirma que a maior contribuição que os países pobres têm dado à economia japonesa desde 1970 é a provisão de oportunidades para o despejo de rejeitos e outras formas de desvalor.

O que tenho caracterizado como a transformação de uma cultura em uma economia costuma ser debatido em termos da crescente monetarização da sociedade. Por algumas décadas, tenho defendido que o processo seja estudado em termos da sombra que as estruturas econômicas em expansão lançam sobre o contexto cultural não econômico em uma sociedade em desenvolvimento. Na sombra do crescimento econômico, dádivas culturais são desvalorizadas. Cozinhar para a vovó é redefinido como trabalho empregado no domicílio familiar, cuja contribuição para a economia pode ser medida por um dos inúmeros métodos disponíveis; ou é discutido como um remanescente indesejável do passado, que deve ser eliminado por meio do desenvolvimento vindouro. Em ambas as perspectivas, dar à avó o que lhe é devido tem sido transformado em um desvalor, uma vez que a atividade – nesse caso, preparar um café da manhã – é interpretada como um valor que é produzido para satisfazer as necessidades da avó.

O valor econômico surge e ofusca as bênçãos quando e onde o contexto cultural é devastado [*laid waste*]. A criação de desvalor é a pré-condição lógica para o surgimento de conceitos econômicos e as experiências que esses conceitos induzem.

---

4. Para a acepção que Ivan Illich dá a "desvalor" (no original, *disvalue*), palavra que não existia até ser cunhada por ele, ver o artigo de mesmo título na Parte I deste livro, p. 91. [N. T.]

Escolho aqui o termo "desvalor" pelas mesmas razões pelas quais, anteriormente, escolhi bênçãos. Com esses termos, quero designar respectivamente a perda e a dádiva de um tipo que não pode ser aferido em termos econômicos. O economista pode precificar uma perda. Ele pode calcular custos de externalidades, isto é, aquelas perdas para terceiros que são causadas por um produto e que podem ser internalizadas em seu preço. Pode calcular depreciação e riscos. Pode medir as perdas causadas pela obsolescência. Pode, por exemplo, calcular o tamanho do dano que a recente troca da IBM para um novo modelo tem causado a milhões de clientes. Todavia, com conceitos que formalizam escolhas sob o postulado da escassez, ele não tem meios para aferir a experiência de uma pessoa que perde o uso efetivo dos seus pés porque os veículos estabeleceram um monopólio radical sobre a locomoção. Aquilo de que essa pessoa é privada não está no domínio da escassez. Agora, para ir daqui até ali, a mesma pessoa é obrigada a comprar unidades de passageiro-quilômetro [*pkm*]. O ambiente geográfico hoje bloqueia os seus pés. O espaço foi transformado em uma infraestrutura para os veículos. Seria enganoso chamar essa transformação de obsolescência dos pés. Os pés não são "meios rudimentares de autotransporte", como diriam alguns engenheiros de tráfego. Contudo, uma vez que a maioria das pessoas já são hoje vítimas do economicismo (quiçá uma condição similar àquela de ser anestesiado), elas estão cegas e indiferentes às perdas induzidas por aquilo que chamo de desvalor.

Meu entendimento se torna mais claro quando contrasto desvalor com devastação [*waste*]. Outrora, esta última significou o abuso que priva uma fértil porção de terra da sua fecundidade, da mesma maneira que hoje o tráfego de veículos priva a geografia humana da sua proporcionalidade com os pés. Mas isso não é o que, hoje, os rejeitos significam. Desde por volta de 1840, rejeito tem significado um novo gênero de coisa do qual não encontro nenhuma evidência em fontes anteriores. As sociedades camponesas e as pequenas cidades antigas não conheciam o rejeito. Mesmo no início da produção industrial, o rejeito ainda significava o que caía da bancada de trabalho. Em seguida, passa a ser reconhecido como uma coisa produzida pela indústria que é um "não bem" a tal ponto que deve ser removido a quase qualquer custo. O rejeito, portanto, se tornou uma categoria eminentemente econômica. Poderia ser usado como critério de medida para reconhecer quando as desutilidades superaram as utilidades. Mas esses dois termos econômicos, desutilidades e utilidades, adquirem seus respectivos valores a tal ponto que a matriz que engendra as bênçãos está sendo destruída, isto é, desvalorada.

As pessoas se tornam dependentes de muletas motorizadas somente quando seus pés são aleijados por um novo ambiente.

Nesse novo ambiente, as pessoas não podem mais evitar o transporte. Porém, pior ainda: surge a crença de que, em comparação com um mundo acessível, esse novo ambiente é um bem maior. Indiretamente, um bem de gênero inferior é atribuído a um mundo de pedestres. Como consequência, um declínio dos meios de transporte é visto como uma perda.

Estou aqui, em meio aos economistas, para fazer um apelo para que ajudem a estabelecer um discurso em que – sendo cautelosos para não reduzirem essas experiências substantivamente antieconômicas em termos econômicos – um declínio da produção econômica levante uma nova questão: é esta uma condição para a recuperação das bênçãos? Em tal discurso, o assunto-chave é a limitação da ciência econômica e especialmente a remoção da sombra lançada pelas estruturas da economia sobre o domínio cultural. Para esse propósito, precisamos aprender como falar de uma maneira disciplinada sobre os assuntos públicos, escolhendo palavras que não arrastem sorrateiramente os postulados da escassez. Somente na medida em que os valores passam a ser reconhecidos nas suas relações subsidiárias com o que chamo "bênçãos", sou capaz de falar de uma maneira disciplinada sobre a vida pública depois da falência do desenvolvimento. Quando isso acontecer, podemos falar sobre a renúncia dos valores como uma condição para a boa vida.

O silêncio é um comum[1]

Minna-san,[2] aceito com alegria a honra de dirigir-me a este fórum sobre a Ciência e o Homem. O tema proposto pelo sr. Tsuru, "A sociedade gerida por computadores", faz soar um alarme. Claramente vocês anteveem que as máquinas que imitam as pessoas tendem a invadir todos os aspectos da vida, e que tais máquinas forçam as pessoas a se comportar como máquinas. Os novos aparelhos eletrônicos têm, de fato, o poder de forçar as pessoas a se "comunicar" com eles e entre si nos termos da máquina. Qualquer coisa que não se encaixe estruturalmente na lógica das máquinas é efetivamente excluída de uma cultura dominada pelo seu uso.

O comportamento maquínico de pessoas acorrentadas a eletrônicos constitui uma degradação de seu bem-estar e de sua dignidade que, para a maioria das pessoas no longo prazo, se torna intolerável. Observações do efeito doentio de ambientes programados mostram que as pessoas tornam-se indolentes, impotentes, narcísicas e apolíticas. O processo político colapsa porque as pessoas deixam de ser capazes de governar a si mesmas; elas exigem ser geridas.

Parabenizo o *Asahi Shimbun* pelos seus esforços para fomentar um novo consenso democrático no Japão, sensibilizando seus mais de 7 milhões de leitores para a necessidade de limitar a invasão das máquinas nos seus comportamentos pessoais. É importante que seja precisamente o Japão a iniciar tal ação. O Japão é visto como a capital da eletrônica. Seria maravilhoso se ele se tornasse para o mundo todo um modelo para uma nova

---

1. Apontamentos de abertura do simpósio do jornal *Asahi Shimbun*: "Science and Man – The Computer-Managed Society", Tóquio, 21 de março de 1982.
2. Em língua portuguesa, diríamos "senhoras e senhores". [N. T.]

política de autolimitação no campo das comunicações que, em minha opinião, é de agora em diante necessária se um povo quiser manter-se dono de seu próprio destino.

O gerenciamento eletrônico como questão política pode ser abordado de diversas formas. Proponho, no início desta consulta pública, abordá-lo como uma questão da ecologia política. Ecologia, nos últimos dez anos, adquiriu um novo significado. É ainda o nome de um ramo da biologia profissional, mas o termo agora serve cada vez mais como o rótulo sob o qual um público geral amplo e politicamente organizado analisa e influencia decisões técnicas. Gostaria de focar nos novos aparelhos de gerenciamento eletrônico enquanto mudança técnica do ambiente humano que, para ser benigno, deve permanecer sob controle político (e não exclusivamente de especialistas). Escolhi esse tema para minha conversa com aqueles três colegas japoneses a quem devo o que sei sobre o seu país – Professores Yoshikazu Sakamoto, Joshiro Tamanoi e Jun Ui.

Nos treze minutos que me restam nesta tribuna, explicitarei uma distinção que considero fundamental à ecologia política. Distinguirei o ambiente enquanto comum [*commons*] do ambiente como recurso. Da nossa capacidade de fazer essa distinção específica depende não apenas a construção de uma ecologia teórica sã, mas também – e o que é mais importante – de uma jurisprudência ecológica efetiva.

Minna-san, como eu gostaria, neste momento, de ter sido um pupilo de seu poeta zen, o grande Bashō. Então talvez em apenas dezessete sílabas eu pudesse expressar a distinção entre o comum no qual a subsistência dos povos está arraigada e os recursos que servem à produção econômica daquelas mercadorias das quais depende a sobrevivência moderna. Se eu fosse um poeta, talvez eu fizesse essa distinção de maneira tão bela e incisiva que ela adentraria seus corações e se tornaria inesquecível. Infelizmente, não sou um poeta japonês. Devo lhes dirigir a palavra em inglês, uma língua que nos últimos cem anos perdeu a habilidade de fazer essa distinção, e – além disso – preciso falar por meio de tradução. Apenas porque posso contar com a tradução geniosa do senhor Muramatsu que ouso buscar significados do inglês antigo para me dirigir a um público japonês.

A palavra inglesa *commons* é uma palavra do inglês médio. Segundo meus amigos japoneses, é bastante próxima do significado que *iriai* ainda tem em japonês. *Commons*, como *iriai*, é uma palavra que, em tempos pré-industriais, era usada para designar certos aspectos do ambiente. As pessoas chamavam de comuns partes do ambiente para as quais o direito consuetudinário impunha formas específicas de respeito comunal. Chamavam de comum a parte do ambiente que fica além de seus próprios limiares e fora de suas posses, da qual, no entanto, tinham direitos reconhecidos de uso, não para produzir mercadorias, mas para prover a subsistência de seus lares. O direito consuetudinário que humanizava o ambiente ao estabelecer o comum normalmente não era escrito. Era um direito não escrito não apenas porque as pessoas não se preocupavam em escrevê-lo, mas porque aquilo que o protegia era uma realidade complexa demais para ser expressa em alguns parágrafos. O direito do comum regula o direito de passagem, o direito de pescar e caçar, de apascentar e de coletar lenha ou plantas medicinais no bosque.

Um carvalho pode estar no comum. Sua sombra, no verão, é reservada para o pastor e seu rebanho; suas bolotas são reservadas aos porcos dos camponeses vizinhos; seus galhos secos servem de combustível para as viúvas no vilarejo; na primavera, alguns de seus ramos verdes são cortados como ornamentos para a igreja – e no entardecer pode ser o local da assembleia do vilarejo. Quando as pessoas falavam sobre o comum, *iriai*, elas designavam um aspecto do ambiente que era limitado, que era necessário à sobrevivência da comunidade, que era necessário a diversos grupos de formas diferentes, mas que, em um senso estritamente econômico, não era percebido como escasso.

Hoje, quando estou na Europa com estudantes universitários, uso o termo "comum" (em alemão, *Allmende* ou *Gemeinheit*; em italiano, *gli usi civici*), e meus ouvintes imediatamente pensam no século XVIII. Pensam naquelas pastagens da Inglaterra nas quais cada aldeão mantinha algumas ovelhas, e pensam nos "cercamentos das pastagens" que transformaram as pastagens de comum em recursos nos quais rebanhos comerciais podem ser criados. Primeiramente, no entanto, meus estudantes pensam na inovação da pobreza que chegou com os cercamentos: do empobrecimento absoluto do campesinato que foi levado da terra ao trabalho remunerado, e no enriquecimento comercial dos senhores.

Em sua reação imediata, meus estudantes pensam na ascensão de uma nova ordem capitalista. Ao encarar essa dolorosa novidade, esquecem que os cercamentos também representam algo mais basilar. Os cercamentos do comum inauguram uma nova ordem ecológica. Os cercamentos não apenas transferiram fisicamente o controle das pastagens do campesinato ao senhor, mas marcaram uma mudança radical na atitude da sociedade diante do ambiente. Antes, em qualquer sistema jurídico, a maior parte do ambiente era considerada como comum do qual a maior parte das pessoas poderia tirar a maior parte de sua subsistência sem precisar recorrer ao mercado. Após os cercamentos, o ambiente se tornou primariamente um recurso a serviço de "empreendimentos" que, ao organizar o trabalho assalariado, transformaram a natureza em bens e serviços dos quais depende a satisfação das necessidades básicas dos consumidores. Esta transformação é o ponto cego da economia política.

Essa mudança de atitude pode ser mais bem ilustrada se pensarmos sobre estradas em vez de pastagens. Que diferença havia entre as partes novas e velhas da Cidade do México apenas vinte anos atrás! Nas partes antigas da cidade, as ruas eram verdadeiros comuns. Algumas pessoas sentavam-se na rua para vender verduras e carvão vegetal. Outras punham suas cadeiras na rua para beber café ou tequila. Outras realizavam suas reuniões na rua para decidir o novo representante do bairro ou para determinar o preço de um jumento. Outras ainda guiavam seus jumentos pesadamente carregados pela multidão; ou então sentavam-se na sela. Crianças brincavam no córrego, e pedestres ainda podiam usar a estrada para ir de um lugar a outro.

Tais estradas eram construídas para o povo. Como qualquer comum verdadeiro, a rua em si era resultado do povo que ali vivia e tornava aquele espaço habitável. As moradas à beira da estrada não eram lares privados no sentido moderno – garagens para o estacionamento noturno de trabalhadores. O limiar ainda separava dois espaços do viver, um íntimo e outro comum. Mas os lares nesse sentido íntimo e as ruas enquanto comum não sobreviveram ao desenvolvimento econômico.

Nas novas seções da Cidade do México, as ruas não são mais para o povo. Agora são rodovias para automóveis, para ônibus, para táxis, carros e caminhões. As pessoas são apenas toleradas nas ruas se estiverem se dirigindo a uma parada de ônibus. Se as pessoas hoje tentassem se sentar ou parar na rua, elas se tornariam obstáculos ao tráfego, e o tráfego seria perigoso para elas. A estrada foi degradada do seu estatuto comum a um mero recurso para a circulação de veículos. As pessoas não podem mais circular por conta própria. O tráfego desalojou a sua mobilidade. Elas podem circular apenas quando são amarradas em seus assentos e carregadas.

A apropriação das pastagens pelos senhores foi desafiada, mas a transformação mais fundamental das pastagens (ou das estradas) de comum em recursos, até recentemente, ocorreu sem sofrer críticas. A apropriação do ambiente pelos poucos foi claramente reconhecida como um abuso intolerável. Em contraste, a transformação ainda mais degradante das pessoas em membros de uma força industrial de trabalho e em consumidoras foi, até recentemente, tomada como algo natural. Por quase cem anos muitos partidos políticos desafiaram a acumulação de recursos ambientais por mãos privadas. No entanto, a questão era debatida em termos da utilização privada de tais recursos, não da extinção do comum. Portanto, a política anticapitalista até agora tem reforçado a legitimidade da transformação do comum em recursos.

Apenas recentemente, na base da sociedade, um novo tipo de "intelectual popular" começa a perceber o que vem ocorrendo. Os cercamentos têm negado ao povo o direito àquele tipo de ambiente do qual – por toda história – a economia moral da sobrevivência depende. Os cercamentos, uma vez aceitos, redefinem a comunidade. Os cercamentos minam a autonomia local da comunidade. Sendo assim, os cercamentos estão tanto no interesse de profissionais e burocratas estatais quanto no interesse de capitalistas. Os cercamentos permitem ao burocrata definir a comunidade local como impotente para prover sua própria sobrevivência. As pessoas se tornam indivíduos econômicos que dependem, para sua sobrevivência, de mercadorias que são produzidas para elas. Fundamentalmente, a maior parte dos movimentos de cidadãos representa uma rebelião contra este tipo de redefinição induzida ambientalmente das pessoas como consumidoras.

Minna-san, vocês queriam me ouvir falar de eletrônicos, não de pastagens e estradas. Mas eu sou historiador; gostaria primeiro de falar dos comuns pastoris tal como eu os conheço do passado para então poder dizer algo sobre a ameaça presente, muito mais ampla, que os eletrônicos fazem pesar sobre o comum.

Este homem que lhes dirige a palavra nasceu há 55 anos em Viena. Um mês após seu nascimento ele foi primeiro posto em um trem, e depois em um barco e trazido à Ilha de Brac. Aí, em um vilarejo da costa dálmata, seu avô queria abençoá-lo. Meu avô viveu em uma casa na qual sua família havia vivido desde o tempo em que Muromachi governava em Quioto. Desde então, na costa dálmata, muitos governantes vieram e foram – os doges de Veneza, os sultões de Istambul, os corsários de Almissa, os imperadores da Áustria e os reis da Iugoslávia. Mas as muitas mudanças nos uniformes e línguas dos governantes alteraram pouquíssimo o cotidiano ao longo desses 500 anos. Exatamente as mesmas vigas de oliveira ainda sustentavam o telhado da casa do meu avô. A água ainda era coletada das mesmas calhas de pedra do telhado. O vinho era prensado nos mesmos tanques, pescava-se no mar com o mesmo tipo de barco, e o azeite vinha das mesmas árvores plantadas quando Edo ainda era jovem.[3]

Meu avô recebia notícias duas vezes ao mês. Essas notícias agora chegavam de navio a vapor a cada três dias e, antes, de corveta, levavam cinco dias para chegar. Quando eu nasci, para as

---

3. Edo é o antigo nome da capital japonesa, Tóquio. [N. T.]

pessoas que viviam fora das rotas principais, a história ainda fluía devagar, imperceptivelmente. A maior parte do ambiente ainda estava no âmbito do comum. As pessoas viviam em casas que elas mesmas construíram; se movimentavam em ruas cujo chão havia sido batido pelas patas de seus animais; eram autônomas na aquisição e disposição de sua água; podiam depender de suas próprias vozes quando queriam se fazer ouvidas. Tudo isso mudou com minha chegada em Brac.

No mesmo barco em que cheguei em 1926, o primeiro alto-falante foi levado à ilha. Poucas pessoas ali já haviam ouvido falar de tal objeto. Até aquele dia, todos os homens e todas as mulheres haviam falado com vozes mais ou menos igualmente poderosas. Dali em diante, isso mudaria. Dali em diante, o acesso ao microfone determinaria qual voz seria ampliada. O silêncio deixava de ser parte do comum; tornava-se um recurso pelo qual os alto-falantes competiam. A linguagem em si fora então transformada de um comum local em um recurso nacional para comunicação. Assim como os cercamentos pelo senhorio aumentaram a produtividade nacional ao impedir o camponês de criar algumas ovelhas, a invasão do alto-falante destruiu o silêncio que até então havia dado a cada homem e a cada mulher as suas vozes respectivas e igualitárias. A menos que você tenha acesso a um alto-falante, você agora está silenciado.

Espero que agora a comparação tenha ficado clara. Assim como os âmbitos espaciais do comum são vulneráveis e podem ser destruídos pela motorização do tráfego, os âmbitos discursivos do comum são vulneráveis e podem facilmente ser invadidos pelos meios modernos de comunicação.

A questão que proponho debater deve agora estar clara: como combater a invasão de novos aparelhos e sistemas eletrônicos sobre o comum que é mais sutil e mais íntimo ao nosso ser que qualquer pastagem ou estrada – comuns que são no mínimo tão valiosos quanto o silêncio. O silêncio, segundo ambas as tradições ocidental e oriental, é necessário para a formação da pessoa.

Ele é tomado de nós por máquinas que imitam as pessoas. Poderíamos facilmente nos tornar cada vez mais dependentes das máquinas para falar e para pensar, tanto quanto atualmente somos dependentes de máquinas para nos locomovermos.

Tal transformação do ambiente de comum em recursos produtivos constitui a forma mais fundamental de degradação ambiental. Tal degradação tem uma vasta história, que coincide com a história do capitalismo, mas não pode de maneira alguma ser reduzida a ele. Infelizmente, a importância dessa transformação tem sido despercebida ou menosprezada pela ecologia política até hoje. É necessário que ela seja reconhecida se quisermos organizar movimentos de defesa do que resta do comum. Essa defesa constitui uma tarefa pública crucial para a ação política nos anos 1980. A tarefa deve ser levada a cabo urgentemente porque o comum pode existir sem polícia, mas os recursos, não. Assim como o tráfego, computadores exigem policiamento de formas cada vez mais sutis.

Por definição, recursos exigem defesa policial. Uma vez defendidos, sua recuperação enquanto comum se torna cada vez mais difícil. Esta é uma razão especial para agir com urgência.

Morar[1]

Morar é humano. Animais selvagens têm ninhos, gado tem estábulos, carruagens se encaixam em galpões, e existem garagens para automóveis. Apenas humanos moram. Morar é uma arte. Toda aranha nasce com uma compulsão para tecer um tipo específico de teia. Aranhas, como todos os animais, são programadas por seus genes. O humano é o único animal que é um artista, e a arte de morar é parte da arte de viver. Uma morada não é um ninho nem uma garagem.

A maior parte das línguas usa viver no sentido de morar. Fazer a pergunta "onde você vive?" é perguntar qual é o lugar onde sua existência diária dá forma ao mundo. Diga-me como moras e te direi quem és. Essa equação de morar e viver remonta a tempos nos quais o mundo ainda era habitável e os humanos eram *habitantes*. Morar, então, significava habitar os próprios traços, deixar a vida cotidiana escrever as teias e nós da sua biografia na paisagem. Essa escrita poderia ser gravada em pedra por sucessivas gerações ou rabiscada novamente a cada temporada de chuvas com alguns juncos e folhas. Os traços habitáveis do homem eram tão efêmeros quanto seus habitantes. Moradas nunca eram acabadas antes de suas ocupações, em contraste com a mercadoria contemporânea, que entra em decadência no dia em que fica pronta para uso. Barracas precisavam ser remendadas diariamente, armadas, esticadas, desmontadas. Um sítio rural cresce e míngua com o estado de seus membros: pode-se muitas vezes discernir de longe se os jovens são casados, se os velhos já morreram. A construção

---

1. Discurso para o Royal Institute of British Architects. York, Reino Unido, julho de 1984. (Celebração do 150º aniversário do Royal Institute of British Architects).

segue de uma vida à outra; rituais marcam seus estágios mais proeminentes: gerações podem passar desde a colocação da pedra angular até que se corte o caibro. O bairro de uma cidade também jamais fica completo. Até o século XVIII, os residentes dos bairros populares defendiam sua arte de morar com motins contra as melhorias que arquitetos tentavam lhes impingir. Morar é parte daquela economia moral que E. P. Thompson descreveu tão bem. O morar sucumbiu às avenidas do rei, que em nome da ordem, higiene, segurança e decoro derrubou as vizinhanças. Sucumbiu à polícia que, no século XIX, nomeou as ruas e numerou as casas. Sucumbiu aos profissionais que introduziram esgotos e controles. Foi quase extinto pelo bem-estar social, que exaltou o direito de cada cidadão a sua garagem e televisão.

Morar é uma atividade que se encontra além do alcance do arquiteto não apenas por ser uma arte popular; não apenas porque continua em ondas que escapam de seu controle; não apenas por ser de uma tenra complexidade, fora do horizonte de meros analistas biológicos e de sistemas; mas acima de tudo porque não há duas comunidades que morem da mesma forma. Hábito e *habitat* descrevem quase a mesma ideia. Cada arquitetura vernacular (para usar o termo antropológico) é tão única quanto a fala vernacular. A arte de viver em sua completude – isto é, a arte de amar e sonhar, de sofrer e morrer – torna cada estilo de vida único. E, portanto, essa arte é complexa demais para ser ensinada pelos métodos de um Comenius ou Pestalozzi, por um professor ou pela televisão. É uma arte que só pode ser adquirida pela experiência. Cada pessoa se torna uma construtora vernacular e uma falante vernacular crescendo, movendo-se de uma iniciação a outra, tornando-se um habitante masculino ou feminino. Portanto, o espaço cartesiano, tridimensional e homogêneo no qual o arquiteto constrói e o espaço vernacular que o morar faz surgir constituem diferentes classes de espaço.

Arquitetos não podem fazer nada além de construir. Moradores vernaculares engendram os axiomas dos espaços que habitam.

O consumidor de espaço residencial vive topologicamente em outro mundo. As coordenadas do espaço residencial no qual ele se localiza são o único mundo do qual ele tem experiência. Para ele é impossível acreditar que um pastor peul, um morador de penhascos dogon, um pescador songai e um lavrador bobô vivam em espaços heterogêneos que se encaixam na mesma paisagem, como visto pela maioria dos ecologistas. Para o residente moderno, um quilômetro é um quilômetro, e após cada quilômetro vem outro, porque o mundo não tem centro. Para o morador, o centro do mundo é o lugar onde ele mora, e dez quilômetros rio acima pode ser muito mais perto do que um quilômetro deserto adentro. De acordo com muitos antropólogos, a cultura do morador distorce sua visão. De fato, ela determina as características do espaço que habita.

O residente perdeu muito de seu poder de morar. Para ele, a necessidade de dormir sob um telhado tomou a forma [*transmogrified*] de uma necessidade culturalmente definida. A liberdade de morar se tornou insignificante para ele. Ele precisa do direito de exigir um certo número de metros quadrados em espaço construído. Ele valoriza o fornecimento de serviços e as habilidades de usá-los. A arte de viver, para ele, foi confiscada: ele não tem necessidade de uma arte de morar porque ele precisa de um apartamento; assim como ele não tem necessidade da arte de sofrer porque ele conta com assistência médica e provavelmente nunca pensou sobre uma arte de morrer.

O residente vive em um mundo fabricado. Ele não é mais livre para abrir um caminho para si próprio na autopista, nem para furar um buraco na parede. Ele passa pela vida sem deixar vestígios. As marcas que ele deixa são consideradas estragos – marcas de desgaste. O que ele deixa para trás de si será considerado lixo e removido. O ambiente foi transformado de comum no qual se mora em recursos para a produção de garagens para pessoas, mercadorias e carros. Conjuntos habitacionais proveem cubículos nos quais residentes são alojados. Tais conjuntos habitacionais são planejados, construídos e equipados para eles. Ter permissão para morar minimamente em sua própria habitação constitui um privilégio especial: apenas os ricos podem mudar uma porta de lugar ou pregar um prego na parede. Assim, o espaço vernacular do morar é substituído pelo espaço homogêneo da garagem. A aparência dos alojamentos é a mesma de Taiwan a Ohio, de Lima a Pequim. Em todo lugar se encontra a mesma garagem para o humano – prateleiras nas quais se guarda a força de trabalho durante a noite, pronta para ser transportada. Habitantes que moram em espaços que eles mesmos moldam foram substituídos por residentes abrigados em prédios produzidos para eles, devidamente registrados como consumidores de alojamentos, protegidos pelas leis de inquilinatos ou de financiamentos hipotecários.

Ser alojado, na maior parte das sociedades, é um sinal de indigência: o órfão é acolhido; o peregrino, abrigado; o condenado, aprisionado; o escravo, trancafiado durante a noite; e o soldado – porém apenas desde o século XVIII –, aquartelado. Antes disso, mesmo o exército tinha que prover sua própria morada construindo acampamentos. A sociedade industrial é a única que tenta fazer com que cada cidadão seja um residente que deve ser abrigado e, portanto, absolvido do dever daquela atividade social e comunitária que eu chamo de morar. Aqueles que agora insistem em sua liberdade de morar por conta própria são ou muito ricos ou considerados excêntricos. Isso é verdade tanto para aqueles que o chamado "desenvolvimento" ainda não desensinou o desejo de morar quanto para os "desconectados" [*unpluggers*] que procuram novas formas de morar que fariam da paisagem industrial habitável – ao menos em suas fendas e pontos fracos.

Ambos os não modernizados e os pós-modernos se opõem ao veto da sociedade ante a autoasserção espacial, e terão que lidar com a polícia intervindo contra o incômodo que provocam. Serão rotulados de intrusos, ocupantes ilegais, anarquistas e maus-elementos, dependendo das circunstâncias sob as quais farão valer sua liberdade de morar: como indígenas que entram em terras abandonadas e as ocupam em Lima; como favelados no Rio de Janeiro, que retornam para ocupar as montanhas das quais acabam de ser desalojados pela polícia – após 40 anos de ocupação; como estudantes que ousam converter ruínas no bairro de Kreuzberg, em Berlim, em suas moradas; como porto-riquenhos que voltam a se instalar em prédios murados e queimados no *South Bronx*. Todos eles serão removidos, não tanto pelo dano que fazem ao proprietário do local ou porque ameaçam a saúde ou a paz das suas vizinhanças, mas porque desafiam o axioma social que define um cidadão como um elemento que necessita se estacionar em uma garagem padronizada.

Tanto a tribo indígena que desce dos Andes para os subúrbios de Lima quanto o conselho de bairro de Chicago que se desliga da autoridade municipal de habitação desafiam o modelo atualmente prevalecente do cidadão como *homo castrensis*, o homem aquartelado. Mas com seus desafios, o recém-chegado e o desconectado provocam reações opostas. Os indígenas podem ser tratados como pagãos que devem ser ensinados a apreciar com que solicitude maternal o Estado cuida de seu alojamento. O desconectado é muito mais perigoso: ele dá testemunho aos efeitos castradores do abraço maternal da cidade. Diferentemente do pagão, esse tipo de herege desafia o axioma da religião cívica que sustenta todas as ideologias atuais que na superfície se opõem. De acordo com tal axioma, o cidadão enquanto *homo castrensis* necessita a mercadoria "abrigo"; seu direito ao abrigo está escrito em lei. O desconectado não se opõe a esse direito, mas às condições concretas sob as quais o direito ao abrigo está em conflito com a liberdade de morar. E, para o desconectado, presume-se que essa liberdade, quando em conflito, é de maior valor do que a mercadoria do abrigo, que por definição é escassa.

O conflito entre o vernacular e os valores econômicos não é, no entanto, limitado ao interior do espaço limiar do lar. Seria um erro limitar os efeitos de morar ao dar forma a um interior; o que fica do lado de fora da porta da frente de alguém também é moldado pelo morar, embora de uma maneira diferente. A terra habitada se situa em ambos os lados do limiar, o limiar é como o pivô do espaço criado pelo morar. Neste lado está o lar, no outro está o comum: o espaço que os lares habitam é comum. Este abriga a comunidade da mesma forma que a casa abriga seus membros. Assim como não há duas comunidades que tenham o mesmo estilo de morar, nenhuma pode ter o mesmo comum. O costume ordena quem pode e quem deve usar o comum, e como, e quando, e onde. Assim como o lar reflete em sua forma o ritmo e a extensão da vida familiar, o comum é o traço da comunalidade. Não pode haver um morar sem seu comum. Leva tempo ao imigrante para reconhecer as autoestradas que não são ruas nem caminhos, mas recursos reservados para transporte. Vi muitos porto-riquenhos que chegavam a Nova York e levavam anos para descobrir que as calçadas não eram parte de uma praça. Por toda a Europa, para o desespero de burocratas alemães, turcos puxam suas cadeiras para as ruas para conversar, apostar, fazer negócios, tomar café, mostrar coisas. Leva muito tempo antes que se esqueça do comum, que se reconheça que o trânsito é tão letal para os negócios quanto para a fofoca na frente das portas de casa. A distinção entre espaço privado e público para o consumidor moderno de abrigo não substitui, mas destrói a distinção tradicional entre o lar e o comum que é articulada pelo limiar. No entanto, o que o abrigo como mercadoria fez ao ambiente até hoje não foi reconhecido pelos nossos ecologistas. A ecologia ainda age como subsidiária ou gêmea da economia. A ecologia política se tornará radical e efetiva apenas se reconhecer que a destruição do comum por sua transformação em recursos econômicos é o fator ambiental que paralisa a arte de morar.

Uma demonstração da destruição do comum é o grau com o qual nosso mundo se tornou inabitável. À medida que o número de pessoas aumenta, paradoxalmente nós tornamos o ambiente inabitável. Conforme mais pessoas precisam morar, a guerra contra o morar vernacular entra em seu último estágio e as pessoas são forçadas a procurar alojamentos que são escassos. Há uma geração, Jane Jacobs[2] demonstrou convincentemente que em cidades tradicionais a arte de morar e a vivacidade do comum se reforçavam à

---

2. Jane Jacobs. *Morte e vida de grandes cidades*. Trad. Carlos S. Mendes Rosa. São Paulo: Martins Fontes, 2000. [N. T.]

medida que as cidades expandiam e que as pessoas passavam a viver mais próximas. E ainda assim, nos últimos trinta anos em quase todos os lugares do mundo, meios poderosos têm sido empregados para estuprar a arte de morar das comunidades locais e, portanto, criar um senso cada vez mais agudo de que o espaço vital é escasso. Esse estupro habitacional do comum não é menos brutal do que envenenar água. A invasão dos últimos enclaves de espaço do morar por programas de alojamento não é menos detestável do que a criação de *smog* [poluição do ar]. O preconceito jurista, repetido inúmeras vezes, em favor do direito ao alojamento, quando quer que esse direito entre em conflito com a liberdade de explorar novas formas de morar, é tão repressivo quanto as leis que impõem o estilo de vida do casal de "humanos produtivos". No entanto, é preciso dizer tudo isso. Ar, água e meios alternativos de coabitação encontraram seus protetores. A estes, currículos oferecem formação e burocracias oferecem empregos. A liberdade de morar e a proteção de um ambiente habitável por ora continuam sendo a preocupação de uma minoria de movimentos de cidadãos, e mesmo esses movimentos são muitas vezes corrompidos por arquitetos que interpretam mal seus objetivos.

A autoconstrução é considerada um mero passatempo – ou uma consolação para as favelas. O retorno à vida rural é tachado de romantismo. Uma horta ou um galinheiro mantidos na cidade são percebidos como mera diversão. Vizinhanças que "funcionam" são inundadas por sociólogos muito bem pagos, até que seu funcionamento se perca. Ocupações urbanas são tachadas de desobediência civil, e ocupações restaurativas, como um grito por mais e melhores alojamentos. Mas no campo dos alojamentos, tanto quanto nos campos da educação, da medicina, do transporte ou de casas funerárias, aqueles que se desconectam não são puristas. Conheço uma família que, nos Apalaches, leva algumas cabras para pastar e durante a noite se diverte com um computador à bateria. Conheço um ocupante ilegal que entrou em um imóvel no Harlem e manda suas filhas a uma escola privada.

No entanto, nem diagnósticos ridicularizantes nem psiquiátricos farão desaparecer os desconectados. Eles perderam a consciência dos hippies calvinistas e cultivam seu próprio estilo de sarcasmo e habilidade política. Suas próprias experiências lhes dizem que eles gostam mais da arte de viver que eles recuperam morando do que eles gostavam do conforto que abandonaram. E cada vez mais se tornam mais capazes de expressar em gestos vigorosos sua rejeição aos axiomas do *homo castrensis* sobre os quais a sociedade industrial está parcialmente assentada.

E existem outras considerações que fazem a recuperação do morar parecer razoável atualmente. Métodos modernos, materiais e máquinas fazem a autoconstrução ser muito mais simples e menos cansativa do que era antes. O desemprego crescente impede que aqueles que fazem um curto-circuito nos sindicatos de construção sejam estigmatizados como associais. Cada vez mais, o trabalhador do ramo da construção tem que reaprender completamente seu ofício para poder exercê-lo, fora de um emprego, sob formas úteis para si e sua comunidade. As grosseiras ineficiências dos prédios erguidos nos anos 1970 fazem com que transformações antes impensáveis sejam menos odiosas, e mesmo razoáveis, a vizinhos que protestariam alguns anos atrás. A experiência do Terceiro Mundo converge com a experiência do South Bronx. O presidente do México, quando em campanha eleitoral, afirmou sem ambiguidade: a economia mexicana não pode agora, nem poderá no futuro, prover unidades de alojamento para a maioria de seus cidadãos. A única maneira de todos os mexicanos terem um teto no qual se encontrem bem é a provisão de leis e materiais que permitam que a comunidade mexicana se abrigue melhor do que jamais fora abrigada.

O que aqui se propõe é imenso: a desconexão de uma nação do mercado mundial de unidades de alojamento. Não acredito que um país de Terceiro Mundo consiga fazer isso. Enquanto um país se considerar subdesenvolvido, ele tomará suas referências do Norte, seja de sua face capitalista ou socialista. Não consigo acreditar que tal país possa de fato se desconectar, enquanto nação.

Que governo renunciaria ao enorme poder que lhe é conferido pela ideologia de que o homem é "aquartelado" por natureza? Construir a nação e construir alojamentos são utopias estreitamente conectadas no pensamento de todas as elites que conheço, especialmente as do Terceiro Mundo. Acredito que a liberdade de morar e a provisão de instrumentos – legais e materiais – para tornar esta escolha factível devem ser reconhecidas primeiro nos países "desenvolvidos". Aqui, os desconectados podem argumentar com muito mais convicção e precisão a razão de colocar sua liberdade acima do direito a uma garagem humana. Que ele olhe então para o México e veja o que se pode fazer com adobe.

Os argumentos que colocam a recuperação do poder vernacular de morar acima das exigências impotentes de armazenamento pessoal não param de aumentar. Como vimos, são consistentes com a direção que o movimento ecológico toma quando sai de baixo das asas da economia, a ciência dos valores escassos. São consistentes com uma nova análise radical da tecnologia que opõe os meios pesados da indústria da construção e as ferramentas modernas adaptadas pelas pessoas para recuperar sua habilidade de morar. No entanto, mais importante que isso é o argumento que ainda não foi precisamente formulado, mas que percebo em muitas iniciativas concretas que tenho observado.

O espaço próprio que leva as marcas da vida é tão básico para a sobrevivência quanto água limpa e ar puro. Não é cabível para seres humanos estacionar-se em garagens, não importa o quanto estejam esplendidamente equipadas com chuveiros e aparelhos que economizam energia. Lares e garagens simplesmente não são o mesmo tipo de espaço. Lares não são os ninhos humanos aos quais sociobiologistas os reduziriam, nem prateleiras nas quais as pessoas não conseguem sobreviver independentemente de quão bem almofadadas. Garagens são espaços de depósito para objetos que circulam pelos espaços homogêneos das mercadorias; ninhos são moldados e ocupados por animais cujos instintos os amarram aos seus territórios. Humanos moram. Têm habitado a Terra em mil formas diferentes e copiado entre si as formas de suas moradas. O que determinou por milênios o caráter mutável do espaço do morar não foram o instinto e os genes, mas a cultura, a experiência e o pensamento. Tanto o território quanto o espaço do morar são reconhecidamente tridimensionais em caráter, mas, com relação a seu significado, não são espaços do mesmo tipo – não mais que espaços do morar e garagens. Nenhuma das ciências que nós agora temos consegue captar essa variedade de topologias – nem a sociologia, nem a antropologia, nem a história, como atualmente são praticadas, abandonam a perspectiva central na qual as diferenças que contam desaparecem. Acredito que a oposição disciplinada da experiência humana sob o reino dos valores vernaculares e sob o regime da escassez é um primeiro passo em direção a essa diferença – que conta. E sem a recuperação da linguagem na qual essa diferença possa ser expressa, a recusa em identificar-se como "homem aquartelado" e a procura por novos espaços vernaculares do morar não pode se tornar politicamente efetiva.

Então, quando o ato de morar se torna tema político, chegamos inevitavelmente a uma divisão de caminhos. De um lado, haverá preocupação pelas "unidades de alojamento" – como dar direito a todos que queiram sua parte dos metros cúbicos construídos, bem situados e bem equipados. Neste lado, o empacotamento dos pobres com suas unidades de alojamento se tornará um setor de crescimento para assistentes sociais quando não houver mais dinheiro para arquitetos. No outro lado, haverá preocupação pelo direito de uma comunidade se formar e se acomodar de acordo com sua própria arte e sua própria habilidade. Na perseguição desse objetivo, parecerá a muitos no Norte que a fragmentação do *habitat* e a perda das tradições causou o confisco do direito a um *habitat* morável. Os jovens que querem dar a si mesmos uma casa olharão com inveja para o Sul, onde o espaço e a tradição ainda estão vivos.

Essa inveja nascente do subdesenvolvido deve ser curada com coragem e reflexão. Mas no Terceiro Mundo a própria sobrevivência depende do equilíbrio correto entre um direito à autoconstrução e o direito a possuir um pedaço de terra e algumas coisas como um teto que se dá a si mesmo.

A mensagem da choupana de Bapu[1]

Esta manhã, enquanto estava sentado na choupana onde viveu Mahatma Gandhi, tentei absorver o espírito da sua concepção e me embeber da sua mensagem. Existem duas coisas sobre a choupana que me impressionaram bastante. Uma é o seu aspecto espiritual, a outra, o seu aspecto acolhedor. Tentei entender o ponto de vista de Gandhi quando fez a choupana. Gostei muito da sua simplicidade, beleza e ordem. A choupana proclama o princípio de amor e de igualdade entre todos. Visto que a casa que me foi providenciada no México é em muitos aspectos como essa choupana, pude compreender seu espírito. Notei que a choupana tem sete tipos de lugares. Ao entrar, há um lugar para retirar os sapatos e se preparar física e mentalmente para adentrar a choupana. Em seguida, vem o cômodo central, que é amplo o suficiente para acomodar uma família numerosa. Hoje, às quatro da manhã, quando eu estava sentado para a oração, quatro pessoas se assentaram junto a mim apoiando-se em uma parede; e, do outro lado, também havia espaço suficiente para o mesmo número de pessoas, se se sentassem próximas. Este é o cômodo ao qual todos podem ir e se juntar aos demais. O terceiro espaço é onde o próprio Gandhi se sentava e trabalhava. Há outros dois cômodos – um para os visitantes e o outro para os doentes. Há uma varanda aberta e também um banheiro espaçoso. Todos esses lugares estão em uma relação muito orgânica.

Sinto que, se as pessoas ricas viessem à choupana, talvez zombassem dela. Mas do ponto de vista de um indiano comum, não vejo por que deveria existir uma casa maior do que essa. Essa casa é feita de barro e madeira. Na sua construção, não foi a máquina, mas as mãos do homem que trabalharam. Eu a chamo de

1. Discurso inaugural ao Sevagram Ashram Pratishthan. Sevagram, Wardha. Janeiro de 1978.

choupana, mas é realmente uma casa. Existe uma diferença entre uma casa e um edifício residencial. Um edifício residencial é onde o homem guarda sua bagagem e seus móveis. É feito mais para a segurança e conforto dos móveis do que propriamente para o homem. No edifício residencial onde fui alojado em Deli, há muito conforto. O prédio é construído em função dessas comodidades. É feito de cimento e tijolo e é como um caixote, onde se encaixam bem a mobília e as outras amenidades. Devemos entender que toda mobília e outros artefatos que colecionamos no curso de nossas vidas jamais nos darão força interior. Essas coisas, por assim dizer, são as muletas de um aleijado.[2] Quanto mais temos dessas comodidades, maior a nossa dependência delas e nossas vidas se tornam restritas. Ao contrário disso, o tipo de mobília que encontro na choupana de Gandhi é de uma ordem diferente, e existe pouquíssima razão para ser dependente dela. Uma casa instalada com toda sorte de comodidades mostra que nos tornamos frágeis. Quanto mais perdemos o poder de viver, maior a nossa dependência nas mercadorias que adquirimos. É como depender de hospitais para a saúde das pessoas e de escolas para a educação de nossos filhos. Infelizmente, tanto os hospitais quanto as escolas não são um índice da saúde ou da inteligência de uma nação. Na verdade, o número de hospitais é indicativo da saúde precária das pessoas e o das escolas de sua ignorância. Da mesma forma, a multiplicidade de facilidades para viver minimiza a expressão da criatividade na vida humana.

Infelizmente, o paradoxo da situação é que aqueles que têm mais dessas tais comodidades são considerados superiores. Não é o caso de uma sociedade imoral onde a doença recebe um *status* elevado, e a ignorância, mais consideração? Enquanto estava sentado na choupana de Gandhi, fiquei entristecido ao refletir sobre

---

2. A palavra em inglês é *cripple*, literalmente "aleijado". Cientes do teor ofensivo do termo atualmente, decidimos mantê-lo por duas razões centrais: não reescrever o autor e, talvez mais relevante nesse caso específico, preservar um termo bastante comum nos Evangelhos. O Cristo teria operado curas milagrosas, em inúmeras ocasiões, em "alijados" (palavra mais comum para as traduções da Bíblia para o português).

essa perversidade. Cheguei à conclusão de que é errado pensar na civilização industrial como um caminho que conduz ao desenvolvimento do homem. Está provado que, para nosso desenvolvimento econômico, máquinas de produção cada vez maiores e mais engenheiros, médicos e professores são literalmente supérfluos.

Aquelas pessoas que gostariam de ter um lugar maior do que essa choupana onde Gandhi viveu são pobres de mente, corpo e estilo de vida. Tenho pena delas. Elas se renderam, juntas aos seus eus [selves] animados, a uma estrutura inanimada. Nesse processo, elas perderam a elasticidade de seu corpo e a vitalidade de sua vida. Elas têm pouca relação com a natureza e proximidade com seus semelhantes.

Quando pergunto aos planejadores da época por que eles não entendem a abordagem simples que Gandhi nos ensinou, eles dizem que o caminho de Gandhi é muito difícil e que as pessoas não serão capazes de segui-lo. Mas a realidade da situação é que, como os princípios de Gandhi não toleram a presença de nenhum intermediário ou de um sistema centralizado, os planejadores, gestores e políticos se sentem excluídos. Como é que um princípio tão simples de verdade e não violência não está sendo entendido? Será porque as pessoas sentem que a inverdade e a violência as levarão ao objetivo desejado? Não. Não é assim. O homem comum compreende perfeitamente que os meios corretos o levarão ao fim correto. São apenas as pessoas que têm algum interesse pessoal que se recusam a entendê-lo. Os ricos não querem entender. Por "ricos" quero dizer aqueles que têm comodidades de vida que não estão disponíveis em comum para todos. Existem os "ricos" em viver, comer e se locomover, e seus modos de consumo são tais que se tornaram cegos para a verdade. É para os cegos que Gandhi se torna uma proposta difícil de entender e assimilar. São aqueles para quem a simplicidade não faz o menor sentido. Suas circunstâncias infelizmente não lhes permitem ver a verdade. As suas vidas tornaram-se demasiado complicadas para lhes permitir sair da armadilha em que se encontram. Felizmente, para o maior número de pessoas, não há tanta riqueza que as torne imunes à verdade da simplicidade, nem estão em tal penúria que não tenham a capacidade de entender. Mesmo que os ricos vejam a verdade, se recusam a acatá-la. É porque eles perderam o contato com a alma deste país.

Deve ficar muito claro que a dignidade do homem só é possível em uma sociedade autossuficiente e que ela sofre à medida que se caminha para a industrialização progressiva. Essa choupana conota os prazeres que são possíveis por estar em pé de igualdade com a sociedade. Aqui, a autossuficiência é a tônica. Devemos entender que os artigos e bens desnecessários que um homem possui reduzem seu poder de absorver a felicidade do ambiente. Portanto, Gandhi disse repetidamente que a produtividade deveria ser mantida dentro dos limites dos desejos. O modo de produção atual é tal que não encontra limites e vai crescendo, desinibido. Tudo isso temos tolerado até agora, mas chegou o momento em que o homem deve entender que, dependendo cada vez mais das máquinas, ele caminha para sua própria destruição. O mundo civilizado, seja a China ou a América, começou a entender que, se queremos progredir, não é esse o caminho. O homem deve perceber que, para o bem do indivíduo e da sociedade, é melhor que as pessoas guardem para si apenas o suficiente para suas necessidades imediatas. Temos que encontrar um método pelo qual esse pensamento encontre expressão na mudança dos valores do mundo de hoje. Essa mudança não pode ser provocada pela pressão dos governos ou por meio de instituições centralizadas. Um clima de opinião pública deve ser criado para fazer as pessoas compreenderem o que constitui a sociedade básica. Hoje, o homem com um automóvel se considera superior ao homem com uma bicicleta, embora, quando o encaramos do ponto de vista da norma comum, seja a bicicleta o veículo das massas. A bicicleta, portanto, deve ter uma importância primordial, e todo o planejamento viário e de transporte deve ser feito com base na bicicleta, enquanto o automóvel deve ficar em segundo plano. A situação, no entanto, é inversa, e todos os planos são feitos em benefício do automóvel, dando o segundo lugar à bicicleta.

As exigências do homem comum são, portanto, desconsideradas em comparação com as dos de cima. A choupana de Gandhi demonstra ao mundo como a dignidade do homem comum pode ser cultivada. É também um símbolo da felicidade que podemos derivar da prática dos princípios da simplicidade, do serviço e da veracidade. Espero que na conferência que vocês vão realizar sobre Técnicas para os Pobres do Terceiro Mundo, vocês tentem manter esta mensagem diante de vocês.

Desvalor[1]

Fórum do Professor Tamanoy

Esta primeira reunião pública da Sociedade Japonesa de Entropia nos oferece uma ocasião para homenagear o Professor Joshiro Tamanoy. A maioria de nós o conhecia como amigos e como pupilos. As perguntas que ele fez reúnem hoje seiscentos físicos e biólogos, economistas e ativistas verdes. Como professor de ciências econômicas na Universidade de Tóquio, ele traduziu Karl Polanyi para o japonês. Mas em seu próprio ensino e escrita, ele trouxe um sabor exclusivamente japonês à pesquisa ecológica, relacionando as dimensões culturais às físicas. Ele o fez concentrando-se na interação entre a ideologia econômica de uma época e a correspondente matriz solo-água da vida social. Ele era um político ambiental ativo e um mestre professor. E ninguém que experimentou sua amizade jamais esquecerá sua delicadeza.

Como nomear um mal

Ele tinha poucas ilusões. Corajosamente, refletiu sobre as causas da guerra moderna, da feiura moderna e da desigualdade social moderna, a ponto de encarar um horror quase insuportável. Mas ninguém esquecerá o equilíbrio de Tamanoy-sensei. Ele nunca perdeu sua compaixão e humor sutil. Ele me apresentou ao mundo daqueles que sobreviveram com as marcas da bomba

---

1. Palestra pronunciada para a primeira reunião pública da Entropy Society Tokyo, Universidade de Keyo, 9 de novembro de 1986. Texto aumentado e combinado com os dois manuscritos não publicados e completados em março de 1987: "Desvalorização: a acumulação secreta de capital" e "A bela e o ferro-velho".

de Hiroshima, os *hibakusha*. E eu penso nele como um *hibakusha* espiritual. Ele viveu a "vida examinada" à sombra de Hiroshima e Minamata. Sob essa nuvem, ele forjou uma terminologia para relacionar os espaços históricos ao lugar físico. Para esse fim, ele usou "entropia" como um *semeion*, um sinal para a ameaça iminente a uma percepção primorosamente japonesa da localidade referida com termos que parecem não ter equivalente ocidental comparável, como *fûdô*. E a entropia era central em nossas conversas. Nesta palestra, quero explorar os limites dentro dos quais a noção de entropia pode ser aplicada de maneira útil aos fenômenos sociais, comparando-a com a noção de rejeito. Proponho então a noção de "desvalor" na esperança de que através dela a entropia, quando usada fora da física e da teoria da informação, seja mais claramente compreendida.

A palavra entropia foi primeiro introduzida por Clausius, um físico alemão. Em 1850, ele estudou a relação entre o calor e a pressão absoluta em um sistema fechado e sentiu a necessidade de uma palavra para nomear essa função. Ele era um classicista amador e escolheu, em 1865, a palavra grega *entropía*. Desde então ela é usada para o algoritmo que descreve um fenômeno anteriormente não reconhecido. Ao escolher *esta* palavra, Clausius nos fez um favor. *Entrópeo* em grego clássico significa virar, torcer, perverter ou humilhar. Mais de um século após sua introdução na física, a palavra grega ainda parece capaz de indicar uma torção frustrante, anteriormente desconhecida, que perverte nossas melhores energias sociais e intenções morais.

Em poucos anos, essa palavra tornou-se um termo genérico para uma variedade de torções paradoxais que têm duas coisas em comum. Elas são tão novas que a linguagem cotidiana não dispõe de um significado tradicional definido para elas e são tão enlouquecedoras que as pessoas preferem evitar mencioná-las. Para envolver de tabu sua própria implicação no consumo não sustentável de bens e serviços, as pessoas agarram-se à não palavra "entropia" para fazer a degradação social parecer apenas outra instância de uma lei natural geral.

Quando as pessoas discutem o empobrecimento cultural que aparece na escolarização estupefaciente, na medicina doentia e na aceleração que mata o tempo, elas estão falando sobre perversões de boas intenções, não sobre instâncias de energia ou fluxo de informação. Eles significam os efeitos maléficos de objetivos sociais inapropriados que não têm nada da inocência do determinismo inexorável que, na física, associamos à entropia. A degradação da variedade cultural através da organização transnacional de fluxo de dinheiro é resultado da ganância, não de uma lei da natureza. O desaparecimento de culturas de subsistência atreladas aos solos locais é uma parte histórica e dramática da condição humana *somente* nos últimos tempos. O desaparecimento das "ideologias" que favorecem a matriz água-solo se deve ao empreendimento e ao esforço humano. O que as pessoas do final do século xx dão como certo não é algo que tenha sempre existido.

Tamanoy me fez entender que é possível incluir solo, água e sol na antropologia filosófica, para falar de uma "filosofia do solo". Depois de minhas conversas com ele, redescobri Paracelso, que pede a mesma abordagem. Uma filosofia do solo parte da certeza de que a razão não vale nada sem uma conformação recíproca das normas e da realidade tangível. Esta *vê* o corpo culturalmente moldado em conjunto com o "ambiente", que se manifesta em um lugar e em um tempo concretos. E essa interação é formada tanto pelo estilo estético e moral quanto pelos "espíritos" que o ritual e a arte evocam da matriz terrena de um lugar. O desaparecimento das matrizes correspondentes de solo e sociedade é uma questão que não podemos examinar com profundidade suficiente. E, para isso, a comparação entre o *rejeito* da variedade cultural e a degradação cósmica da energia pode ser útil, mas apenas sob uma condição: que entendamos claramente os limites dentro dos quais a ciência ainda pode gerar metáforas. Como metáfora, a entropia pode abrir os olhos. Como um análogo explicativo, só pode mistificar.

Entropia como metáfora *versus* entropia como análogo redutivo

Minha última conversa com o Dr. Tamanoy ocorreu depois de um longo giro por sua ilha natal. Ele me levou por Okinawa para conhecer seus amigos, para os campos de batalha, para as cavernas de refúgio e para as refinarias. De uma curva em uma estrada na montanha, observamos as reservas de petróleo japonesas e a baía que agora está devastada. Os mariscos, os jardins e a vida da aldeia tinham desaparecido. Nossa conversa se voltou para o perigo de extrapolar de uma árvore moribunda para a poluição global. Sem dúvida, o último mal é mundial. Mas tal espoliação mundial e sua evidência tangível nunca devem nos distrair da tristeza por esta árvore, por esta paisagem e pelo manejo de mariscos deste homem. A conversa de especialistas pode facilmente amortecer nossa raiva inefável sobre os pântanos *conhecidos* que se transformaram em concreto ou asfalto. Falar da destruição da beleza como um exemplo de entropia é difícil. A metáfora tende a esconder a maldade sórdida que, de outra forma, seria deplorável e na qual cada um que dirige ou voa está envolvido. Palavras feitas de termos técnicos são notoriamente impróprias para uso metafórico. Quando termos técnicos são transportados para um discurso ético, eles quase inevitavelmente extinguem seu sentido moral.

As *palavras* reais têm um nimbo. Em contraste, os *termos* são desprovidos de conotações. Um nimbo de conotação envolve as palavras como sinos de vento movidos pela voz. Entropia não é uma palavra assim, embora muitos tentem usá-la como tal. Quando usada assim, ela é delimitada de duas maneiras: perde tanto o fio do corte que tinha como termo quanto nunca adquire as conotações de uma palavra forte. Em um poema é uma pedra e em um discurso político é um porrete.

As palavras que as pessoas usam quando querem dizer algo importante não são escolhidas arbitrariamente de uma língua morta – como o grego antigo – nem recebem seu significado apenas por definição. Cada palavra genuína tem seu lugar nativo;

está enraizada como uma planta em um prado. Algumas palavras se espalham como trepadeiras, outras são como madeira de lei. Mas o que elas fazem está sob o controle do orador. Cada orador tenta fazer com que suas palavras signifiquem o que ele quer dizer. Mas não há um significado claro para entropia quando ela não é usada como o nome de um símbolo. Ninguém pode dizer a uma pessoa que pronuncia essa palavra de sua própria boca que ela a usa de forma errada. Não existe uma maneira correta de usar um termo técnico em uma conversa casual.

Quando "entropia" é usada como parte do discurso comum, ela perde o poder de nomear uma fórmula: ela não se encaixa na frase nem no sistema. Mas também carece do tipo de conotação que as palavras fortes têm. O termo emite um halo de evocação que, ao contrário dos significados das palavras sonoras, é vago e arbitrário. Quando "entropia" aparece em uma declaração política, o uso dá a impressão de ser científico, quando na verdade provavelmente não tem nenhum sentido. Se convence, não o faz por sua própria força, mas por sedução irracional. Ele oculta uma perversão moral da qual o falante de outra forma recuaria porque dá a impressão de que algo científico e de peso está sendo dito.

O que vejo, o que me faz chorar, o que me perturba profundamente naquela ilha degradada de Okinawa é fruto da presunção, da agressividade e da ganância humana. A entropia sugere poderosamente uma analogia estrita entre o reino da dignidade e liberdade humana e as leis cósmicas. Ao falar de agressão, ganância e desespero no contexto da entropia, desculpo crimes e negligências evocando a necessidade cósmica. Em vez de confessar que promovo um mal através do meu próprio estilo de vida, sugiro que a eliminação da beleza e da variedade é o caminho inevitável tanto da natureza quanto da cultura. Essa é a questão sobre a qual Tamanoy falou. Ele definiu a interação local do homem e da terra, ideologicamente moldada, como o centro do cosmos.

No entanto, apesar dessa ambiguidade, "entropia" continua sendo uma palavra valiosa. Quando usada como uma metáfora sugestiva e sempre manca, e não como uma analogia redutiva, serve para alertar alguns a respeito da degradação social, da perda de beleza e variedade, da crescente trivialidade e esqualidez. Ela nos ajuda a reconhecer ruídos aleatórios, as ondas sem sentido e sem significado que bombardeiam todos os nossos sentidos internos e externos. Se eu pudesse ter certeza de que suas limitações fossem conservadas na mente, não gostaria de perdê-la.

Desvalor *versus* entropia

Quando tomadas literalmente, as metáforas produzem absurdos. Insistir que o cérebro do meu filho é um computador não expressa nada mais do que uma vaidade paterna que está na moda. No entanto, grande parte da eficácia de uma metáfora vem do choque evocado no ouvinte por um mau uso intencional da linguagem. E a metáfora funciona apenas quando os dois reinos entre os quais essa metabalsa navega são margens ao alcance do ouvinte. Agora, dificilmente poderia haver reinos mais distantes e obscuros do que aqueles que a entropia como metáfora procura conectar. Para o ouvinte típico, o mundo da ciência é formidável – por definição, sua linguagem matemática é estranha ao homem comum. Por outro lado, o domínio no qual a metáfora da entropia deve atuar como guia – o universo da poluição monitorada, da segurança apocalíptica, da educação programada, da doença medicalizada, da morte gerenciada por computador e de outras formas de absurdo institucionalizado – é tão assustador que eu só posso enfrentá-lo com o respeito devido ao diabo; um medo constante de perder a sensibilidade do meu coração ao me acostumar com o mal.

Este é o perigo associado ao uso do termo "entropia", para a distorção socioeconômica frustrante e generalizada que perverte moralmente quase todos os aspectos da vida pós-moderna. E, no entanto, a palavra nos fez um favor. Obrigou-nos a reconhecer que estamos sem palavras diante de uma evolução social que (falsamente) dá a impressão de ser tão natural quanto o caos hipotético resultante do funcionamento irreversível do universo.

A palavra que nomeia essa torção deve ser aquela que inclui a natureza histórica e moral de nossa tristeza, a perfídia e a depravação que causam a perda da beleza, da autonomia e daquela dignidade que torna digno o labor humano. A entropia implica que a espoliação é uma lei cósmica, que começou com o Big Bang. A degradação social que deve ser nomeada não é coigual ao universo, mas algo que teve um início na história da humanidade e que, por isso mesmo, pode chegar ao fim.

Proponho "desvalor" como a palavra apropriada. O desvalor pode estar relacionado com a degradação do valor tal como a entropia tem sido relacionada com a degradação da energia. A entropia é uma medida da transformação da energia em uma forma que não pode mais ser convertida em "trabalho" físico. "Desvalor" é um termo que indica a devastação dos comuns e da cultura, com o resultado de que o labor tradicional é esvaziado de seu poder de gerar subsistência. Nesse ponto, a analogia entre os dois conceitos é próxima o suficiente para justificar o salto metafórico da astronomia para os estilos de vida modernos e vice-versa.

Sei bem que a palavra "desvalor" não está nos dicionários. Você pode desvalorizar algo que antes era considerado precioso: as ações podem perder seu valor; moedas antigas podem aumentar de valor; a sociologia crítica pode adotar uma postura neutra em termos de valor; amor fingido pode não ter valor. Em todas essas aplicações de valor, o orador toma o "valor" como certo. No uso atual, então, o valor pode significar quase tudo. Na verdade, ele pode ser usado para substituir o bem. Nasce da mesma mentalidade que, no terceiro quartel do século passado, também gerou "força de trabalho", "rejeito", "energia" e "entropia".

Ao cunhar o conceito de desvalor, podem ser mostradas ambas as homologias e as contradições que existem entre a degradação social e a física. Enquanto o "trabalho" físico tende a aumentar a entropia, a produtividade econômica do trabalho é baseada na desvaloração anterior do labor cultural. O rejeito e a degradação são geralmente considerados como efeitos colaterais na produção de valores. Sugiro precisamente o contrário. Defendo que o valor econômico se acumula apenas como resultado anterior da devastação da cultura, o que também pode ser considerado como criação de desvalor.

A parábola dos "rejeitos" do México

A Cidade do México apresenta ao mundo uma nova praga. Nesse local, a salmonela e as amebas são agora transmitidas rotineiramente através do trato respiratório. Ao chegar ao vale de Tenochtitlán, cercado por montanhas e 2.250 metros acima do nível do mar, você inevitavelmente luta para respirar o ar rarefeito. Meio século atrás, era um ar fresco e limpo. O que você agora puxa para os seus pulmões é uma atmosfera fortemente poluída por uma fumaça contendo uma alta densidade de partículas sólidas, muitas das quais são agentes patogênicos. Um conjunto específico de condições sociais incuba e dispersa as bactérias da cidade. Algumas delas ilustram como o colapso cultural, a ideologia e o preconceito criado na universidade se combinam para criar desvalor. A evolução da Cidade do México durante as últimas três décadas é um conto de advertência que descreve a fabricação altamente produtiva de desvalor.

Nas últimas quatro décadas, a cidade cresceu de 1 milhão para mais de 20 milhões de pessoas. A experiência única que a maioria dos recém-chegados compartilha antes de sua chegada é o espaço aberto quase ilimitado. A agricultura pré-colombiana não usava grandes animais domésticos. A vaca, o cavalo e o burro eram importações da Europa. Excrementos de animais eram escassos. A dispersão de excrementos humanos era a regra. A maioria dos imigrantes recentes vem de áreas rurais. Eles não possuem hábitos higiênicos apropriados para um *habitat* densamente povoado. E as noções mexicanas de defecação nunca foram moldadas pela atenção dada pelas disciplinas hindus, muçulmanas ou confucionistas acerca desses assuntos. Não é à toa que hoje, na Cidade do México, entre 4 e 5 milhões de pessoas não têm um local adequado para depositar suas fezes, urina e sangue. A ideologia do banheiro paralisa a urbanização cultural de padrões nativos dos imigrantes.

A cegueira elitista diante da natureza cultural dos excrementos, quando produzidos em uma cidade moderna, é agravada por fantasias altamente especializadas implantadas nas mentes dos burocratas mexicanos por meio de escolas internacionais de higiene. O preconceito anglo-saxão que bloqueia fisiologicamente os movimentos intestinais, a menos que se sente sobre a água com um rolo de papel na mão, tornou-se endêmico entre a elite governante mexicana. Daí resulta que a liderança mexicana é singularmente cega à real questão que se apresenta. Além disso, durante o *boom* do petróleo no início dos anos 1970, essa elite foi estimulada ao planejamento megalomaníaco. Naquela época, foram realizadas grandes obras públicas que nunca foram concluídas, e as ruínas dos projetos inacabados são consideradas como símbolos do desenvolvimento que será retomado prontamente. Enquanto muitos entre os pobres seguem a vida, reconhecendo que o fim do desenvolvimento está próximo, o governo continua falando de uma crise econômica temporária que estrangulou momentaneamente o fluxo de dólares e de água. O condicionamento ao uso do banheiro, combinado com a ilusão de viver em uma crise de curto prazo, cega os planejadores e os especialistas em saneamento acerca da evidência de que os excrementos corporais de seus 4 milhões de vizinhos sem banheiro continuarão a se acumular, a apodrecer e a atomizar no ar rarefeito do alto planalto.

O terremoto mexicano

Então, em setembro de 1985, um terremoto abalou não só a capital, mas também a complacência de alguns profissionais. Engenheiros e planejadores de saúde em países como o México quase inevitavelmente pertencem à classe que, por definição, usa o banheiro. Mas, em 1985, muitos deles ficaram sem água em casa ou no trabalho por várias semanas. Pela primeira vez, alguns editores começaram a questionar se a higiene inevitavelmente significa a diluição das fezes e a geração de água negra. O que deveria ser óbvio há muito tempo de repente se tornou uma conclusão evidente para alguns: está além do poder econômico do México fornecer água para vários milhões de banheiros adicionais. Além disso, mesmo que houvesse dinheiro suficiente e regras rigorosas aplicadas ao uso da descarga, a generalização do banheiro seria uma agressão séria e desastrosa contra o México rural. A tentativa de bombear os milhões de litros de água necessários devastaria as comunidades agrícolas semiáridas em um raio de mais de 160 quilômetros. Assim, forçaria um novo fluxo de milhões de imigrantes em direção à cidade. Então, milhares de hectares de solo frágil nos terraços, alguns construídos antes dos espanhóis, se deixados sem cuidados, seriam levados pela água. O centro do planalto mesoamericano se tornaria um deserto permanente. Toda essa ruína seria fruto de uma ideologia que trata os humanos como produtores naturais de rejeitos. Contestando tal ideologia, uma nova oposição política surgiu e lançou o lema de unidades de compostagem para ricos e pobres.

Foi interessante observar como esse grupo pequeno, mas potencialmente influente, reagiu na ausência da ideologia do banheiro. O ideal de *la normalidad*, que em espanhol significa perpendicularidade, se desfez para eles. Essas pessoas, incluindo alguns profissionais, mas a maioria bastante pobres, prisioneiras da maior megacidade do mundo, rejeitaram os símbolos da vida urbana, como arranha-céus, túneis profundos e mercados monstruosos. As ruínas do centro da cidade tornaram-se para elas um sinal de esperança. Certezas até então não examinadas sobre a água e os excrementos tornaram-se motivo de riso. O desenvolvimento econômico virou alvo de piadas nas *pulquerías*. Obviamente, o desenvolvimento não levou à distribuição de valor acumulado, mas à geração de uma enorme porcaria composta de cimento e plástico que precisa de atendimento por parte de serviços profissionais. Os esgotos tornaram-se o símbolo dos remédios necessários em uma cidade criada para o treinamento defecatório econômico do *homo economicus*.

A história do rejeito

A definição social dos excrementos, que, na opinião de quem os gera, não podem ser transformados em adubo, tornou-se um instrumento simbólico da transformação das próprias pessoas em rejeitos. Estas aprendem que dependem de serviços mesmo quando agem sob o impulso das necessidades mais elementares. Sob essa perspectiva, o banheiro é um dispositivo para incutir o hábito de autorrejeito ou de autodesvaloração, que prepara a pessoa para a dependência de serviços escassos em outras esferas. Ele traz à existência a percepção corporal do *homo* gerador de rejeitos. Quando as pessoas percebem que várias vezes ao dia suas necessidades físicas de evacuação produzem uma degradação ambiental, é fácil convencê-las de que, por sua própria existência, elas não podem deixar de contribuir para a "entropia".

O rejeito não é a consequência natural da existência humana. O professor Ludolf Kuchenbuch, que está trabalhando na formulação de uma história do rejeito, reuniu as evidências. Um conceito que tomamos como certo não aparece antes de 1830. Antes dessa data, "rejeito", como verbo e como substantivo, está relacionado a devastação, destruição, desertificação, degradação. Não é algo que pode ser removido. Os professores Tamanoy e Murata construíram sua teoria com base em uma suposição semelhante: se uma cultura aumenta constantemente a interação do sol, do solo e da água, sua contribuição líquida para o cosmos é positiva. As sociedades humanas que geram rejeitos são aquelas que destroem a matriz solo-água de sua localidade e se tornam centros expansivos para a devastação dos que as cercam. A entropia surge como resultado da destruição das culturas e seus comuns.

Portanto, é injustificável atribuir a todas as culturas a gestão de rejeitos. Os miasmas e os tabus não são, em absoluto, ancestrais da poluição moderna. São as regras simbólicas que potencializam a integração e protegem as culturas de subsistência. O chamado desenvolvimento é uma desvaloração programada dessas proteções.

Desvalor *versus* rejeito

O desvalor permanece invisível enquanto houver duas condições. A primeira delas consiste na crença generalizada de que categorias econômicas, cuja tarefa é medir "valores", podem ser usadas em declarações sobre comunidades cujo "negócio" não são valores, mas *o bem*. O bem faz parte de uma "ideologia" local relacionada à mistura de elementos nativos de um lugar específico – para falar como Paracelso ou como Tamanoy –, enquanto os valores são uma medida que se encaixa na ideologia abstrata da ciência. A segunda fonte de cegueira frente ao desvalor é uma certeza obsessiva sobre a viabilidade do progresso. Essa redução da convivialidade à economia primitiva e a repugnância à tradição, mascarada como um compromisso com o progresso dos outros, fomentam a destruição míope do passado. A tradição passa a ser vista como uma expressão histórica do rejeito, a ser descartada com o lixo do passado.

Há apenas uma década, ainda parecia possível falar do progresso do século XX com certa segurança. A economia parecia ser uma máquina que aumenta o fluxo de dinheiro. A energia, a informação e o dinheiro pareciam seguir as mesmas regras – as leis da entropia eram igualmente aplicáveis a cada uma delas. O desenvolvimento da capacidade produtiva, a multiplicação de trabalhadores treinados e o aumento da poupança eram vistos como partes do "crescimento" que, cedo ou tarde, traria mais dinheiro para mais pessoas. Apesar da maior desintegração social em razão do aumento do fluxo de dinheiro, cada vez mais dinheiro foi proposto como o requisito fundamental para satisfazer as necessidades básicas de mais pessoas! A entropia então parecia um análogo tentador para indicar a degradação social resultante do fluxo generalizado de dinheiro.

Nesse ínterim, começou um novo e radical questionamento das verdades econômicas. Ainda há vinte anos, não era ridículo almejar uma comunidade mundial baseada sobre uma dignidade e uma justiça iguais, que pudesse ser planejada no modelo termodinâmico de fluxos de valor. Em meados dos anos 1980, não é mais assim. Não apenas a promessa de igualdade humana, mas até mesmo a provisão de uma chance igual de sobrevivência parecem vazias. À escala mundial é evidente que o crescimento concentrou os benefícios econômicos, desvalorando simultaneamente as pessoas e os lugares, de tal forma que a sobrevivência se tornou impossível fora da economia monetária. Mais pessoas estão mais destituídas e desamparadas como nunca antes. Além disso, os privilégios que somente aqueles de renda mais alta podem comprar são cada vez mais valorizados, principalmente como uma fuga do desvalor que afeta a vida de todos.

A ideologia do progresso econômico lança uma sombra de desvalor sobre quase todas as atividades que são culturalmente moldadas fora do fluxo de dinheiro. Pessoas como os imigrantes em direção à Cidade do México, e crenças como as regras tradicionais de higiene, são desvalorizadas muito antes de que possam ser fornecidos banheiros eficazes. As pessoas são forçadas a uma nova topologia mental na qual os locais para evacuar os movimentos intestinais são escassos, embora os recursos para criar esses locais estejam além do alcance razoável da nova economia em que se encontram. A ideologia da produção e do consumo, sob a condição implícita da escassez "natural", toma conta de suas mentes enquanto tanto empregos remunerados quanto dinheiro estão fora de seu alcance. A autodegradação, a autodestruição, o autorrejeito são diferentes maneiras de nomear essa criação das condições necessárias para o crescimento legítimo de uma economia monetária.

É aqui que Joshiro Tamanoy entra em cena. Ele não apenas traduziu, mas também ensinou a obra de Karl Polanyi. Ele sacou a distinção entre economias formais e substantivas que remonta a Polanyi. Quarenta anos depois de Polanyi, Tamanoy – que conheço apenas por meio da conversa, já que a maioria de seus escritos está em uma língua da qual sou ignorante – trouxe essa distinção para o Japão moderno. Ela pode ser usada para resumir nosso argumento. A entropia é provavelmente uma metáfora eficaz para enfatizar a desvalorização na economia formal. O fluxo de dinheiro ou de informação pode, de alguma forma, ser comparado ao fluxo de calor. Mas é óbvio que a macroeconomia não nos diz nada sobre o que as pessoas consideram *bom*. Portanto, a entropia não pode ser relevante para explicar a devastação dos padrões culturais substantivos pelos quais as pessoas agem fora da economia monetária formal. Isso é verdade porque a "troca" de presentes ou movimentos de bens na economia substantiva é, por sua própria natureza, heterogênea ao modelo de fluxo de valores postulado por uma economia formal. E, à medida que o modelo de fluxo termodinâmico se espalha, extingue um modo de vida ao qual a entropia será eternamente estranha.

As três dimensões da opção pública[1]

Dezesseis anos de nossa guerra contra a subsistência nos levaram a um ponto que pode ser visto da melhor maneira no espelho do desenvolvimento. Ao longo dos anos 1960, "desenvolvimento" adquiriu um *status* equiparável a "liberdade" e "igualdade". O desenvolvimento de outros povos se tornou o dever e o fardo do homem rico. O desenvolvimento fora descrito como um programa de construção – pessoas de todas as cores falaram de "construir nações" e o fizeram sem corar. O objetivo imediato dessa engenharia social era a instalação de um equilibrado conjunto de equipamentos em uma sociedade que ainda não dispunha de tal ferramental: a construção de mais escolas, mais hospitais, mais autoestradas, mais fábricas, redes elétricas, junto à criação de uma população treinada para fazer esses aparatos funcionarem e para precisar deles.

A Nêmesis do desenvolvimento

Hoje, o imperativo moral de uma década atrás parece ingênuo. Hoje, poucos pensadores críticos teriam uma visão tão instrumentalista de uma sociedade desejável. Uma grande quantidade de razões mudou a opinião das pessoas: *externalidades indesejadas* excedem os benefícios – o fardo sobre o erário de escolas e hospitais é mais do que a maioria das economias consegue suportar; as cidades fantasmas produzidas por autoestradas empobrecem as paisagens urbanas e rurais; embora baldes plásticos de São Paulo sejam mais leves e baratos do que aqueles feitos em funilarias locais no oeste do Brasil, eles causam a desaparição

---

[1]. Discurso de abertura na 16ª Assembleia Geral da Society for International Development, Colombo, Sri Lanka, 15 de agosto de 1979.

destas últimas; e as fumaças das fábricas de plástico deixam um traço especial no ambiente – um novo tipo de fantasma. A destruição da competência ancestral, bem como esses venenos, é um *subproduto inevitável* e resistirá a todos os exorcismos por muito tempo. Cemitérios de rejeitos industriais simplesmente custam caro demais, mais do que valem os baldes. Em jargão econômico, as "externalidades negativas" excedem não apenas os lucros feitos com a produção dos baldes de plástico, mas também os próprios salários pagos no processo de manufatura.

As crescentes externalidades, no entanto, são apenas uma face da conta cobrada pelo desenvolvimento. *A face reversa é a contraprodutividade.* Externalidades representam custos que são "exteriores" ao preço pago pelo consumidor pelo que quer – custos que ele, outros e futuras gerações terão que pagar em algum momento. A contraprodutividade, no entanto, é um novo tipo de decepção que surge no "interior" do próprio bem adquirido. Essa contraprodutividade interna, componente inevitável das instituições modernas, se tornou a frustração constante da maioria mais pobre dos clientes de cada instituição: intensamente sentida, mas raramente definida. Cada um dos maiores setores da economia produz suas próprias e únicas contradições paradoxais. Cada um necessariamente efetua o contrário daquilo para que havia sido estruturado. Economistas, que são cada vez melhores em atribuir preços às externalidades, são incapazes de lidar com as internalidades negativas e não conseguem medir a frustração inerente de clientes cativos, que é algo diferente de um custo. Para a maioria das pessoas, a escolarização distorce diferenças genéticas em degradação certificada. A medicalização da saúde aumenta a demanda por serviços além do que é possível e útil e compromete as defesas orgânicas do organismo que o senso comum chama de saúde. O transporte, para a grande maioria presa aos horários de pico, aumenta o tempo perdido na servidão do tráfego, reduzindo a mobilidade livremente escolhida e o acesso mútuo. O desenvolvimento de agências desenvolvimentistas educacionais, médicas e outras removeu, na realidade, a maior parte de seus clientes do propósito óbvio pelo qual esses projetos haviam todos sido desenhados e financiados. Essa frustração institucionalizada, resultante do consumo obrigatório, é combinada com as novas externalidades. Essa combinação exige um aumento nos serviços de coleta e reparação de rejeitos, empobrece e mesmo destrói indivíduos e comunidades, afetando-os de uma maneira especificamente classista. As formas peculiarmente modernas de frustração, paralisia e destruição desacreditam completamente a noção de que uma sociedade desejável seja definida em termos de capacidade instalada de produção.

A defesa contra os danos infligidos pelo desenvolvimento, e não o acesso a alguma nova forma de "satisfação", tornou-se o privilégio mais buscado. Você chegou lá se você consegue ir e vir do trabalho fora do horário de pico; você provavelmente frequentou uma escola de elite se você consegue dar à luz em casa; detém um conhecimento distinguido e escasso se consegue não ver um médico quando está doente; você é rico e sortudo se respira ar puro; você não é nem um pouco pobre se você pode construir sua própria cabana. As classes baixas são atualmente feitas de pessoas que *são obrigadas* a consumir os produtos e as prescrições contraprodutivos que são impostos por seus tutores autoinstituídos; os privilegiados são aqueles que têm liberdade de recusá-los. Uma nova postura, então, tomou forma nesses últimos anos. O reconhecimento de que não podemos ecologicamente assegurar um desenvolvimento *equitativo* leva muitos a entender que, mesmo se o desenvolvimento equitativo fosse possível, nós não o quereríamos para nós mesmos, nem o recomendaríamos para outros.

Dimensões das reparações

Dez anos atrás, tendíamos a distinguir as opções sociais exercidas na esfera política das opções técnicas designadas ao especialista. As primeiras deviam focar em fins, as últimas, em meios. Esquematicamente, as opções com relação a uma sociedade desejável estavam dispostas em um espectro que ia da direita à esquerda: aqui o "desenvolvimento" capitalista, ali o socialista. *Como* fazer era algo deixado para os especialistas. Esse modelo unidimensional da política é agora algo ultrapassado. Hoje, além da exigência de saber "quem obtém o que", dois novos terrenos de escolha passaram a ser questões *leigas*: a própria legitimidade do julgamento leigo sobre os meios apropriados para a produção e a troca [*trade-off*] entre crescimento e liberdade. Como resultado, três classes independentes de opções aparecem como três eixos mutuamente perpendiculares de escolha pública. No eixo x, coloco as questões relacionadas a hierarquia social, autoridade política, propriedade dos meios de produção e alocação de recursos que são costumeiramente designados pelos termos direita e esquerda. No eixo Y, coloco as escolhas técnicas entre duro e suave, estendendo esses termos muito além de ser favorável ou contrário à energia nuclear: não apenas bens, mas também serviços são afetados pelas alternativas duras ou suaves.

Uma terceira escolha recai sobre o eixo z. Nem privilégio nem técnica, mas a natureza da satisfação humana está em questão. Para caracterizar os dois extremos, devo usar os termos definidos por Erich Fromm. Embaixo, coloco a organização social que coloca a procura da satisfação no *ter*; no topo, no *fazer*. Embaixo, portanto, coloco uma sociedade intensiva em mercadorias na qual necessidades são cada vez mais definidas por bens e serviços empacotados, que são desenhados e prescritos por profissionais e produzidos sob seu controle. Esse ideal social corresponde à imagem de uma humanidade composta de indivíduos, cada um movido por considerações de utilidade marginal, a imagem que se desenvolveu de Mandeville, passando por Smith e Marx até Keynes, e que Louis Dumont chamou *homo economicus*. Na extremidade oposta, no topo do eixo z, coloco – em uma disposição em forma de hélice – uma grande variedade de atividades de subsistência. Cada uma, de sua forma particular, não pode deixar de duvidar dos "imperativos" do crescimento. Em tais novas sociedades nas quais as ferramentas contemporâneas facilitam a criação de valores de uso, mercadorias e a produção industrial de maneira geral são tidas como valiosas principalmente enquanto recursos ou instrumentos para a subsistência. Portanto, o ideal social corresponde ao *homo habilis*, uma imagem que inclui uma multiplicidade de indivíduos que são *diferentemente* capazes de lidar com a realidade, o oposto do *homo economicus*, que é dependente de "necessidades" padronizadas. Aqui, aqueles que escolhem sua independência e seu horizonte tiram mais satisfação de fazer e criar coisas para uso imediato do que de produtos de escravos ou máquinas. Portanto, todo projeto cultural é necessariamente modesto. Aqui, as pessoas chegam o mais perto possível da sua própria subsistência, produzindo aquilo que podem, trocando seus excedentes com vizinhos, evitando tanto quanto possível os produtos do trabalho remunerado.

A forma da sociedade contemporânea é resultado de escolhas contínuas ao longo desses três eixos independentes. A credibilidade de um sistema político atualmente depende do grau de participação pública em cada um dos conjuntos de opções. A beleza de uma imagem única e socialmente articulada de cada sociedade será, espero, o fator determinante de seu impacto internacional. O exemplo ético e estético deve substituir a competição dos indicadores econômicos. Atualmente, nenhuma outra rota é possível. Um modo de vida caracterizado pela austeridade e modéstia, construído por trabalho árduo e em pequena escala não se presta à propagação pelo marketing. Pela primeira vez na história, sociedades pobres e ricas podem ser efetivamente postas em pé de igualdade. Mas, para que isso se torne realidade, o presente entendimento das relações internacionais Norte-Sul, em termos de desenvolvimento, precisa ser superado.

Ascensão e queda do trabalho remunerado

Um objetivo de alto *status* social de nossa época, o pleno emprego, também deve ser revisto. Dez anos atrás, as posturas com relação ao desenvolvimento e à política eram mais simples do que hoje é possível; as posturas com relação ao trabalho eram sexistas e ingênuas. O trabalho era identificado com o emprego, e os empregos prestigiosos eram reservados aos homens. A análise do trabalho-sombra efetuado fora do emprego era um tabu. A esquerda se referia a ele como uma reminiscência da reprodução primitiva, a direita, como consumo organizado. Todos concordavam que, com o desenvolvimento, tal trabalho desapareceria. As lutas por mais empregos e por uma remuneração igualitária para empregos equivalentes e maior para cada emprego empurraram todo trabalho feito fora dos empregos para um canto sombreado, escondido da política e da economia. Recentemente, feministas, junto de alguns economistas e sociólogos, analisando as chamadas estruturas intermediárias, começaram a examinar a contribuição não paga que é feita a uma economia industrial, uma contribuição para a qual as mulheres são as principais responsáveis. Essas pessoas discutem a "reprodução" como um complemento à produção. Porém, o palco está repleto de radicais autointitulados que discutem novas formas de criar empregos convencionais, novas formas de compartilhar empregos já existentes e como transformar o trabalho doméstico, a instrução, a criação das crianças e o transporte da casa ao trabalho em empregos remunerados. Sob a pressão de tais reivindicações, o objetivo de pleno emprego parece tão duvidoso quanto o do desenvolvimento.

Novos atores, que questionam a própria natureza do trabalho, entram em cena. Eles distinguem o trabalho industrialmente estruturado, remunerado ou não, da criação de uma vida além dos confins do emprego e de tutores profissionais. Suas discussões levantam as questões-chave do eixo vertical. A escolha a favor ou contra a noção de homem como um viciado em crescimento decide se o desemprego, isto é, a liberdade efetiva de trabalhar sem remuneração ou salários, deve ser visto como algo triste e uma maldição ou como algo útil e um direito.

Em uma sociedade intensiva em mercadorias, necessidades básicas são saciadas por meio dos produtos do trabalho remunerado – habitação não menos que a educação formal, tráfego não menos que o parto. A ética do trabalho que guia tal sociedade legitima o emprego assalariado ou remunerado e degrada a atividade autônoma. Mas a popularização do trabalho remunerado faz mais: ela divide o trabalho não pago em dois tipos de atividades opostas. Enquanto a perda do trabalho não pago, atropelado pelo trabalho remunerado, tem sido seguidamente descrita, a criação de um novo tipo de trabalho tem sido constantemente ignorada: o *complemento* não pago do trabalho e de serviços industriais. Um tipo de trabalho forçado ou servidão industrial a serviço das economias intensivas em mercadorias deve ser cuidadosamente distinguido do trabalho orientado à subsistência, existente fora do sistema industrial. A menos que tal distinção seja esclarecida e usada ao escolher as opções do eixo z, o trabalho não pago guiado por profissionais poderia se espalhar por meio de uma sociedade repressiva, de bem-estar ecológico. A servidão das mulheres na esfera doméstica é o exemplo mais óbvio atualmente. O trabalho doméstico não é assalariado. Também não é uma atividade de subsistência no sentido de que era a maior parte do trabalho feito por mulheres quando, junto dos homens, usavam suas casas familiares como marco e meio para a criação de quase a totalidade dos produtos necessários para a vida cotidiana de todos. O trabalho doméstico moderno é padronizado por mercadorias industriais, orientado para o apoio da produção e imposto de maneira discriminatória às mulheres de modo a empurrá-las para a reprodução, regeneração e motivação do trabalhador assalariado. Bem difundido por feministas, o trabalho doméstico é apenas uma expressão da extensa economia-sombra que se desenvolveu por todos os lados nas sociedades industriais enquanto um complemento necessário à expansão do trabalho remunerado. Esse complemento sombra, junto da economia monetarizada, é um elemento constitutivo do modo de produção industrial. Ele escapa da análise econômica, assim como a natureza ondulatória das partículas escapava antes da teoria quântica. E quando conceitos desenvolvidos para o setor monetizado da economia são aplicados a ela, eles ou a distorcem ou simplesmente não a percebem. A verdadeira diferença entre dois tipos de atividade não paga – o trabalho-sombra que complementa o trabalho remunerado e o trabalho de subsistência que compete e se opõe a ambos – é consistentemente despercebida. Então, conforme as atividades de subsistência se tornam cada vez mais raras, todas as atividades não pagas tomam uma forma análoga à do trabalho doméstico. O trabalho orientado ao crescimento econômico leva inevitavelmente à padronização e ao gerenciamento das atividades, sejam elas pagas ou não.

Uma visão contrária do trabalho prevalece quando uma comunidade escolhe um modo de vida orientado à subsistência. Aí, na contracorrente do desenvolvimento, o objetivo é a substituição de bens de consumo pela ação pessoal, de ferramentas industriais por ferramentas conviviais. Aí, ambos, o trabalho remunerado e o trabalho-sombra, declinarão, já que seu produto, em bens ou serviços, é valorizado principalmente como meios para atividades cada vez mais criativas, e não como fins, ou seja, como consumo obrigatório. Aí, o violão é mais valorizado frente ao disco, a biblioteca, frente à sala de aula, a horta de quintal, frente ao supermercado. Aí, o controle pessoal de cada trabalhador sobre seus meios de produção determina um pequeno horizonte para cada empreitada, um horizonte que é condição necessária para a produção social e para o desdobramento da individualidade de cada trabalhador. Tal modo de produção também existe na escravidão, servidão e outras formas de dependência. Mas ele floresce, libera energia, adquire sua forma adequada e clássica *apenas* onde o trabalhador é o livre proprietário de suas ferramentas e recursos. Apenas aí o artesão pode se tornar virtuoso. Esse modo de produção pode ser mantido dentro dos limites ditados pela natureza, tanto para a produção quanto para a sociedade. Aí, o desemprego criador é valorizado, enquanto o trabalho remunerado, dentro de limites, é apenas tolerado.

Dependência das mercadorias

O paradigma do desenvolvimento é mais facilmente repudiado por aqueles que eram adultos no dia 10 de janeiro de 1949.[2] Naquele dia, a maioria de nós encontrou o termo em seu significado atual pela primeira vez quando o presidente Truman anunciou o Programa Ponto Quatro. Até então, o termo "desenvolvimento" era usado para se referir a espécies animais ou vegetais, empreendimentos imobiliários ou jogadas de xadrez – apenas após o discurso o termo fora empregado para se referir a povos, países e estratégias econômicas. Desde então, fomos inundados por teorias de desenvolvimento cujos conceitos são agora curiosidades para colecionadores – "crescimento", "alcançar os países avançados", "modernização", "imperialismo", "dualismo", "dependência", "necessidades básicas", "transferência de tecnologia", "sistema-mundo", "industrialização endógena" e "desacoplamento temporário". Cada investida veio em duas ondas. Uma trazia o pragmatista que valorizava o empreendedorismo e os mercados mundiais; a outra, os políticos que enfatizavam ideologia e revolução. Teóricos produziram montanhas de prescrições e caricaturas mútuas. Abaixo destas, os postulados comuns foram enterrados. Agora é hora de exumar os axiomas escondidos na própria ideia de desenvolvimento.

Fundamentalmente, o conceito implica a substituição das competências gerais e da satisfação de atividades de subsistência pelo uso e consumo de mercadorias; o monopólio do trabalho remunerado sobre todos os tipos de trabalho; a redefinição das necessidades em termos de bens e serviços produzidos em massa segundo desenhos de especialistas; por fim, o rearranjo do ambiente de tal maneira que o espaço, tempo, materiais e os projetos favoreçam a produção e o consumo enquanto se degradam e paralisam as atividades orientadas ao valor de uso, que satisfazem as necessidades diretamente. E todas tais mudanças e processos, homogêneos

---

2. Ivan Illich confundiu-se sobre a data correta do discurso, que, na verdade, ocorreu no dia 20 de janeiro do mesmo ano. [N. T.]

mundo afora, são avaliados como inevitáveis e bons. Os grandes muralistas mexicanos retrataram dramaticamente as figuras típicas antes que teóricos pudessem delinear as etapas. Em seus murais, se vê o tipo ideal de ser humano como um homem de macacão atrás de uma máquina ou em um avental branco debruçado sobre um microscópio. Ele abre túneis em montanhas, dirige tratores, abastece chaminés fumegantes. As mulheres os dão à luz, cuidam e ensinam-lhe. Em contraste gritante com a subsistência asteca, Rivera e Orozco visualizam o trabalho industrial como a única fonte de todos os bens necessários para a vida e seus possíveis prazeres.

Mas esse ideal de homem industrial está agora em decadência. Os tabus que o protegiam agora se enfraquecem. Os *slogans* sobre a dignidade e prazer do trabalho remunerado agora soam vazios. O desemprego, termo introduzido pela primeira vez em 1898 para designar pessoas sem uma renda fixa, é agora reconhecido como a condição na qual a maior parte das pessoas do mundo vive – mesmo no auge dos *booms* industriais. Especialmente no Leste europeu, mas também na China, as pessoas agora percebem que, desde 1950, o termo "classe trabalhadora" tem sido usado principalmente para justificar e obter privilégios para uma nova burguesia e seus filhos. Parece claramente suspeita a "necessidade" de criar empregos e estimular o crescimento em nome da qual os autointitulados paladinos dos mais pobres até agora têm rechaçado qualquer consideração a alternativas ao desenvolvimento.

Amarrados às "necessidades"

Os desafios ao desenvolvimento tomam múltiplas formas. Apenas na Alemanha, França ou Itália, milhares de grupos experimentam, cada um de maneira diferente, alternativas à existência industrial. Cada vez mais, um número maior dessas pessoas vem de famílias de classe operária. Para a maioria delas, não há mais dignidade em ganhar a vida por meio de um salário.

Elas tentam se "desligar do consumo", nas palavras dos moradores de alguns bairros pobres do sul de Chicago. Nos Estados

Unidos, ao menos 4 milhões de pessoas vivem no seio de comunidades altamente diferenciadas desse tipo, com ao menos sete vezes esse número de pessoas individualmente concordando com esses valores – mulheres buscam alternativas à ginecologia; pais procuram alternativas às escolas; construtores que não querem mais o sanitário com descarga; gente da periferia que se recusa a perder seu tempo indo e vindo do trabalho; gente que tem repulsa ao *shopping center*. Em Trivandrum, no sul da Índia, vi uma das mais bem-sucedidas alternativas a um tipo especial de dependência de mercadorias – à instrução e certificação como formas privilegiadas de aprendizado. Bibliotecas foram instaladas em 1.700 vilarejos, cada uma contendo ao menos mil livros. Este é o equipamento mínimo de que precisam para serem membros da Kerala Sasthra Sahitya Parishad, e podem se manter como membros apenas contanto que emprestem no mínimo 3 mil volumes ao ano. Senti-me imensamente entusiasmado ao ver que, ao menos no sul da Índia, bibliotecas instaladas em vilarejos e financiadas por vilarejos fizeram das escolas partes acessórias das bibliotecas, enquanto nos demais lugares as bibliotecas se tornaram meros depósitos de materiais didáticos usados sob instrução de professores profissionais. Da mesma forma, em Bihar, um estado no leste da Índia, a *Medico International* representa uma tentativa comunitária de desmedicalizar a saúde, sem cair na armadilha dos médicos de pés descalços chineses. Estes últimos foram relegados ao papel de lacaios no nível mais baixo da hierarquia de biocontrole nacional.

Além de tomar tais formas experimentais, os desafios ao desenvolvimento também usam de meios legais e políticos. Em um referendo austríaco no ano passado, a maioria absoluta recusou dar permissão ao chanceler Kreisky, que detém controle político do eleitorado, para inaugurar um gerador atômico já construído. Cidadãos cada vez mais usam as urnas e os tribunais, além de pressões mais tradicionais de grupos de interesse, para estabelecer critérios negativos de *design* para tecnologias de produção. Na Europa, candidatos "verdes" começam a ganhar eleições. Nos Estados Unidos, os esforços legais de cidadãos começam a impedir autoestradas e barragens. Tais comportamentos não eram previsíveis dez anos atrás – e muitos homens no poder ainda não os consideram como legítimos. Todas essas vidas e ações organizadas comunitariamente na metrópole desafiam não apenas o conceito recente de desenvolvimento no ultramar, mas também o conceito mais fundamental e basilar de progresso nos seus próprios países.

Missionários *et al*.

Neste ponto, é tarefa do historiador e do filósofo esclarecer as origens e desemaranhar o processo que resulta no conceito ocidental de "necessidades". Apenas assim poderemos entender como tal conceito, aparentemente ilustrado, produziu uma exploração tão devastadora. A noção de progresso, que caracteriza o Ocidente há 2 mil anos e determinou suas relações com o exterior desde a queda da Roma clássica, está por trás da crença em necessidades. As sociedades se espelham não somente nos seus deuses transcendentes, mas também na imagem do estrangeiro além de suas fronteiras. O Ocidente exportou uma dicotomia entre "nós" e "eles" que é exclusiva da sociedade industrial. Essa maneira de encarar a si e aos outros está agora espalhada no mundo todo, constituindo a vitória da missão universalista iniciada na Europa. Uma redefinição de desenvolvimento apenas reforçaria a dominação econômica ocidental sob a forma da ciência econômica formal e por meio da colonização profissional do setor informal, doméstico e estrangeiro. Para nos precavermos desse perigo, primeiro devemos entender a metamorfose de seis etapas do conceito de estrangeiro que atualmente aparece como "desenvolvimento".

Cada comunidade tem uma postura diferente em relação às outras. Os chineses, por exemplo, não conseguem se referir a seus estrangeiros e a seu gado sem os rotular com algum termo degradante. Para os gregos, o estrangeiro ou é o convidado da casa de uma *pólis* vizinha, ou o bárbaro que não é plenamente um homem. Em Roma, bárbaros podiam se tornar membros da cidade, mas trazê-los à cidade nunca fora a intenção ou a missão de Roma. Apenas na Antiguidade tardia, com a Igreja europeia ocidental, os estrangeiros se tornaram pessoas necessitadas, seres que devemos acolher entre nós. Essa visão do estrangeiro como fardo se tornou constitutiva da sociedade ocidental. Sem essa missão universal para com o mundo exterior, o que chamamos de Ocidente não teria se formado.

A percepção do estrangeiro como alguém que precisa ser ajudado tomou sucessivas formas. Na Antiguidade tardia, o bárbaro se transmutou em pagão – o segundo estágio rumo ao desenvolvimento começara. O pagão fora definido como o não batizado, mas ordenado pela natureza a se tornar cristão. Era o dever daqueles no interior da Igreja enxertá-lo ao corpo da cristandade por meio do batismo. Na Alta Idade Média, a maior parte das pessoas na Europa era batizada, mesmo se ainda não tivesse sido convertida. Então, os muçulmanos apareceram. Diferentemente dos góticos e saxões, muçulmanos eram monoteístas e manifestamente crentes piedosos; resistiam à conversão. Portanto, além do batismo, foi necessário imputar mais necessidades: as de estar assujeitado e instruído. O pagão se transmutou no infiel, nosso terceiro estágio. Pela Baixa Idade Média, a imagem do estrangeiro se transmuta novamente. Os mouros haviam sido expulsos de Granada, Colombo havia viajado ao outro lado do oceano e a Coroa Espanhola havia assumido muitas das funções da Igreja. A imagem do homem selvagem que ameaça a função civilizatória do humanista substituiu a imagem do infiel que ameaça a fé. Também por essa época, pela primeira vez o estrangeiro fora descrito em termos relativos à economia. A partir de muitos estudos sobre monstros, macacos e homens selvagens, aprendemos que os europeus desse período viam o homem selvagem como alguém desprovido de necessidades. Tal independência o enobrecia, mas também o tornava uma ameaça às designações coloniais e mercantilistas. Para imputar necessidades ao selvagem, seria necessário transformá-lo em indígena, o quinto estágio. As cortes espanholas, após longa deliberação, decidiram que ao menos o homem selvagem do Novo Mundo tinha uma alma e era, portanto, humano. Contrariamente ao homem selvagem, o indígena tem necessidades, mas necessidades distintas das do homem civilizado. Suas necessidades são regidas por clima, raça, religião e providência. Adam Smith ainda refletiu sobre a elasticidade das necessidades dos indígenas. Como observou Gunnar Myrdal, o construto das distintas necessidades dos indígenas foi necessário para justificar o colonialismo e para administrar as colônias. Durante quatro séculos, o homem branco encarou como seu fardo o governo, a instrução e as trocas comerciais dos indígenas.

Cada vez que o Ocidente punha uma nova máscara no estrangeiro, a antiga era descartada por ser então reconhecida como uma caricatura de uma autoimagem abandonada. O pagão com sua alma naturalmente cristã teve que ceder seu lugar ao infiel teimoso para permitir que a cristandade lançasse as Cruzadas. O selvagem se tornou necessário para justificar a necessidade da educação humanista secular. O indígena foi um conceito crucial para promover uma dominação colonial cheia de arrogância moral. Mas na época do Plano Marshall, quando os conglomerados multinacionais estavam se expandindo e as ambições dos pedagogos, terapeutas e planificadores transnacionais não conheciam limites, a necessidade limitada do indígena por bens e serviços frustrava o crescimento e o progresso. Eles precisavam se metamorfosear em pessoas subdesenvolvidas, o sexto e presente estágio da visão ocidental do forasteiro. Portanto, a descolonização foi também um processo de conversão: a aceitação mundial da autoimagem do Ocidente de *homo oeconomicus* em sua forma mais extrema, o *homo industrialis*, com todas as necessidades definidas por mercadorias. Apenas vinte anos foram necessários para fazer com que 2 bilhões de pessoas se autodefinissem como subdesenvolvidas. Lembro-me vividamente do carnaval do Rio de Janeiro de 1963 – o último antes do golpe militar.[3] "Desenvolvimento" era o tema do samba-enredo vencedor, "desenvolvimento" era o grito de quem desfilava enquanto pulava ao som da bateria.

3. Não sabemos se Illich se equivoca, uma vez que o golpe de 1964 ocorreu em 1º de abril e, portanto, após o carnaval daquele ano, ou se ele se refere, na realidade, ao penúltimo carnaval antes do golpe. [N. T.]

O desenvolvimento baseado em elevadas quantidades de energia *per capita* e intensos cuidados profissionais é o mais pernicioso dos esforços missionários do Ocidente – um projeto guiado por uma concepção ecologicamente inviável do controle humano sobre a natureza e por uma tentativa antropologicamente perversa de substituir o terreno cultural, harmonioso ou acidentado, por alas estéreis a serem povoadas por serviços profissionais. Os hospitais que cospem recém-nascidos e reabsorvem os moribundos, as escolas que correm para atarefar os desempregados antes, durante e depois dos empregos, as torres de apartamentos que armazenam pessoas entre suas viagens aos supermercados, as autoestradas que conectam garagens conformam um padrão tatuado na paisagem durante a curta farra desenvolvimentista. Tais instituições, desenhadas para bebês *in vitro* vitalícios, transportados de centros médicos à escola, ao escritório e ao estádio começam agora a parecer tão anômalas quanto catedrais, apesar de não serem resgatadas por nenhum atrativo estético.

Realismo antropológico e ecológico são agora necessários – mas com cuidado. A chamada popular pelo "suave" é ambígua; ambas, direita e esquerda, a cooptam. No eixo z, ela serve igualmente às atividades frenéticas de uma colmeia ou ao pluralismo de ações independentes. A escolha suave permite facilmente o relançamento de uma sociedade maternal no Ocidente e outra metamorfose de zelo missionário no estrangeiro. Por exemplo, Amory Lovins argumenta que a possibilidade de mais crescimento agora depende de uma transição rápida a um caminho suave. Apenas assim, diz ele, a verdadeira renda dos países ricos pode duplicar e aquela dos países pobres triplicar nesta geração. Apenas por meio da transição das energias fósseis a energias solares as externalidades da produção podem ser cortadas e os recursos, que hoje são gastos produzindo rejeitos e contratando coletores para removê-los, podem ser transformados em benefícios. Eu concordo. Se o crescimento for acontecer, Lovins está certo. Investimentos são mais seguros com energia eólica do que com extratores petrolíferos.

Trabalho-sombra

O Banco Mundial faz a mesma linha argumentativa para os serviços. Apenas por meio da escolha de formas de produção industrial intensiva em mão de obra e por vezes menos eficiente poderá a educação ser incorporada em estágios. Fábricas mais eficientes criam externalidades enormes e caríssimas, pois pressupõem educação formal em separado, incapazes que são de ensinar no interior dos processos de trabalho.

A Organização Mundial da Saúde agora enfatiza a prevenção e educação para o autocuidado. Apenas dessa forma os níveis de saúde da população podem ser elevados, enquanto terapias custosas – em sua maioria de eficácia não comprovada, embora mobilizem prioritariamente o mundo médico – podem ser abandonadas. A utopia igualitária liberal do século XVIII, tomada como o ideal da sociedade industrial pelos socialistas do século XIX, agora parece realizável apenas no caminho suave e da autoajuda. Neste ponto, esquerda e direita convergem. O comunista Wolfgang Harich, homem de ampla cultura, ancorado e confortado em suas convicções por dois encarceramentos de oito anos em completo isolamento – uma vez sob Hitler e outra sob Ulbricht –, é um dos porta-vozes do Leste europeu para o caminho suave. Mas, enquanto para Lovins a transição para uma produção descentralizada depende do mercado, para Harich a necessidade de tal transição é um argumento em favor da ecologia estalinista. Para direita e esquerda, democratas ou autoritários, processos suaves e energia tornam-se o meio necessário para satisfazer a escalada de "necessidades" por meio da produção estandardizada de bens e serviços.

Portanto, o caminho suave pode levar tanto a uma sociedade convivial, na qual as pessoas são equipadas para fazer por elas próprias o que julgarem necessário para sua sobrevivência e seu prazer, quanto a um novo tipo de sociedade dependente de mercadorias na qual o objetivo do pleno emprego significa a gestão política das atividades, pagas ou não. Se um caminho "de esquerda" ou "suave" se aproxima ou se afasta de novas formas de "desenvolvimento" e "pleno emprego" depende das opções escolhidas entre "ter" e "ser" no terceiro eixo [o eixo vertical, z].

Temos visto que, onde quer que o trabalho remunerado se expanda, também cresce sua sombra, a servidão industrial. O trabalho remunerado, como forma dominante de produção, e o trabalho doméstico, como tipo ideal desse complemento não pago, são ambos formas de atividade sem precedentes na história e na antropologia. Eles florescem apenas onde o Estado absolutista e, depois, o Estado industrial destruíram as condições para se viver de subsistência. Eles se espalham onde comunidades vernaculares, diversificadas e de pequena escala foram impossibilitadas de existir, legal e sociologicamente – em um mundo no qual indivíduos, ao longo de suas vidas, vivem apenas por meio da dependência da educação, serviços de saúde, transporte e outros pacotes providos por meio de múltiplos ofertantes mecânicos de instituições industriais.

A análise econômica convencional tem focado em apenas uma destas atividades complementares da idade industrial: a do trabalhador enquanto produtor remunerado. As atividades igualmente orientadas às mercadorias que são feitas por desempregados têm permanecido na sombra do farol da economia. O que fazem mulheres e crianças, de que se ocupam os homens "depois do trabalho", é menosprezado de maneira arrogante. Mas isto está mudando rapidamente. O peso e a natureza da contribuição feita por atividades não pagas ao sistema industrial começam a ser notados. Pesquisas feministas sobre a história e antropologia do trabalho impossibilitaram que se ignorasse o fato de que o trabalho em uma sociedade industrial corta, entre os sexos, uma fronteira mais profunda do que em qualquer outra forma de sociedade. No século xix, as mulheres ingressaram na força de trabalho nas nações "avançadas"; elas então obtiveram a concessão sem restrições à escolarização e a direitos iguais no trabalho. Todas essas "vitórias" tiveram precisamente o efeito oposto daquilo que logicamente se poderia esperar. De maneira paradoxal, a "emancipação" aumentou o contraste entre o trabalho pago e o não pago e rompeu todas as conexões entre trabalho não pago e subsistência. Assim, ela suscitou uma redefinição da estrutura do trabalho não pago de tal forma que ele se tornou agora um novo tipo de servidão que é inevitavelmente assumido pelas mulheres. Tarefas específicas de cada gênero não são novas; todas as sociedades de que se tem conhecimento atribuíam papéis de trabalho distintos para mulheres e homens. Por exemplo, o feno poderia ser cortado por homens, empilhado por mulheres, reunido por homens, carregado por mulheres, levado de um lugar a outro por homens, dado de comer às vacas por mulheres e aos cavalos por homens. Mas por mais que procuremos em outras culturas, não conseguimos encontrar a divisão contemporânea entre duas formas de trabalho, uma paga e outra não, uma creditada como produtiva e outra dizendo respeito à reprodução e consumo, uma considerada dura e outra suave, uma exigindo qualificações especiais e outra não, uma à qual é conferido um alto prestígio social e outra relegada a afazeres "privados". Ambas são igualmente fundamentais no modo industrial de produção. Elas diferem no sentido de o excedente do trabalho remunerado ser taxado diretamente pelo empregador, enquanto o valor agregado do trabalho não pago apenas o alcança por meio do trabalho remunerado. Em lugar algum encontramos formas tão distintas por meio das quais, em cada família, um excedente é criado e expropriado.

A colonização do "setor informal"

A divisão entre trabalho não pago fora do emprego e trabalho remunerado por meio do emprego seria impensável em sociedades nas quais o todo da casa servia de estrutura nas quais os habitantes, em larga medida, faziam as coisas das quais dependiam para viver. Embora possamos encontrar traços de trabalho remunerado e de sua sombra em muitas sociedades, em nenhuma delas eles poderiam se tornar o paradigma social de trabalho, nem serem usados como símbolo-chave para uma divisão de tarefas de acordo com o sexo. E já que não existia algo como esses dois tipos de trabalho, a família não precisava existir para ser a contraparte desses opostos. Em lugar nenhum na história é a família, nuclear ou estendida, o instrumento para a ligação de duas espécies complementares e mutuamente excludentes de trabalho, um primariamente designado ao homem e outro à mulher. Essa simbiose entre formas opostas de atividade, inseparavelmente casadas por meio da família, é exclusiva das sociedades intensivas em mercadorias. Agora vemos que é o resultado inevitável da busca pelo desenvolvimento e pelo pleno emprego. E já que tais tipos de trabalho não existiam, não era possível definir papéis incumbentes a cada sexo com essa finalidade, as famílias não podiam servir de instrumentos para soldar duas formas de atividade.

Uma análise feminista da história do trabalho industrial remove, portanto, o ponto-cego da ciência econômica: o *homo economicus* nunca foi sexualmente neutro; o *homo industrialis* apareceu desde o começo em dois gêneros: *vir laborans*, o homem trabalhador, e *femina domestica*, a *Hausfrau* [a dona de casa]. Em qualquer sociedade que se desenvolve objetivando o pleno emprego, o trabalho-sombra cresce com a taxa de emprego. E o trabalho--sombra constituiu um aparato, de efetividade sem precedentes, de degradar o tipo de atividades nas quais só as mulheres podem predominar, enquanto apoiou aquelas atividades que privilegiam os homens.

Muito recentemente, a distinção ortodoxa entre as funções de produção e consumo deixou de se sustentar. Repentinamente, interesses opostos levaram a importância do trabalho não pago a ser uma questão pública. Economistas atribuem preços-sombra ao que ocorre no setor "informal": a contribuição que o trabalho feito pelo cliente ao escolher, pagar e carregar seu bolo agrega valor ao bolo; o cálculo de escolhas marginais feito em atividades sexuais; o valor de fazer exercícios em vez de cirurgia cardíaca.

Donas de casa reivindicam pagamento por trabalho doméstico na mesma taxa em que tais serviços são pagos em motéis e restaurantes. Professores atribuem às mães a forma de supervisoras treinadas, mas não remuneradas, da lição de casa de seus próprios filhos. Relatórios governamentais reconhecem que necessidades básicas enquanto definidas profissionalmente só podem ser supridas se leigos também produzirem tais serviços, com competência mas sem pagamento. Se o crescimento e pleno emprego mantiverem seus *status* enquanto objetivos, a gestão de pessoas disciplinadas e motivadas por remunerações não monetárias será aberta como a mais nova forma de "desenvolvimento" na década de 1980.

Pés no chão

Em vez de uma vida na economia-sombra, proponho, no topo do eixo z, a ideia de trabalho vernacular: atividades não pagas que proveem e melhoram o viver, mas que são totalmente refratárias a qualquer análise que utilize conceitos desenvolvidos na ciência econômica formal. Aplico o termo "vernacular" para essas atividades uma vez que não há outro conceito atual que me permita fazer a mesma distinção dentro do domínio abrangido por tais termos como "setor informal", "valor de uso", "reprodução social". "Vernacular" é um termo latino que nos serve apenas para qualificar a língua que aprendemos sem professores remunerados. Em Roma, ele fora usado entre 500 a. C. e 600 d. C. para designar o que se fabricava ou criava no âmbito doméstico, o que se pegava do comum ou aquilo que alguém poderia proteger e defender apesar de não ter comprado nem vendido no mercado. Sugiro que restauremos esse termo simples, vernacular, para opor às mercadorias e sua sombra. Ele me permite distinguir entre a expansão da economia-sombra e seu inverso – a expansão do domínio vernacular.

A tensão e o equilíbrio entre a atividade vernacular e o trabalho industrial – pago ou não – é a questão-chave da terceira dimensão de opções, distinta da direita e da esquerda políticas e do duro e do suave das tecnologias. O trabalho industrial, pago ou compensado de outra forma, não vai desaparecer. Mas quando o desenvolvimento, o trabalho remunerado e sua sombra invadem o trabalho vernacular, a prioridade relativa de um ou de outro constitui uma questão. Somos livres para escolher entre trabalho estandardizado e hierarquicamente gerido que pode ser pago ou não, escolhido ou imposto, por um lado, e, por outro, podemos proteger nossa liberdade de escolher formas cada vez mais novas de ações integradas e simples de subsistência, que têm um resultado imprevisível para o burocrata, ingerenciável por hierarquias e orientado a valores compartilhados por comunidades específicas.

Se a economia se expandir, coisa que a escolha suave pode permitir, a economia-sombra só poderá crescer ainda mais rápido, e o domínio vernacular declinar mais ainda. Nesse caso, com o aumento da escassez de empregos, os desempregados serão integrados nas novas atividades úteis reorganizadas no setor informal. Homens desempregados receberão o dito privilégio de contribuir com tipos de atividades não pagas que fomentam a produção que, desde sua emergência enquanto trabalho doméstico no século XIX, têm sido consideravelmente relegadas ao "sexo frágil" – uma designação que também fora usada pela primeira vez naquela época, quando a servidão industrial, e não a subsistência, fora determinada como a tarefa das mulheres. O "cuidado" desempenhado por amor perderá seu caráter sexuado e, no processo, se tornará algo gerenciável pelo Estado.

Sob *essa* opção, o desenvolvimento internacional está aqui para ficar. Ajudas técnicas para desenvolver o setor informal no ultramar irão refletir a nova domesticação não paga e assexuada dos desempregados no Ocidente. Os novos especialistas advogando por métodos de autoajuda ou desenhos de moinhos franceses em vez de alemães já lotam aeroportos e salões de conferências. A última esperança das burocracias desenvolvimentistas está no desenvolvimento das economias-sombra.

Muitos dos dissidentes que mencionei se posicionam contra tudo isso – contra o uso da tecnologia suave para reduzir o domínio vernacular e para aumentar os controles profissionais sobre as atividades do setor informal. Essas novas vanguardas concebem o progresso tecnológico como um instrumento possível para apoiar um novo tipo de valor, nem tradicional nem industrial, mas tanto orientado à subsistência quanto escolhido racionalmente. Suas vidas, com mais ou menos sucesso, expressam um senso crítico de beleza, uma experiência particular de prazer, uma visão única da vida apreciada por um grupo, entendida mas não necessariamente compartilhada por outros grupos. Descobriram que ferramentas modernas possibilitam que se viva de atividades que permitem uma variedade de estilos de vida dinâmicos e aliviam muito dos problemas da subsistência de antigamente. Eles lutam pela liberdade de expandir o domínio vernacular de suas vidas.

Pode ser que exemplos, de Travancor ao País de Gales, venham a libertar aquelas maiorias que foram recentemente presas pelo estupefaciente, doentio e paralisante "modelo demonstrativo" moderno de enriquecimento. Mas duas condições devem ser observadas. Primeiro, o modo de vida resultante de uma nova relação entre pessoas e ferramentas deve ser enformado pela percepção do homem como *homo habilis* e não como *homo industrialis*. Segundo, estilos de vida independentes de mercadorias devem ser formados por cada pequena comunidade à sua maneira, e não impostos. Comunidades vivendo por valores predominantemente vernaculares não têm muito a oferecer às outras além da atratividade de seus exemplos. Mas o exemplo de uma sociedade pobre que incrementa a subsistência moderna pelo trabalho vernacular deve ser bastante atrativo para homens desempregados em uma sociedade rica que agora estão condenados, como suas mulheres, à reprodução social em uma economia-sombra em expansão. A habilidade, no entanto, não apenas de viver de novas formas, mas também de insistir nessa liberdade, demanda que reconheçamos claramente o que distingue a percepção do *homo economicus* de todos os outros seres humanos. Para tal fim, escolho o estudo da história como uma via privilegiada.

Parte II

A esfera educacional[1]

Distingo a língua materna ensinada e o processo pelo qual ela é aprendida da linguagem vernacular e o desenvolvimento da competência em seu uso. A primeira resulta de ambas as atividades educacionais formal e informal, enquanto os conceitos pedagógicos desenvolvidos desde o século XVI são apenas aplicáveis de maneira metafórica ao último, ao domínio vernacular. Ao descrever em termos gerais os limites da apropriação de conceitos pedagógicos ao aprendizado em culturas primitivas, ao aprendizado em sociedades pré-industriais e, particularmente, em economias modernas e intensivas em mercadorias, uso percepções obtidas da história econômica contemporânea e da antropologia e as aplico ao campo da educação. A inaplicabilidade de conceitos pedagógicos ao aprendizado da linguagem vernacular pode ser estendida a outras áreas do aprendizado, e os limites implícitos a toda educação podem então ser compreendidos. Espero encorajar a pesquisa *sobre* educação como algo diferente de pesquisa *em* educação, isto é, a pesquisa que examina os mitos, as práticas, as estruturas e os postulados que agora são comuns a todas as sociedades nas quais a educação foi "desarraigada" como um domínio de atividade distinto, enquanto um contexto ou esfera formal.

A mente medieval aceitava firmemente a existência de esferas celestiais; a mente contemporânea tão certamente adere à existência de esferas sociais. Meu argumento foca especialmente nas esferas educacionais, mas pode ser generalizado a outras esferas modernas. Em cada uma dessas esferas, dois tipos de pesquisa podem ser feitos: aquele que não vai além do modelo

---

1. Fragmento de notas preparadas para uma conferência no Teachers College, Universidade de Columbia, Nova York, Primavera de 1979.

de Copérnico e aquele que tende a se assemelhar ao trabalho de Kepler. O primeiro se preocupa em explorar a reestruturação possível da esfera educacional (ou de outra) redefinindo seu ponto central, recalculando sua amplitude, integrando mais epiciclos em seu currículo ou reatribuindo a ela um novo lugar ou ordem dentro da hierarquia das esferas sociais. O segundo tipo de pesquisa busca as origens do próprio paradigma e, portanto, implicitamente reconhece que, como as esferas celestiais, as esferas sociais modernas podem algum dia desaparecer.

Astrônomos lidam com um antes e um depois. Sabem que em determinada data seres humanos conseguiam contar com um céu copernicano e, depois, com um relativista. Lembram da mudança de quando os planetas foram percebidos pela primeira vez como objetos físicos que giram em torno do Sol. Trabalham dentro de um paradigma que tem um começo reconhecido e que, portanto, pode plausivelmente terminar. Tal perspectiva histórica ainda falta aos educadores sobre seu próprio trabalho. A sua esfera de competência lhes parece sem começo. Eles agora precisam lembrar que Ptolomeu, não menos que Copérnico, e Aristóteles, não menos que Tomás de Aquino, estavam todos convencidos de que planetas eram arraigados em esferas de cristal – globos perfeitos, transparentes e ocos que se moviam de maneira uniforme. De acordo com Tomás de Aquino, as ciências tinham liberdade de investigar, primeiro, se as esferas celestiais eram movidas por uma alma, segundo, precisamente quantas esferas existiam e, terceiro, com que grau essas esferas e seus epiciclos eram excêntricos. No entanto, sua existência, sua natureza substantiva, tridimensional, e seu movimento uniformemente circular não poderiam ser questionados sem perturbar a verdade filosófica – e esta última era necessária para a explicação do dogma cristão. Hoje, a convicção comum, firme e crítica desses homens sobre a existência de tais esferas celestiais é quase inacreditável. No entanto, keynesianos e marxistas, planificadores de currículo e promotores de escolas livres, chineses e americanos, todos estão convencidos que o *homo* é *educandus*, que seu bem-estar – sua própria existência – depende de serviços de uma esfera educacional.

É precisamente esse postulado bem estabelecido de uma esfera educacional que se torna o tema de pesquisa sobre a educação que eu recomendaria, mas apenas enquanto parte de uma pesquisa mais ampla sobre o processo pelo qual a ciência econômica, a política, o trabalho remunerado e a servidão doméstica passaram a existir. E este é o momento para tal pesquisa, pois os membros ortodoxos do claustro perderam a inocência de suas convicções, enquanto os heterodoxos ainda não encontraram seu novo paradigma no exterior das suas. O caráter da mudança de paradigma que se aproxima ainda não está claro, pois a comunidade educadora está em um estágio similar ao da astronomia durante a Renascença.

Uma das principais figuras no desenvolvimento da astronomia naquela época foi Copérnico (1473-1543). Ele é um dos exemplos mais populares a serem citados quando se escreve sobre mudanças de paradigma e visões de mundo. Na literatura, se encontra uma apreciação enorme da importância de sua obra *De revolutionibus orbium coelestium* [Das revoluções das esferas celestes]. Todos testemunham a sua indubitável valia enquanto astrônomo matemático. Mas De Solla Price desafiou esta visão que, segundo ele, era um mito perigoso. Como mitos similares agora abarcam certos profetas antiescola, devo agora comentar sobre Copérnico e sua influência.

De maneira importante, Copérnico reabriu a questão da mobilidade da Terra. E ele mostrou que nenhum estrago matemático ocorria ao supor que ela girava em torno de seu próprio eixo. De certa forma, ele voltou à posição pitagórica de que o Sol está no centro das órbitas planetárias. Matematicamente, ele foi o primeiro a criar o sistema planetário. Todos os seus predecessores haviam lidado com cada planeta separadamente; ele os integrou. Mas ele não mudou o método ou os pressupostos básicos de Ptolomeu. Suas demonstrações são derivadas do dito *Almagesto*, e ele aceitava a existência de esferas celestiais. Em termos de conhecimento recebido, ele admitia ainda mais. Ele tinha orgulho de ter restaurado, filosoficamente, um movimento estritamente circular e uniforme aos corpos celestiais. No entanto, isso requereu a postulação de mais círculos do que Ptolomeu para evitar o uso de excêntricos.

É possível dizer que Copérnico substituiu as potenciais esferas de cristal que Dante – ou, antes dele, Maomé do *Livro da escada* – pôde visitar ao fazer os planetas se moverem ao longo de seções esféricas prosaicas. Mas quanto a estas, nem ele nem o jovem Kepler pensariam em renunciar. Esses homens não conseguiam acreditar que não existe uma diferença natural entre o movimento dos céus, que é perfeito, e aquele que ocorre no sublunar, isto é, na esfera pecaminosa. Talvez seja por isso que a Inquisição não os tenha incomodado nem um pouco. Mas, em 1600, Giordano Bruno foi queimado na fogueira. Bruno, como o jovem Kepler, foi influenciado por Copérnico, mas, diferentemente dele, ele não era um observador da natureza nem entendia de matemática. Provavelmente equivocado, ele atribuiu a Copérnico o poder de provar que o universo é imenso, povoado por inúmeras estrelas e uniforme ao longo de sua extensão. Com essa opinião, ele sugeriu ser possível pensar sobre o universo sem as esferas – e isso o levou à fogueira.

Mas a relação de Bruno com a astronomia é um tanto parecida com a do forasteiro do debate educacional atual. Portanto, ele não é de interesse direto ao falar sobre a pesquisa sobre a educação. Antes de Kepler, com a exceção de Bruno, o céu do senso comum também era aquele da cosmologia filosófica e da astronomia matemática. O tema comum, no entanto, não eram as estrelas em si, mas as esferas que carregavam os planetas e o empíreo. O interesse comum se situa nos movimentos perfeitamente circulares de realidades materiais concêntricas de um tipo especial. Cada uma dessas esferas carregava um planeta, era gerada por ele, e nomeada de acordo com a estrela. A estrela, por sua vez, indicava a influência que a esfera exercia sobre o mundo. Copérnico foi um reformador celestial, um reordenador dessas esferas. Ele não pode servir de exemplo para os educadores.

Em sua época, Tycho Brahe (1546–1601) foi dos mais importantes observadores celestiais. Vindo de uma poderosa família dinamarquesa, ele nasceu quando Copérnico morreu e, dois anos antes de sua própria morte, em 1601, aceitou o jovem Kepler como aprendiz. Durante sua vida, Brahe corrigiu substancialmente os valores aceitos de quase todas as quantidades astronômicas. Ele foi o primeiro a aceitar a refração da atmosfera, a introduzir métodos de corrigir erros instrumentais, a corretamente sugerir a natureza de uma nova, a mapear a localização de mais de 7 mil estrelas fixas. Como um astrônomo prático, ele superou todos antes dele e, como eles, ainda olhava para o céu apenas a olho nu. Kepler o procurou para aprender porque sentiu que apenas Brahe poderia ensinar-lhe as habilidades observacionais necessárias para provar que Copérnico estava certo. Mas desde o início da tutoria, Brahe dissuadiu Kepler veementemente de perseguir um projeto tão tolo. Mais uma vez, Brahe foi o primeiro a notar que as mudanças matemáticas introduzidas por Copérnico eram em seu conjunto tais que aumentavam enormemente a complexidade dos cálculos e o mecanismo celestial sem aumentar a exatidão das predições da localização das estrelas. Insatisfeito com ambos, Ptolomeu e Copérnico, Brahe desenhou um terceiro sistema, construído em um meio-termo entre os postulados ptolemaicos e copernicanos. Ele manteve a imobilidade da Terra, mas os demais planetas passaram a girar em torno do Sol. Este último, com tais planetas, anualmente circuitava ao redor da Terra. Adicionalmente, todos os planetas performavam uma rotação diurna com a esfera de estrelas fixas. Sua reivindicação correta, de que este sistema era mais elegante e matematicamente mais simples que o de Copérnico, indica a monstruosa complexidade do sistema de Copérnico. Experimentalmente, nenhum dos três sistemas pôde ser verificado. Devido às suas constantes melhorias, as previsões ptolemaicas tinham uma vantagem. Pascal estava correto em acreditar que apenas devido a um preconceito cosmológico alguém poderia escolher entre os três. Instrumentos para observar a paralaxe de estrelas fixas foram disponibilizados apenas três séculos mais tarde.

    Quando Brahe morreu, Kepler editou seu monumental catálogo das estrelas. Então ele começou a apontar para onde todos os seus três grandes predecessores – Ptolomeu, Copérnico e Brahe –

estavam errados: nenhum deles conseguia conceber movimentos celestiais desassociados de esferas celestiais. Kepler não tentou substituir as esferas por outra coisa, ele simplesmente as eliminou. Johannes Kepler (1571-1630) tinha uma mente poética e crítica. Já como estudante, em 1593 (cem anos após o primeiro retorno de Colombo), escrevera uma série de especulações derivadas das tentativas de Maestlin de estimar as elevações da superfície lunar medindo, em Tübingen, as sombras da Lua, uma técnica que os gregos antigos já tinham tentado utilizar. Ao longo do verão de 1609, escreveu um plano para aterrissar na Lua, o vizinho mais próximo da Terra no céu. Kepler mencionou seu projeto, nunca antes concebido na literatura científica, em uma carta a Galileu Galilei (em 19 de abril de 1610). Ele confidenciou a seu amigo italiano:

> No verão passado, o manuscrito começado em 1593 foi expandido para uma geografia completa da Lua... quem teria acreditado que um grande oceano poderia ser atravessado de maneira mais pacífica e segura do que a estreita extensão do Adriático, do Mar Báltico, ou do Canal da Mancha ...? Proveja o barco ou a vela adaptada aos ventos celestiais, e haverá quem não terá medo mesmo daquele vazio... então para aqueles que em breve tentarão essa jornada, que estabeleçamos a astronomia: Galileu, você, aquela de Júpiter, e eu a da Lua.

Como Bruno fizera raciocinando sobre princípios gerais, também Kepler, preocupado com a ordenação de suas observações, substituiu o mecanismo das esferas por corpos celestiais que seguem suas órbitas. Viajar da Terra para outros planetas do Sol, então, tornou-se um assunto razoável para a especulação intelectual em 1609. *Mundus* tornou-se um novo *Cosmos* interpretado por um novo conjunto de mitos. Kepler confidenciou sua transgressão do "tabu esférico" em um diário particular escrito na forma de sonho. Por meio de tal indiscrição, algumas páginas do manuscrito tornaram-se conhecidas e levaram sua mãe à prisão e ao confronto com os instrumentos de tortura, experiência que logo culminou em morte. O *Somnium* foi publicado dois anos após a morte de Kepler.

Tenho a impressão de que o debate educacional, por mais radical que seja, ainda está preocupado com um rearranjo das esferas sociais no modelo de observadores de estrelas anteriores a Kepler. Observações corretas de imagéticas e competências compartilhadas ainda são usadas, como aquelas de Brahe, para se encaixar em um paradigma redundante. A discussão e a pesquisa se limitam à conveniência ou à necessidade de redefinir, relatar, desenvolver ou apropriadamente adicionar novos epiciclos sobre essa esfera específica. E quando tais alternativas de políticas fingem ser fundamentais, a relação entre a esfera educacional e as demais toma destaque enquanto questão. O centro do sistema social deveria ser a produção ou a política? Ou ambos deveriam ser relacionados de maneira mais complexa, talvez sob o modelo de Tycho Brahe? Deveríamos preferir um sistema de esferas mais abrangente no modelo copernicano? Ou seria melhor nos virarmos sem um sistema geral, mas dependendo das aproximações comprovadas que as excêntricas e os epiciclos de Al-Shatir permitem calcular, apesar de tal teoria lidar com um planeta ptolemaico de cada vez? O sistema escolar deve permanecer no centro? Ou a escola deve ser adjunta à educação que continua, por exemplo, na comuna chinesa? Como devemos classificar as diferentes ferramentas de educação? Ou como devemos relacionar as esferas da educação, da saúde, do bem-estar, da pesquisa, das finanças, da economia, da política? Penso que a pesquisa sobre o modelo de Copérnico não é o que precisamos em educação.

Seguindo o exemplo de Kepler, precisamos agora reconhecer que a esfera educacional é um construto análogo à esfera de Mercúrio e que a necessidade de humanos serem educados pode ser comparada à necessidade de humanos viverem em um centro estático do universo. Esse construto educacional é mapeado por uma ideologia que trouxe à tona nossas convicções sobre o *homo educandus*. O construto é socialmente articulado por um conjunto específico de instituições cujo protótipo é a *Alma Mater Ecclesia*. É aplicado na visão de mundo de cada indivíduo por uma experiência dupla: primeiro, pelo currículo latente de todos os programas educativos, por meio do qual a aprendizagem vernacular é inevitavelmente rebaixada e, segundo, por meio da vida dentro do estilo de vida opaco, passivo e paralisante que o controle profissional sobre a definição e satisfação de necessidades inevitavelmente fomenta. Finalmente, o construto da esfera educacional é zelosamente protegido pelos vários corpos de educadores que identificam as necessidades educacionais em termos de problemas para os quais apenas eles possuem a missão social de encontrar soluções institucionais, dentro e fora das escolas.

Esse construto de uma esfera educacional é plenamente consistente com outros construtos similares, especialmente as esferas econômica e política. O processo por meio do qual cada uma dessas esferas foi desarraigada a ponto de atingir um monopólio radical que paralisa seu homólogo vernacular correspondente pode ser estudado separadamente para cada uma. Mas a pesquisa sobre a esfera educacional pode reivindicar uma certa prioridade. Estudar o processo por meio do qual essa esfera, em sua construção ideológica e na degradação e substituição das línguas vernaculares pela língua materna ensinada após a invenção do alto-falante, permite percepções únicas sobre elementos análogos que constituíram outras esferas sociais. A educação como tema de pesquisa e como disciplina, até agora, tem sido definida pelo construto e limitada por seus postulados básicos. Isto não pode ser diferente para a pesquisa na educação. Mas a pesquisa sobre as relações do domínio educacional com a ideologia global de uma sociedade, com a história destas relações, constitui o tipo de estudo que deve ser chamado de pesquisa sobre educação.

A história do *homo educandus*[1]

Monsieur Debeauvais, obrigado pelo convite para falar a esta assembleia. Minha palestra terá a forma de um apelo. Eu apelo por uma pesquisa sobre a história do *homo educandus*. O objeto de tal história é a construção social do *homo educandus* e do contexto societal no qual seu aprendizado constitui um processo de enriquecimento pessoal com valores que se supõem serem escassos. A organização da sociedade em vista de um ser humano necessitado de informação e programação deve ser entendida como um aspecto negligenciado da história do *homo economicus*. Concebo a história social do *homo educandus* como oposta à *história da educação*. A história do *homo educandus* lida com a emergência de uma realidade social dentro da qual a "educação" é percebida como uma necessidade humana básica. Alguns dos seus elementos tomam forma na Antiguidade grega, quando a invenção do alfabeto completo permitiu pela primeira vez a dissociação entre o conhecimento e o orador. Sem essa técnica alfabética que permite fixar um texto e transmitir um original, a literatura e a ciência com as quais lida a educação não poderiam ser imaginadas. Outros elementos-chave que são pressupostos para a educação tomam forma entre Alcuíno e Alberto Magno. Porque apenas no tempo de Alcuíno as palavras, pela primeira vez, passam a ser separadas visualmente umas das outras, e o texto se torna visível aos olhos.

Daquele momento em diante, se tornou possível apreender o significado de um texto ao olhá-lo, em vez de pronunciar as palavras para que se tornassem compreensíveis ao ouvido. Sem

---

1. Discurso inaugural do plenário do v World Council of Comparative Education Societies. Sorbonne, Paris, julho de 1984.

essa visualização do texto, não há a noção de "conhecimento" que é estabelecido e depositado em livros, de conhecimento que pode ser reproduzido e comunicado.

Sessenta anos atrás, Milman Parry introduziu a distinção entre oralidade e alfabetização em seu estudo sobre epopeia e literatura. Seus discípulos salientaram a importância de tal dissociação entre a língua e a fala de um indivíduo para a constituição de um novo tipo de verdade. Mas suas percepções não tocaram o núcleo da teoria educacional, apesar dos grandes esforços feitos por Walter Ong e Jack Goody.

O alcance da separação das palavras até a Idade Média, em si mesma e em relação com a "verdade" que os educadores pressupõem, teve menos reconhecimento ainda. Apenas com a separação das palavras se tornou possível copiar textos usando o olhar e, o que é mais importante, verificar a identidade textual de dois livros, favorecendo, assim, a ideia de que um conhecimento absolutamente idêntico existe em algum lugar atrás de duas cópias distintas. No entanto, esse fenômeno fora posto menos em relação com a educação que as intuições de Milman Parry, com exceção, indiretamente, da recuperação que realizou Marshall McLuhan. Sem a evolução histórica desse conhecimento atrás do texto, João Amós Comênio (1592-1670) teria sido inimaginável. É esse tipo de verdade que é necessitado pelo *homo educandus*, cuja história começa com ele.

E então, no tempo de Comênio, começara a história do *homo educandus*, ao menos enquanto projeto e programa: *omnibus, omnia omnino docendi*. Com esse intento de ensinar perfeitamente cada coisa a todos, a ideia de *homo educandus* é definida. Esse novo homem é um ser a quem se deve ensinar qualquer coisa que deva saber ou fazer.

A história da educação contrasta singularmente com a história do *homo educandus*. O historiador da educação pressupõe a necessidade de educação como algo dado, a-histórico. O historiador da educação fala como se, onde quer que haja cultura humana, houvesse também um estoque de saber que deve ser transmitido de geração em geração. Ele não estuda os passos históricos pelos quais essa necessidade passou a existir. Ele estuda apenas como essa necessidade fora suprida por outras sociedades em várias épocas e de diferentes maneiras.

É preciso distinguir a história do *homo educandus* da história da educação. Mas ela também não deve ser reduzida à história das interpretações que sociedades passadas deram às relações discípulo--mestre que em seu mundo eram reconhecidas como tais. Que significado deu Maimônides ou Rasis ao ensino que se dava aos jovens? Que significado tinha a *musiké* para os gregos antes e depois de a escritura tornar-se um de seus temas, quando Platão era criança? O que os *shastra* significavam para os brâmanes, e as *artes* para Hugo de São Vítor? Estas são questões que foram bem estudadas por nossos colegas de diferentes disciplinas: na história das ideias, a *histoire des mentalités*, semântica e filosofia históricas. Mas a história do *homo educandus* deve ser distinguida de todas elas: primeiro, porque seu objeto não é comparável a nenhuma realidade social alheia à tradição Ocidental e, segundo, porque seu objeto é atualmente considerado um fato historicamente não problemático.

Como resultado, a história do *homo educandus* tem sido negligenciada. Nossos colegas não querem reconhecer que a educação é um conceito *sui generis*, inconcebível em outras sociedades e, portanto, inaplicável como descrição histórica de seu passado. Educação, como o termo é atualmente empregado, significa adquirir instrução sob o pressuposto de que tal aquisição é um pré--requisito para todas as atividades humanas, sendo que, ao mesmo tempo, as oportunidades para tal aquisição estão por sua própria natureza, sujeitas ao regime da escassez. Assim entendida, a instrução é um aspecto da vida que pode ser adequadamente distinguido de outros aspectos. Ser instruído precede, se não temporalmente, ao menos logicamente, a execução competente de uma tarefa socialmente atribuída. Começando dessa ideia, que se encaixa com a de educação, inumeráveis características sociais de outras sociedades podem ser classificadas como ocasiões de "aprendizado". Onde quer que o historiador da educação encontre um recital de poesia, um ritual, uma tutoria, um jogo organizado, pressente uma atividade educacional. Todos os manuais sobre a história da educação que consultei lidam com seu objeto sob o pressuposto de que a instrução como uma entidade escassa sempre existiu e apenas se manifesta de formas distintas. Por meio deste postulado, mesmo os neandertais são compelidos a subespécies de *homo educandus*, e sua transição à cultura neolítica é atribuída a um ensino mais competente de corte de sílex. Os pedagogos anseiam tanto para provar sua descendência legítima de Sócrates, Varrão ou Buda, que para eles a história do *homo educandus* se tornou um tabu. Economistas enfrentaram um tabu semelhante, mas, diferentemente dos teóricos educacionais, se esforçaram para liquidá-lo. Nos finais do século xviii, definiam sua ciência como o estudo dos valores – estabelecendo anteriormente que estes são escassos. A ciência econômica tornou-se a disciplina que lida com a aplicação de meios escassos a diferentes fins. Conforme os conceitos usados na disciplina tornaram-se mais prestigiosos, também os economistas tentaram aplicá-los a eras longínquas e sociedades distantes. Na ciência econômica, no entanto, desde o começo tal prática, que consiste em homogeneizar o passado para que se encaixe nas categorias contemporâneas, foi desafiada. Na primeira década de nosso século, Élie Halévy demonstrou que o comportamento social regulado por suposições utilitaristas constitui uma quebra radical com qualquer outra suposição previamente declarada sobre relações sociais. Trinta anos mais tarde, Karl Polanyi focou na emergência dos mercados na Grécia, Índia e na Mesopotâmia. Documentara o lento processo pelo qual uma economia formal se desarraiga, mas apenas em certa sociedade: interações sociais baseadas no postulado da escassez então aparecem, e por um longo período continuam limitadas a um domínio muito estreito. Por este ensinamento, Polanyi assentou as bases para o estudo histórico da escassez. Louis Dumont, mais recentemente, descreveu como, de Mandeville a Marx, uma percepção da natureza humana que se encaixa na percepção da escassez passou a existir. Ele chama esse construto do humano – o homem que depende da aquisição e uso de meios escassos – de *homo oeconomicus*. Eu gostaria de fazer um apelo por estudos análogos sobre a emergência do *homo educandus*.

O reconhecimento do *homo oeconomicus* como uma construção social moderna fez com que fosse possível compreender melhor o que são as culturas tradicionais. Todas as culturas tradicionais conhecidas podem ser concebidas como configurações significativas cujo propósito principal é a repressão daquelas condições sob as quais a escassez pôde tornar-se dominante nas relações sociais. Tais culturas impõem regras de conduta que obstaculizam a aparição da escassez e, portanto, cortam pela raiz a inveja e o medo dela. Uma exposição clara e simples disto foi feita por Dumouchel e Dupuy.[2] Sem dúvida, algumas culturas se tornam tão organizadas que elas toleram enclaves dentro dos quais o postulado da escassez pode determinar novos mecanismos sociais: elas permitem espaços nos quais caixeiros-viajantes e vendedores ambulantes, certos *sikhs*, judeus ou chineses, sofistas e curandeiros podem vender suas habilidades a preço livre. Mas a tolerância por tal comportamento de forasteiros apenas corrobora que é percebido como imoral se seguido por um membro pertencente à comunidade cultural. A resistência à propagação do regime da escassez pela sociedade como um todo é uma característica comum que distingue a condição humana do regime de escassez que você, Monsieur Debeauvais, chamara tão apropriadamente de *L'univers concentrationnaire*.

Não digo que o reconhecimento da escassez como construção social por historiadores econômicos e antropólogos tenha dado forma à sociedade industrial, ou que tenha afetado significativamente o pensamento econômico. As ciências econômicas alternativas mal foram tocadas por isso. No entanto, o reconhecimento

---

2. Illich se refere provavelmente à obra de Paul Dumouchel e Jean-Pierre Dupuy, *L'Enfer des choses: René Girard et la logique de l'économie*. Paris: Seuil, 1979. [N. T.]

da cultura tradicional como remédio para a propagação da escassez e da inveja assentou as bases para novas partidas teóricas e um novo realismo na história das culturas e mentalidades. Aquilo pelo que apelo é uma tentativa análoga por aqueles de nós que têm na educação o seu ganha-pão. Uma vez que reconheçamos que os conceitos fundamentais com os quais operamos – necessidades educativas, instrução, recursos escassos etc. – correspondem a um paradigma que está longe de ser natural, o caminho para uma história do *homo educandus* estará aberto.

Por dois motivos distintos é importante para pesquisadores em educação comparada reconhecer que "o aprendizado sob o postulado de oportunidades escassas" constitui um caráter incomparável de nosso tipo particular e único de mundo. Primeiro, isso permitiria aos comparadores limitar suas pesquisas a fenômenos que tenham características fenomenológicas comuns. Essa autolimitação conferiria maior legitimidade à disciplina. Em segundo lugar, o reconhecimento de que a disciplina lida com um fenômeno social moderno e ímpar tornaria possível engajar-se em comparações disciplinadas entre educação e outras características sociais que são heterônomas à educação e, portanto, não podem ser reduzidas a ela. Se isso fosse feito, a educação comparada poderia tornar-se um dos raros campos que tentam clarificar um dos menos reconhecidos e mais característicos aspectos de nossa era: a sobrevivência, mesmo no coração de sociedades altamente desenvolvidas, de fantasias, regras comportamentais e padrões de ação que têm resistido com sucesso à colonização pelo regime de escassez. A minha expectativa é que, apesar de a maioria de vocês vir da educação, muitos de vocês ainda saibam que nunca foram instruídos a caminhar ou a respirar.

Língua materna ensinada[1]

A linguagem tornou-se custosa. Conforme o ensino de línguas se tornou um trabalho, muito dinheiro é gasto nesta tarefa. As palavras são uma das duas maiores categorias de valores comercializados que compõem o PIB. Gasta-se dinheiro para decidir o que deverá ser dito, quem deverá dizer, como e quando, e que tipo de pessoa deverá ser alcançada pelo que é enunciado. Quanto mais alto o custo de cada palavra enunciada, maior o esforço que foi feito para fazê-la ecoar. Nas escolas, as pessoas aprendem a falar de maneira apropriada. Gasta-se dinheiro para fazer o pobre falar mais como o rico, o doente, mais como o saudável, e o negro, mais como o branco. Gastamos dinheiro para melhorar, corrigir, enriquecer e atualizar a linguagem de crianças e de seus professores. Gastamos mais em jargões profissionais que são ensinados na faculdade, e ainda mais no Ensino Médio para dar a cada adolescente noções rudimentares dessas linguagens: só o suficiente para que se sintam dependentes do psicólogo, do farmacêutico ou do bibliotecário que é fluente em algum tipo particular de linguagem. Primeiro, gastamos dinheiro para fazer com que as pessoas sejam exclusivamente monoglotas em uma linguagem coloquial formal padronizada e depois – geralmente com pouco sucesso – tentamos ensinar-lhes um dialeto minoritário ou uma língua estrangeira. A maior parte do que acontece em nome da educação é, na realidade, instrução de linguagem, mas educação não é de maneira nenhuma o único esforço público no qual a orelha e a língua são aliciadas: administradores e profissionais de entretenimento,

1. Preparada para um encontro sobre "A necessidade de uma nova terminologia para lidar com 'línguas maternas'", ocorrida no Central Institute of Indian Languages. A palestra foi proferida em homenagem ao professor D. P. Pattanayak. Maiçor, Índia, 1978.

publicitários e jornalistas formam grandes grupos de interesse, cada um lutando pelo seu pedaço do bolo da linguagem. Não sei ao certo quanto é gasto nos Estados Unidos para fazer palavras. Há apenas dez anos, contabilizar energia era algo quase impensável. Agora, tornou-se uma prática estabelecida. Hoje – mas de fato somente há alguns anos – é possível conferir facilmente quantas BTUs ou outra unidade de energia foram empregadas para cultivar, colher, embalar, transportar e comercializar uma caloria comestível de pão. A diferença é enorme entre o pão que é produzido e comido em um vilarejo da Grécia e o pão vendido pelo A&P [grande varejista dos EUA]: cerca de quarenta vezes mais energia vai para o último. Cerca de quinhentas vezes mais unidades de energia foram gastas, nos anos 1960, na construção de 0,3 metros cúbicos da St. Catherine's College em Oxford do que foi necessário para construir esse mesmo volume da Bodleian Library que se situa ao lado, e da qual eu gosto muito mais. Informações desse tipo estavam disponíveis dez anos atrás, mas ninguém se importou em tabulá-las, e elas fizeram apenas algumas pessoas pensarem. Hoje, estão disponíveis, e muito em breve mudarão o panorama das pessoas acerca da necessidade de combustíveis. Agora, seria interessante saber como se pareceria a contabilidade linguística. A análise linguística da linguagem contemporânea está certamente incompleta, a não ser que, para cada grupo de oradores, saibamos a quantia que foi gasta na fala de cada pessoa. Assim como as contabilidades da energia social são apenas aproximações e permitem – no máximo – identificar as ordens de magnitude dentro das quais os valores relativos podem ser encontrados, também a contabilidade linguística nos forneceria dados sobre o prevalecimento relativo de linguagem ensinada em dada população – o que seria suficiente para o argumento que gostaria fazer.

O mero gasto *per capita* na linguagem de um grupo de oradores não nos diria, é claro, o suficiente. A língua ensinada vem em uma ampla gama de qualidades. Berra-se muito mais nos ouvidos dos pobres do que nos dos ricos, por exemplo, que podem pagar tutorias e, o que é mais precioso, por silêncio. Cada palavra paga que é endereçada aos ricos custa, per capita, muito mais do que cada palavra endereçada aos pobres. Watts são mais democráticos que palavras. Ainda assim, mesmo sem uma detalhada ciência econômico-linguística na qual gostaria de me embasar, posso estimar que os dólares gastos para importar combustível aos Estados Unidos não são nada em comparação com o que hoje se gasta na fala americana. A linguagem das nações ricas é incrivelmente esponjosa e absorve enormes investimentos. Despesas crescentes para coleta de impostos, administração, teatro e outras formas de linguagem custosa sempre foram uma marca de alta civilização, sobretudo na vida urbana. Mas essas flutuações nas despesas para linguagem (ou combustível) eram tradicionalmente de um tipo diferente, incomparável com a atual capitalização da linguagem. Ainda hoje, nos países pobres, as pessoas falam umas com as outras, embora sua linguagem nunca tenha sido capitalizada a não ser, talvez, entre uma minúscula elite. Qual é a diferença entre os grupos de fala cotidiana cuja língua recebeu – absorveu? resistiu? reagiu contra? sofreu? desfrutou? – grandes investimentos e a fala de pessoas cuja língua tem permanecido fora do mercado? Quero comparar esses dois mundos de linguagem, mas focar minha curiosidade somente em uma questão que surge nesse contexto: a estrutura da própria linguagem muda de acordo com a taxa de investimento? Se sim, essas mudanças são tais que todas as linguagens que absorvem fundos mostrariam mudanças na mesma direção? Na minha discussão introdutória do assunto, posso não ser capaz de lhes dar argumentos suficientes para fazer ambas as afirmações parecerem muito prováveis nem convencê-los de que uma ciência econômica da linguagem orientada estruturalmente é um assunto que merece ser explorado.

A língua cotidiana *ensinada* é algo sem precedentes nas culturas pré-industriais. A atual dependência em professores pagos e em modelos de fala *ordinária* é tanto uma característica única das economias industriais quanto é nossa dependência em combustíveis fósseis. Linguagem e energia têm, apenas em nossa geração, sido reconhecidas como necessidades mundiais que – para todas as pessoas – devem ser satisfeitas por intervenções planejadas e programadas. Culturas tradicionais subsistiram da luz do sol que era capturada sobretudo por meio da agricultura: a enxada, o dreno de irrigação, o jugo, eram comuns; grandes velas ou rodas d'água eram conhecidas, mas raras. Culturas que viveram sobretudo do sol subsistiram basicamente da linguagem vernacular que foi absorvida por cada grupo por meio de suas próprias raízes. Assim como a energia foi captada da natureza majoritariamente por ferramentas que aumentavam a habilidade dos dedos e a força dos braços e das pernas, também a linguagem foi captada do ambiente cultural por meio do encontro com pessoas, as quais se podiam cheirar e tocar, amar e odiar. Linguagens ensinadas eram raras, como velas e moinhos. Na maioria das culturas que conhecemos, a fala se impunha frente ao homem.

A maioria nos países pobres, mesmo hoje, aprendem a falar sem nenhuma tutoria paga; e aprendem a falar de uma maneira que de modo algum se compara com o murmúrio incolor, presunçoso e coibido que, após uma longa estadia em vilarejos na América do Sul e no Sudeste Asiático, me surpreendeu novamente durante minha última visita aos *campi* universitários americanos. Para pessoas que não podem ouvir a diferença, sinto apenas desdém, que tento fortemente transformar em pesar, por sua surdez tonal. Mas que outra expectativa eu teria de pessoas que não foram amamentadas pelo peito da mãe, mas por fórmulas infantis: da Nestlé, se oriundos de famílias pobres, e a fórmula preparada debaixo do nariz de Ralph Nader se nasceram em meio aos ricos esclarecidos, ou se são órfãos para quem as elites instruem em suas instituições. Para pessoas treinadas para escolher entre fórmulas enlatadas, o peito da mãe aparece como mais uma opção. Da mesma forma, para pessoas que aprenderam todas as línguas que sabem de alguém que acreditam ser seu professor, o vernacular não instruído parece apenas mais um modelo entre muitos, um menos desenvolvido.

Mas isso simplesmente não é assim: a língua que é isenta de instrução racional é um tipo diferente de fenômeno social em comparação com a língua que é ensinada. Onde a língua não instruída é a marca predominante de um mundo compartilhado, existe um senso de poder partilhado no interior do grupo que não pode ser reproduzido pela língua que é fornecida. Uma das primeiras maneiras como essa diferença se mostra é em um senso de poder sobre a própria língua, sobre sua aquisição. Os pobres em países não industrializados ao redor do mundo, mesmo hoje, são poliglotas. Meu amigo que é ourives de Tombuctu fala songai em casa, escuta bambara no rádio, reza cinco vezes ao dia, devotamente e com algum entendimento, em árabe, se vira em duas línguas mercantes no *souk*, conversa num francês aceitável que ele pegou no exército – e nenhuma dessas línguas foi formalmente ensinada a ele. Comunidades nas quais prevalecem pessoas monoglotas são raras, exceto em três tipos de contexto: em comunidades tribais que não experienciaram de verdade o período neolítico tardio, em comunidades que experienciaram certas formas intensas de discriminação, e entre cidadãos de Estados-nação que por muitas gerações aproveitaram os benefícios da escolarização compulsória. Tomar como certo que a maior parte das pessoas é monoglota é típico de membros da classe média. A admiração pelo poliglota expõe infalivelmente o ascendente social.

Ao longo da história, a língua não instruída prevaleceu, mas dificilmente foi o único tipo de língua conhecida. Em culturas tradicionais, alguma energia era capturada por meio de moinhos de vento e canais, e aqueles que tinham grandes barcos ou aqueles que tinham se apoderado do ponto correto do riacho podiam usar sua ferramenta para uma transferência líquida de energia para seu próprio proveito; da mesma maneira, algumas pessoas sempre utilizaram a língua ensinada para se apoderar de alguns privilégios. Mas tais códigos adicionais permaneciam raros e especiais ou serviam a propósitos muito específicos. A língua ordinária, a vernacular, mas também o idioma mercante, a língua da reza, o jargão artífice e a língua da contabilidade básica, eram aprendidos no interior da vida cotidiana. É claro, o latim ou o sânscrito eram por vezes ensinados formalmente ao sacerdote; uma língua da corte, tal qual o franco, o persa ou o turco, era ensinada àquele que queria se tornar um escriba; neófitos eram formalmente iniciados na língua da astronomia, da alquimia ou da maçonaria. E, é claro, o conhecimento de tais línguas formalmente ensinadas elevavam um homem acima dos outros, como a sela de um cavalo. Muito frequentemente, de fato, o processo de iniciação formal não ensinava uma nova habilidade linguística, mas eximia o iniciado do tabu que proibia outros de usarem certas palavras. A iniciação masculina em linguagens da caça e de ritual sexual é provavelmente o exemplo mais difundido de tal ritual seletivo de remoção de um tabu linguístico. Mas não importa o quanto a língua tenha sido ensinada, se de maneira ampla ou reduzida, a língua ensinada raramente incidia sobre a fala vernacular. Nem a existência de algum ensino de língua todo o tempo nem a difusão de alguma língua por meio de pregadores profissionais ou comediantes enfraquecem meu ponto-chave: fora daquelas sociedades que agora chamamos de "europeias modernas", nenhuma tentativa de impor a populações inteiras uma língua cotidiana que seria sujeita ao controle de professores pagos ou anunciantes foi feita. A língua cotidiana, até recentemente, em lugar algum era o produto de um *design*, em lugar algum era algo pago ou entregue como uma mercadoria. E enquanto todo historiador que lida com a origem de Estados-nação foca em mercadorias, economistas geralmente ignoram a linguagem.

Quero contrastar a fala coloquial ensinada da vernacular, a língua custosa da que vem sem custo. Chamo a primeira de "coloquial ensinada" porque, como veremos, em "língua materna" há inúmeras implicações complicadas. O termo poderia ser "língua cotidiana", mas é menos preciso, e a maioria dos outros termos que irei usar ocasionalmente caricatura um dos aspectos da língua instruída. Para o oposto, uso o termo "vernacular" porque não tenho nada melhor. "Vernacular" vem de uma raiz indo-germânica que implica "enraizamento" ou "morada". É uma palavra latina usada nos tempos clássicos para o que quer que fosse criado, tecido, cultivado ou feito em casa – fosse um escravo ou uma criança, comida ou vestimenta, animal, opinião ou uma piada. O termo foi apanhado por Varrão para designar uma distinção na língua. Varrão escolheu "vernacular" para designar a língua que é cultivada no próprio terreno do falante, em contraposição com a que é plantada lá por outros. Varrão era um homem erudito, o romano mais erudito de acordo com o grande professor Quintiliano, bibliotecário de César e depois de Augusto, com influência considerável na Idade Média. Então *vernacular* chegou ao inglês nesse sentido único e restrito que Varrão havia adotado. Gostaria agora de ressuscitar um pouco de seu antigo sopro. É só agora que precisamos de uma palavra simples e direta para designar o fruto de atividades nas quais as pessoas se engajam quando não estão motivadas por considerações de troca, uma palavra que designaria atividades não relacionadas ao mercado pelas quais as pessoas fazem coisas e "se viram" – quereres aos quais elas também dão uma forma concreta no processo de satisfazê-los. "Vernacular" parece uma boa palavra antiga que talvez seja aceitável, por muitos contemporâneos, para esse uso. Sei que existem palavras técnicas disponíveis para designar a satisfação daquelas necessidades que economistas não medem ou não conseguem medir: a "produção social" em contraposição à "produção econômica"; a geração de "valores de uso" ou "meros valores de uso", em contraposição à produção de "mercadorias"; a "ciência econômica doméstica" em contraposição à ciência econômica do "mercado". Mas esses termos são todos especializados, contaminados de preconceito ideológico, e muitas vezes mancam. Precisamos de um adjetivo simples para designar aqueles valores que queremos defender da mensuração e da manipulação por parte dos Chicago boys ou dos comissários socialistas, e esse adjetivo deve ser amplo o suficiente para que abarque comida e linguagem, nascimento e criação infantil, sem implicar uma atividade "privada" ou um procedimento antiquado. Ao falar de *língua vernacular*, estou tentando trazer para o debate a existência de um *modo de ser e fazer vernacular* que se estende a todos os aspectos da vida.

Antes de poder continuar meu argumento, terei que esclarecer mais uma distinção. Quando oponho a língua ensinada à vernacular, traço a linha de demarcação em um lugar diferente de onde os linguistas o fazem quando distinguem entre a alta linguagem de uma elite e o dialeto falado pelas classes baixas; um lugar diferente daquela outra fronteira que nos permite distinguir entre língua regional e suprarregional; e, novamente, um lugar diferente do da linha de demarcação entre a linguagem dos iletrados e a dos letrados. Não importa quão restrita em limites geográficos, não importa quão distintiva para um nível social, não importa quão especializada para um papel de sexo ou uma casta, a língua pode ser "vernacular" (no sentido no qual eu uso o termo) ou "ensinada". Língua de elite, segunda língua, língua mercante e língua local não são nenhuma novidade, mas cada variedade *ensinada* que vem enquanto mercadoria é algo inteiramente novo.

Não estou falando em detalhes sobre as variedades da língua ensinada, mas estou focando na língua cotidiana ensinada, fala coloquial ensinada – que normalmente é a fala coloquial padrão ensinada. Em toda a história registrada, um entre muitos dialetos compreensíveis tendeu à predominância em uma dada região. O tipo de dialeto predominante era seguidamente aceito como a forma padrão, aquela forma que era escrita – e aquela forma que, antes das demais, era ensinada. Esse dialeto geralmente predominava por causa do prestígio de seus falantes. A maior parte do tempo ele não se difundia porque era ensinado; ele se difundia por um processo muito mais complexo e sutil. O inglês do centro [*Midland English*] se tornou o segundo dialeto comum no qual pessoas nascidas em qualquer dialeto inglês podiam falar sua própria língua, assim como o *bahasa malayu* se tornou a língua nacional da Indonésia. Já que ambas as difusões linguísticas ocorreram em tempos bastante modernos, poderíamos suspeitar que o ensino intencional teve algo que ver com o processo. No caso do urdu, que os soldados mongóis espalharam sobre o subcontinente indiano, o ensino dificilmente teve alguma relação com sua difusão repentina.

Sem dúvida, a posição dominante de línguas padrão ou de elite em todos os lugares foi reforçada pela escrita, e ainda mais pela impressão. A impressão incrementou enormemente o poder colonizador da língua de elite. Mas dizer que, porque a impressão foi inventada, a língua de elite é destinada a suplantar todas as variedades vernaculares, é colocar a carroça na frente dos bois; é como dizer que, depois da invenção da bomba atômica, apenas superpotências devem ser soberanas. De fato, a edição, impressão, publicação e distribuição de matérias impressas incorporou crescentemente aqueles procedimentos técnicos que favorecem a centralização e a colonização de formas vernaculares pelo padrão impresso. Mas esse monopólio de procedimentos centralizados sobre inovações técnicas não é argumento de que a técnica da impressão não poderia ser crescentemente utilizada para dar uma nova vitalidade à expressão escrita e novas oportunidades literárias às milhares de formas vernaculares. O fato de que a impressão foi usada para a imposição de padrões coloquiais não quer dizer que a língua escrita deve sempre tomar a forma ensinada.

O vernacular se espalha pelo uso prático; é aprendido das pessoas que querem dizer o que dizem e dizem o que querem dizer para a pessoa a quem se dirigem. Esse não é o caso na língua ensinada. No caso da língua ensinada, o modelo-chave não é a pessoa com quem eu me importo ou de quem não gosto, mas um falante profissional. A fala coloquial ensinada é modelada por alguém que não diz o que quer dizer, mas que recita o que outros inventaram. A fala coloquial ensinada é a língua do anunciante que segue o roteiro mandado por um publicista a um editor e que um comitê decidiu que deveria ser dito. A língua ensinada é a retórica morta e impessoal de pessoas pagas para declamar com uma convicção falsa textos compostos por outros. Pessoas que falam a língua ensinada imitam o âncora de notícias, o ator comediante, o instrutor que segue as apostilas, o musicista de rimas engenhadas ou o presidente de discursos escritos por escritores-fantasmas. Esse linguajar não se destina a ser usado quando digo algo na sua *cara*. O linguajar da mídia sempre procura o perfil adequado de audiência que foi escolhido pelo chefe do programa. Enquanto o vernacular é engendrado no aprendiz por sua presença na relação entre pessoas que dizem algo uma à outra, face a face, a língua ensinada é aprendida de falantes a quem se atribui o trabalho de tagarelar.

É claro, a língua seria totalmente inumana se fosse totalmente ensinada. É isso que Humboldt quis dizer quando afirmou que a língua real é aquela fala que só pode ser fomentada, nunca ensinada como a matemática. Apenas máquinas podem se comunicar sem nenhuma referência às raízes vernaculares. Sua conversa em Nova York agora ocupa quase três quartos das linhas que a companhia telefônica opera sob a franquia que garante relações livres às pessoas. Essa é uma perversão óbvia de um canal público. Mas ainda mais constrangedor do que esse abuso de um fórum de livre expressão por parte de robôs é a incidência de frases de estoque robóticas na parte restante, na qual as pessoas se dirigem umas às outras. Uma porcentagem crescente de falas de pessoas se tornou previsível, não apenas em conteúdo mas também em estilo. A linguagem é degradada em "comunicação" como se não fosse nada além da variação humana de uma troca que também acontece entre abelhas, baleias e computadores. Sem dúvida, um componente vernacular sempre sobrevive; tudo que digo é que ele murcha. A fala coloquial americana se tornou um composto feito de dois tipos de linguagem: um *uniquack* semelhante a mercadorias e um vernacular empobrecido que tenta sobreviver. O francês e o alemão modernos se foram da mesma forma, ainda que com uma diferença: eles absorveram termos anglófonos a ponto de certas trocas padronizadas em francês ou alemão que eu ouvi em farmácias e escritórios europeus terem todas as características formais de um *pidgin*.

Uma resistência que às vezes se torna tão forte quanto um tabu sagrado se opõe ao reconhecimento da diferença com que estamos lidando aqui: a diferença entre linguagem capitalizada e vernaculares que vêm sem nenhum custo mensurável economicamente. É o mesmo tipo de inibição que torna difícil para aqueles que foram criados no sistema industrial sentir a distinção fundamental entre amamentar no peito e dar mamadeira; ou a diferença entre o pupilo e o autodidata, ou a diferença entre uma milha percorrida por conta própria ou uma milha-passageiro; ou a diferença entre a habitação como uma atividade e a habitação como mercadoria – todas coisas das quais já falei no passado. Enquanto qualquer um provavelmente admitiria que existe uma diferença enorme de gosto, significado e valor entre uma refeição caseira e uma industrial congelada, a discussão dessa diferença entre pessoas como nós pode ser facilmente bloqueada. As pessoas presentes em uma reunião como esta são todas comprometidas com direitos iguais, equidade e serviço aos pobres. Sabem quantas mães não têm leite em seus peitos, quantas crianças no South Bronx sofrem de deficiência de proteínas, quantos mexicanos são mutilados pela falta de alimentos básicos. Assim que levanto a distinção entre valores vernaculares e aqueles que podem ser mensurados economicamente e, portanto, administrados, algum protetor dos pobres saltará para me dizer que estou evitando a questão crítica ao dar importância às sutilezas. Distingo entre transporte e trânsito por poder metabólico, entre as falas vernaculares e coloquial ensinada, entre comida feita em casa e nutrição enlatada. Agora, as distâncias percorridas a pé ou sobre rodas, os termos usados em língua aprendida e ensinada e as calorias ingeridas nos dois tipos de comida não são os mesmos? Sem dúvida o são, mas isso torna cada uma das duas atividades comparáveis apenas em um sentido estrito, não social. A diferença entre o movimento, a palavra ou a comida vernacular e aquilo que é majoritariamente uma mercadoria vai muito além: o valor do vernacular é, em grande medida, determinado por aquele que o engendra; a necessidade da mercadoria é determinada ou moldada para o consumidor pelo *produtor* que define seu valor. O que torna o mundo *moderno* é uma substituição de valores vernaculares por mercadorias, que, para serem atraentes, devem negar o valor essencial do aspecto que, nesse processo, é perdido.

Pessoas que se sentem como homens modernos experienciam necessidades básicas que são correlatas às mercadorias e não às atividades vernaculares. Tecnologias adequadas a esse tipo de mundo são aquelas que aplicam o progresso científico à produção de mercadorias e não ao alargamento da competência vernacular. O uso da escrita e da impressão a serviço da fala padrão coloquial em preferência de seu uso para a expressão da vernacular reflete esse preconceito profundamente enraizado. O que torna o processo de trabalho moderno é a intensidade crescente com a qual a atividade humana é gerida e planificada, e a diminuição do significado que tais atividades podem alegar ter, face a seu destino às trocas no mercado. Em seu ensaio "The Limits to Satisfaction", William Leiss defende esse ponto. Vou incorporar aqui um pouco de seu argumento, porque mais tarde eu gostaria de mostrar como o processo que ele descreve afetou a linguagem desde a ascensão da Europa como ideal. Leiss argumenta que a transformação radical dos quereres individuais no processo de industrialização é o complemento oculto da tentativa de dominar a natureza. Desde o século XVII, essa tentativa de dominar a natureza tem progressivamente moldado e rotulado cada aspecto das atividades públicas nas sociedades ocidentais. A natureza foi crescentemente interpretada como a fonte que alimenta o processo de produção social: um empreendimento que é realizado para as pessoas e não pelas pessoas. "Necessidades" designaram, de maneira crescente, direitos ao resultado desse processo, e não reivindicações à liberdade e à competência para sobreviver. Conforme o ambiente (que antigamente era chamado de "natureza") se tornou impiedosamente explorado como um recurso e como uma lixeira para aquelas mercadorias que estavam sendo produzidas com o propósito de satisfazer necessidades, a natureza humana (que hoje é chamada de psicologia humana) se vingou. Hoje, os sentimentos de um indivíduo sobre suas próprias necessidades são sobretudo associados com um sentimento de impotência: em um ambiente dominado por mercadorias, necessidades não podem mais ser satisfeitas sem recorrer a uma loja, a um mercado. Cada satisfação que o homem determinado por mercadorias vivencia implica um componente de autossuficiência frustrada. Também implica uma vivência de isolamento e um sentido de desapontamento com relação às pessoas que estão próximas. A pessoa que posso tocar e estimar não pode me dar aquilo de que preciso, não pode me ensinar a satisfazer a necessidade nem me ensinar a me abster dela. Toda satisfação de uma necessidade moldada por mercadorias, portanto, prejudica experiências ulteriores de autossuficiência e de confiança em outros que são a estrutura fundamental de qualquer cultura tradicional. Leiss analisa o que acontece quando o número e a variedade de bens e serviços cresce, cada qual sendo oferecido ao indivíduo, cada qual sendo interpretado como uma necessidade e cada qual constituindo simbolicamente uma utilidade. O indivíduo é forçado a reaprender como necessitar. Seus quereres desabam em componentes cada vez menores. Seus quereres perdem a coerência subjetiva. O indivíduo perde a habilidade de encaixar seus fragmentos de necessidades em um todo que seria significativo para ele. Necessidades são transformadas de pulsões que orientam a ação criativa em faltas que clamam por serviços profissionais para sintetizar demandas. Nessa configuração de hipermercadoria, a resposta adequada para qualquer necessidade determinada por mercadorias deixa de implicar a satisfação da pessoa. A pessoa é entendida como perpetuamente "necessitada" de algo. Conforme as necessidades deixam de ter limites, as pessoas se tornam cada vez mais necessitadas. Paradoxalmente, quanto mais tempo e recursos são gastos para gerar mercadorias *para a suposta satisfação de necessidades*, mais superficial se torna o querer de cada indivíduo, e mais indiferente à forma específica com a qual ela deve ser satisfeita. Além de um limiar muito baixo, por meio da substituição das formas vernaculares de subsistência por necessidades moldadas por mercadorias e os bens e serviços que as satisfazem, a pessoa se torna cada vez mais necessitada, ensinável e frustrada.

Essa análise da correlação entre necessidades, mercadorias e satisfação provê uma explicação para a demanda ilimitada que economistas e filósofos hoje tendem a postular, e para a qual não parece faltar evidência empírica. O comprometimento social com a substituição de atividades vernaculares por mercadorias está, de fato, no centro do mundo atual. Por essa razão, o nosso mundo é de um novo tipo, incomparável a qualquer outro. Mas enquanto essa tendência subsiste, o nosso também é um mundo no qual o aumento da oferta daqueles tipos de coisas que professores ou filas no posto de gasolina provêm corresponderá a uma crescente frustração. Em um mundo onde "o suficiente" só pode ser estabelecido onde a natureza para de funcionar como uma mina ou uma lata de lixo, o ser humano não está indo rumo à satisfação, mas rumo à aquiescência de rancor.

Onde devemos buscar as raízes dessa inversão de valores, para essa transformação da psicologia humana na busca da dominação da natureza? Dizer que as raízes dessa inversão estão na "ascensão do capitalismo" seria tratar o sintoma como se fosse a doença. O socialismo que consagra em seu núcleo a provisão de bens e serviços para cada um de acordo com suas necessidades é tão dependente da crença de que necessidades são correlatas às mercadorias quanto qualquer uma das doutrinas que os socialistas chamam de "capitalistas". A raiz da inversão é muito mais profunda. É, é claro, de uma natureza simbólica, religiosa, e requer um entendimento do passado e do futuro da "educação", a questão que nos reuniu. Se examinarmos quando e como a língua comum cotidiana se tornou ensinável, talvez possamos ganhar alguma percepção episódica desse evento.

Ninguém nunca propôs ensinar o vernacular. Isso é, ao menos no sentido em que eu utilizo o termo, impossível e ridículo. Mas eu posso seguir a ideia de que o coloquial é de alguma forma ensinável até os tempos carolíngios. Foi naquela época que, pela primeira vez na história, se descobriu que existem certas necessidades básicas, necessidades que são universais para a humanidade e que gritam por satisfação de um modo padrão que não pode ser suprido de maneira vernacular. A descoberta pode ser mais bem associada à reforma da Igreja que aconteceu no século VIII e na qual o monge escocês Alcuíno de Iorque, vivendo uma boa parte de sua vida como filósofo da corte de Carlos Magno, desempenhou um papel proeminente. Até aquela época, a Igreja havia considerado seus ministros primeiro como padres, isso é, como pessoas selecionadas e investidas de poderes especiais para suprir necessidades comunitárias, públicas. Eles eram necessários para pregar e para presidir as funções. Eram autoridades públicas análogas àquelas outras por meio das quais o Estado provia a defesa da *Commonwealth* contra inimigos e a fome, ou a administração da justiça, da ordem pública ou dos trabalhos públicos. Chamar servidores públicos desse tipo de "profissionais de serviços" seria um erro duplo, um anacronismo ridículo. Mas então, a partir do século VIII, o precursor do profissional de serviços começou a emergir: ministros eclesiais que atendiam às necessidades pessoais dos paroquianos, equipados com uma teologia que definia e estabelecia aquelas necessidades. Os padres aos poucos tornaram-se pastores. O cuidado institucionalmente definido do indivíduo, da família e da comunidade adquiriram uma proeminência sem precedentes. Portanto, a provisão burocrática de serviços que são postulados como uma necessidade "natural" de todos os membros da humanidade toma forma muito antes da industrialização da produção de bens. Há 35 anos, Lewis Mumford tentou argumentar isso. Quando li pela primeira vez sua declaração de que a reforma monástica do século IX criou alguns dos postulados básicos sobre os quais o sistema industrial é fundado, eu tinha muitos motivos para rejeitar tal percepção. Nesse meio tempo, no entanto, encontrei inúmeros argumentos – da maioria dos quais Mumford não parece nem suspeitar – para enraizar as ideologias da era industrial na Renascença carolíngia. A ideia de que não há salvação sem *serviços pessoais* de igrejas institucionais é uma dessas descobertas antes impensáveis sem as quais, de novo, nossa própria era seria impensável. Sem dúvida, foram precisos quinhentos anos de teologia medieval para elaborar esse conceito. Apenas no final da Idade Média a autoimagem pastoral da Igreja havia sido completamente conformada. Apenas no Concílio Vaticano II, durante a nossa geração, a mesma Igreja que serviu ao modelo primário na evolução de organizações seculares de serviço irá se alinhar explicitamente à imagem de seus imitadores. Mas o que conta aqui é o conceito de que o clero pode definir seus próprios serviços como necessidades da natureza humana e fazer desse serviço-mercadoria uma necessidade que não pode ser evitada por nenhum ser humano sem colocar em perigo a vida eterna. Esse conceito é de origem medieval. É a base sem a qual os serviços ou o Estado de bem-estar social contemporâneos seriam inconcebíveis. Surpreendentemente, pouca pesquisa foi feita sobre os conceitos religiosos centrais que distinguem fundamentalmente a era industrial de todas as outras sociedades. O declínio da concepção vernacular de vida cristã em favor de uma organizada ao redor de um cuidado pastoral é um processo complexo e extenso que menciono aqui apenas porque constitui um pano de fundo necessário para o entendimento de uma mudança similar no entendimento da linguagem.

É possível distinguir três estágios na evolução do vernacular ao *uniquack* industrial – termo que James Reston usou pela primeira vez quando o Univac era o único computador a ser comercializado. O primeiro passo é o aparecimento do termo "língua materna" e a instrução monacal da fala vernacular. A segunda é a transformação da língua materna em língua nacional sob os auspícios de gramáticos. O terceiro é a substituição da língua padrão culta e escolarizada baseada em textos escritos por nosso idioma contemporâneo, de alto custo e alimentado pela mídia.

Os termos e conceitos de língua materna e país materno eram ambos desconhecidos até a Alta Idade Média. O único povo clássico que concebia sua terra como relacionado à "mãe" eram os primeiros cretenses; memórias de uma ordem matriarcal ainda permaneciam em sua cultura. Quando a Europa tomou forma como uma realidade política e como uma ideia, as pessoas falavam "línguas populares", o *sermo vulgaris*. *Duits* significa exatamente isso. Na lei romana, embebida de pensamento patriarcal, o vernacular de uma pessoa era presumido como seu ou sua *patrius sermo* – a fala do chefe masculino do lar. Cada *sermo* ou fala também era percebido como uma língua. Os primeiros gregos e as pessoas no início da Idade Média não faziam nossa distinção entre "dialetos" mutuamente compreensíveis e "línguas" distintas, uma distinção que pessoas no nível popular da Índia, da mesma maneira, ainda não fazem. Ao longo das últimas três décadas, tive a oportunidade de observar muitas centenas de acadêmicos altamente motivados e inteligentes procurando penetrar na vida nas aldeias na América do Sul e no Sudeste Asiático. Repetidas vezes me impressionei com a dificuldade que essa gente tem, mesmo tendo sido treinada como cientistas sociais, de entender a simplicidade lúcida com que as pessoas conseguem se identificar com uma ou muitas formas de fala vernacular de uma maneira em que apenas um poeta excepcional pode viver uma língua ensinada com todos seus esforços. O vernacular foi, nesse sentido, não problemático até o século XI. Naquele momento, bastante repentinamente, surge o termo "língua materna". Ele aparece nos sermões de muitos monges da abadia de Gorze e marca a primeira tentativa de fazer da escolha do vernacular uma questão moral. A abadia-mãe de Gorze, na Lorena, perto de Verdun, havia sido fundada no século VIII por beneditinos, sobre uma igreja consagrada a São Gorgônio. Durante o século IX, o mosteiro decaiu de uma maneira escandalosa. Três gerações mais tarde, pelo século X, a abadia se tornou o centro da reforma monástica germânica; e, em paralelo, ao leste do Reno, a abadia de Cluny foi o centro da reforma cisterciense. Dentro de duas gerações, 160 abadias-filhas, fundadas (ou engendradas) por Gorze, estavam espalhadas pelo território do Sacro Império Romano. Gorze se situava próximo à linha divisória entre os vernaculares românico e franco, e seus monges queriam interromper o desafio ou o avanço dos monges com quem competiam em Cluny. Eles fizeram da língua uma questão e uma ferramenta para sua reivindicação.

Os monges de Gorze se lançaram à política linguística ao anexar ao termo "língua" um epíteto curioso, nomeadamente, "materna" – um epíteto que foi carregado ideologicamente naquela época de uma maneira que é, de novo, difícil para nós de entender.

A maternidade simbólica da Igreja, a maternidade universal da Virgem Maria, era central à experiência de vida pessoal e de realidade cósmica com uma intensidade que você só pode apreender lendo a poesia original da época, ou observando calmamente as grandes estátuas da arte românica. Ao cunhar o termo "língua materna", os monges de Gorze elevaram uma *Duits* vernacular, vulgar, não escrita, a algo que podia ser honrado, estimado, defendido contra a contaminação e tratado de maneira geral como se trata uma mãe. A língua foi consagrada por meio de sua relação com a maternidade e, ao mesmo tempo, a maternidade foi alienada constituindo-se mais ainda como um princípio sobre o qual o clero masculino podia reivindicar poder. Agora a mãe era honrada e gerida, estimada e usada, protegida em sua pureza e forjada como uma arma, guardada contra a contaminação e usada como um escudo. O pastorado profissional, que hoje entenderíamos como uma profissão de serviços, havia dado um passo importante na aquisição de responsabilidades na performance de funções maternas.

A partir do franco do século XI, o termo foi traduzido ao baixo-latim como *materna lingua* e então se espalhou pela Europa, apenas para ser redescoberto e retraduzido a várias formas de fala vulgar no começo do século XV. Com o conceito de "língua materna", de uma fala coloquial suprarregional com um elevado valor emocional, uma condição foi criada que clamava pela intervenção do tipo móvel e da impressão. Gutenberg fez sua invenção quando a linguagem de que ele precisava para sua aceitação estava madura.

O próximo passo na mutação do vernacular coincide com o desenvolvimento de um aparelho pelo qual o ensino da língua materna podia ser tomado por homens. Os pregadores medievais, poetas e tradutores da Bíblia haviam apenas tentado consagrar, elevar e dotar com o nimbo de maternidade mística aquela língua que eles ouviam entre o povo. Agora uma nova espécie de clero secular, formado pelo humanismo, usou a fala vulgar como matéria-prima para um empreendimento de engenharia. O manual de especificações para frases corretas no vernacular faz sua aparição.

A publicação da primeira gramática em qualquer língua europeia moderna foi um evento solene, no final de 1492. Naquele ano, os mouros foram enxotados de Granada, os judeus foram expulsos de Toledo e o retorno de Colombo de sua viagem era esperado a qualquer dia. Naquele ano, Dom Elio Antonio de Nebrija dedicou a primeira edição de sua *Grammatica Castellana* à sua rainha, Isabel, a Católica. Com dezenove anos de idade, Nebrija havia ido à Itália, onde o latim havia decaído menos e era mais bem cultivado, para trazer de volta à vida na Espanha a única língua que, como um jovem, ele havia considerado digna e que, em sua opinião, havia morrido em bárbara negligência em seu país de origem. Hernán Núñez, um contemporâneo, o comparou com Orfeu, trazendo de volta Eurídice. Por quase uma geração ele esteve em Salamanca, no centro da renovação da gramática e da retórica clássicas. Agora, em seu quinquagésimo-segundo ano, ele terminou sua gramática da língua falada e, logo depois, o primeiro dicionário que já contém uma palavra do além-mar: "canoa-canoe", que Colombo havia nesse meio tempo trazido de volta com seu primeiro índio de amostra.

Como eu disse, Nebrija dedicou sua gramática a Isabel, que também era uma mulher bastante incomum. Em batalha, ela se vestia como um cavaleiro e na corte se cercava de humanistas que consistentemente a tratavam como uma igual. Seis meses mais cedo, Nebrija havia enviado um rascunho do livro à rainha. Por tal rascunho, ela expressou sua gratidão e admiração pelo autor que havia feito para o castelhano o que, até então, havia sido feito apenas para as línguas de Roma e da Grécia. Mas com sua apreciação, ela também expressou sua perplexidade. Ela foi incapaz de entender para qual uso uma gramática poderia ser empregada. A gramática era uma ferramenta de ensino – e o vernacular era algo que a ninguém podia ser ensinado. Nos seus reinos, a rainha insistiu, todo súdito era destinado por natureza a um domínio perfeito de sua língua. Essa frase real expressa um princípio majestoso de linguística política. Nesse meio tempo, esse sentido de soberania vernacular foi em grande parte apagado por meios administrativos.

Na introdução da primeira edição, publicada no final de 1492, Nebrija defende sua empreitada respondendo à rainha. Traduzi partes de seu argumento de três páginas, porque qualquer paráfrase iria aguá-lo:

> Minha ilustre rainha. Quando pondero sobre os símbolos do passado que a escrita preservou para nós, volto à mesma conclusão: a língua tem sido desde sempre a companheira do império e deve para sempre permanecer sua camarada. Juntos começam, juntos crescem e florescem, juntos declinam.

Por favor, note a mudança de "mãe" para "companheira". Ele enunciou o novo noivado de *armas y letras* – as forças armadas e a universidade. Por favor, note como os padrões em constante alteração de fala vernacular podem agora ser comparados com um padrão de língua que mede sua melhoria e sua degradação.

> O castelhano passou por sua infância na época dos juízes [...]. Tornou-se vigoroso sob Afonso, o sábio que angariou leis e histórias e que traduziu muitas obras árabes e latinas.

De fato, Afonso x foi o primeiro monarca europeu a usar sua língua nativa para insistir que não era mais um rei latino. Seus tradutores eram em sua maioria judeus, que preferiam a língua vulgar ao latim da Igreja. Por favor, repare o conhecimento de Nebrija de que a língua padrão é fortalecida conforme é usada para a escrita da história, como um meio para tradução e para a implementação de leis.

> Então nossa língua seguiu nossos soldados que mandamos ao exterior para governar. Ela se espalhou para o Aragão, para Navarra, e, portanto, até para a Itália [...]. As partes e pedaços espalhados da Espanha foram então angariados e juntados em um único reino.

Note o papel de um soldado que forja um novo mundo e cria um novo papel para o clérigo, o educador pastor.

Até agora essa língua de Castela foi deixada solta e desgovernada por nós e, portanto, em apenas alguns séculos, essa língua mudou tanto a ponto de se tornar irreconhecível. Comparando o que falamos hoje à língua de quinhentos anos atrás, notamos uma diferença e uma diversidade que não poderiam ser maiores se fossem duas línguas distintas.

Por favor, note como nessa frase "língua" e "vida" estão dilaceradas. A língua de Castela é tratada como se, assim como o latim e o grego, já estivesse morta. Em vez do vernacular em constante evolução, Nebrija se refere a algo totalmente diferente: a fala coloquial atemporal. Ele reflete claramente a divisão ocorrida na percepção ocidental do tempo. O relógio havia chegado à cidade, havia sido elevado a um pedestal, havia passado a governar a cidade. O tempo real, feito de partes iguais de duração não importa se fosse verão ou inverno, havia passado a ditar primeiro o ritmo no monastério e agora começava a ordenar a vida cívica. Como uma máquina governou o tempo, a gramática deve governar a fala.

Mas voltemos a Nebrija:

> Para evitar essas mudanças variadas, decidi [...] tornar a língua castelhana um artefato para que o que quer que seja escrito daqui em diante nesta língua seja de um cunho padrão que possa sobreviver aos tempos. O grego e o latim foram governados pela arte e, portanto, mantiveram sua uniformidade ao longo das eras. A menos que algo assim seja feito em nossa língua, em vão os cronistas de vossa majestade [...] elogiarão seus atos. Seu trabalho não vai sobreviver mais do que alguns anos e deveremos continuar a alimentar-nos de traduções castelhanas de contos estranhos e estrangeiros (sobre nossos próprios reis). Ou seus feitos desaparecerão com a língua, ou eles vaguearão entre estranhos no exterior, sem-teto, sem uma morada na qual possam se estabelecer.

Por favor, note como Nebrija propõe substituir o vernacular por um "aparelho", um *artifício*. A fala rebelde deve de agora em diante ser substituída pela cunhagem padrão. Apenas duzentos anos mais cedo, Dante ainda pressupunha que qualquer língua que fosse aprendida e que é falada de acordo com uma gramática nunca poderia vir a estar viva. Tal língua, de acordo com Dante, só poderia permanecer como o aparelho dos eruditos de *inventores grammaticae facultatis*. Nebrija tem uma perspectiva diferente sobre poder e governo. Ele quer ensinar ao povo a língua do clero, para apertar sua fala e para sujeitar seus enunciados ao seu governo. A rainha Isabel percebia a língua como um domínio. Para ela, o vernacular é o domínio do presente, o enunciado no qual cada falante é soberano. Para o gramático Dom Antônio, a língua é uma ferramenta que serve, acima de tudo, ao escriba. Com algumas palavras, ele traduz seu "sonho de razão" em uma ideologia monstruosa, a suposição sobre a qual, daqui em diante, o sistema industrial ascenderá. O artefato deve substituir a subsistência autônoma, o padrão deve tomar o lugar da variedade rebelde; resultados previsíveis devem remover o risco da surpresa. Ele pressiona a língua ao serviço da fama – ou melhor, mais precisamente, de um novo tipo de fama, a "propaganda".

> Quero estabelecer a fundação para aquela morada na qual sua fama pode se estabelecer. Quero fazer para a minha língua o que Zenódoto fez pelo grego e que Crates fez pelo latim. Sem dúvida, foram ultrapassados por seus sucessores. Mas terem sido melhorados por seus pupilos não diminui a sua, ou melhor, a nossa glória de ser o originador de um ofício necessário, bem quando seu tempo se tornou maduro e, acredite-me, Majestade, nenhum ofício chegou de maneira mais oportuna do que a gramática para a língua castelhana.

Em apenas algumas linhas, Nebrija explana a conversa de vendedor do especialista a seu governo que dali em diante se torna padrão:

> Vossa majestade precisa do engenheiro, do inventor que sabe como fazer da fala de nosso povo, da vida de nosso povo, ferramentas que convenham ao seu governo e seus objetivos. Sem dúvida, acreditando no progresso, sei que virão outros que farão melhor do que eu; outros construirão sobre a base que eu assento. Mas tenha cuidado, minha soberana, em tardar para aceitar meu conselho:

este é o momento. Nossa língua vem de alcançar uma nova altura, da qual devemos mais temer que caia do que podemos ter esperanças de que vá se elevar ainda mais alto.

O especialista já está com pressa. Ele já chantageia sua protetora com o "agora ou nunca" que leva à decisão de tantas políticas modernas. A rainha, segundo Nebrija, precisa da gramática agora, porque logo Colombo retornará.

Após vossa majestade colocar seu jugo sobre muitos bárbaros que falam línguas estranhas, por vossa vitória eles devem se encontrar com novas necessidades: necessitarão das leis que o vencedor deve aos vencidos e necessitarão da língua que trazemos. Minha gramática servirá para transmitir a eles a língua castelhana assim como ensinamos latim às nossas crianças.

Sabemos bem quem foi o detentor do conceito de língua que venceu: a língua tornou-se mais uma ferramenta gerida pelos lacaios profissionais do poder. A língua foi vista como um instrumento para fazer as pessoas boas, para fazer boas pessoas. A língua tornou-se um dos maiores ingredientes postos pelo alquimista hermético na fórmula por meio da qual novos homens foram feitos para que se encaixassem em um novo mundo. A língua materna, como é ensinada na igreja e na sala de aula, substituiu o vernacular que a mãe falava. A língua materna havia se tornado uma mercadoria séculos antes do leite materno. Homens tomaram conta do *educatio prolis*, dando forma à *Alma Mater* como seu peito e seu ventre sociais. No processo, o súdito soberano se tornou o cidadão cliente. A dominação da natureza e a melhoria correspondente do povo se tornaram objetivos públicos centrais – e supostamente seculares. *Omnibus, omnia, omnino docendi ars* – ensinar tudo a todos, completamente – passou a ser a tarefa do educador, como João Amós Comênio havia formulado no título de seu livro [*Didacta magna*]. O súdito soberano passou a estar sob custódia do Estado. A doutrina sobre a necessidade de educação primária para o exercício da cidadania destruiu a autonomia dos súditos de Isabel: ela podia taxar seus súditos, forçá-los a trabalhar ou convocá-los ao exército; ela não podia alcançar a dignidade soberana de sua língua como todo professor de colégio o faz.

A terceira mutação no vernacular ocorreu sob nossos olhos. A maior parte das pessoas nascidas antes da Segunda Guerra Mundial, tanto ricos quanto pobres, aprendeu a maior parte de sua primeira língua seja de pessoas com quem falava ou de outras cujas conversas ela ouvia. Poucos aprenderam de atores, pregadores ou professores, a menos que fosse a profissão de seus pais. Hoje ocorre o inverso. A língua é alimentada aos jovens por meio de canais aos quais estão fisgados. O que aprendem não é mais uma fala vernacular que, por definição, atraímos até nós pelas raízes, que mandamos a um contexto no qual estamos ancorados. As raízes que servem para esse propósito se tornaram fracas, secas e frouxas durante a era da escolarização e agora, na era da educação vitalícia, a maior parte apodreceu, como as raízes de plantas criadas em hidroponia. Os jovens e seus linguistas não sabem nem distinguir mais entre o vernacular e a gíria de alta classe que eles tomam por "instintiva". A competência na língua agora, em grande medida, depende de oferta suficiente de ensino.

A falta de soberania pessoal, de autonomia, aparece claramente na maneira como as pessoas falam sobre o ensino. Neste mesmo momento, estou falando a vocês e daqui a quatro minutos, conversarei com vocês, quando terá chegado o momento da discussão, mas nem agora nem depois eu estarei ensinando. Estou argumentando um ponto, apresentando a vocês minhas opiniões – talvez eu esteja até mesmo entretendo vocês. Mas me recuso a ser pressionado por vocês a estar a seu serviço como professor e, muito menos, como educador. Não quero ter nada a ver com essa tarefa para a qual a natureza não me proveu com os órgãos necessários. Contei a vocês a respeito de alguns fatos que talvez lhes tenham escapado sobre a abadia de Gorze ou a corte dos reis católicos, mas acreditem-me, foi feito sem nenhuma intenção de moldar ou de prendê-los em nome da educação. E espero que eu os tenha convencido de que é mais do que um escrúpulo terminológico quando insisto que o ensino é uma forma de conversa muito peculiar, sempre hierárquica, que às vezes ocorre no vernacular. Infelizmente, muitos de nossos contemporâneos não conseguem mais conceber isso. A língua tornou-se, para eles, uma mercadoria, e a tarefa da educação, de treinar produtores de língua equipando-os com um ativo linguístico.

Há pouco tempo, eu estava em Nova York em uma área que duas décadas atrás eu conheci muito bem: o South Bronx. Eu estava lá a pedido de uma jovem professora universitária que é casada com um colega. Esse homem queria minha assinatura em uma petição pelo pagamento do treinamento em línguas antes do jardim de infância para habitantes de um bairro pobre. Para superar minha resistência a essa expansão dos serviços educacionais, por um dia todo ele me levou em visitas a ditos "lares" pardos, brancos, negros e outros. Vi muitas crianças em pocilgas inabitáveis de arranha-céus, expostas o dia todo à TV e ao rádio, igualmente perdidas na paisagem e na linguagem. Meu colega tentou me convencer de que eu devia assinar a petição. E eu tentei argumentar pelo direito dessas crianças à proteção contra a educação. Simplesmente não concordamos. E então durante à noite, ao jantar na casa do meu colega, de repente eu entendi o motivo: ele já não era um homem, mas completamente um professor. Diante de seus próprios filhos, esse casal se mantinha *in loco magistri*. Seus filhos tinham que crescer sem pais – porque esses dois adultos, em cada palavra que dirigiam a seus dois filhos e uma filha, os estavam "educando". E porque eles se consideravam muito radicais, repetidas vezes eles faziam tentativas de "elevar o nível de conscientização" de suas crianças. Conversar passou a ser, para eles, uma forma de marketing – de aquisição, produção e venda. Eles têm palavras, ideias e frases, mas eles já não falam mais.

Parte III

H_2O e as águas do esquecimento[1]

Sei que em Dallas, ao longo dos últimos setenta anos, diversos grupos de cidadãos pressionaram pela construção de um lago na área central. A comunidade tem expectativas de que esse lago possa regar as finanças e a fantasia, o comércio e a saúde. Uma comissão trabalha para explorar a viabilidade de tal corpo d'água artificial no centro da cidade. Na direção desse estudo, o Instituto de Humanidades e Cultura de Dallas, gostaria de fazer a distinta contribuição: refletirmos sobre a relação entre a Água e os Sonhos, na medida em que essa relação é parte de "o que faz uma cidade funcionar". Desde sempre, os sonhos deram forma às cidades, as cidades inspiraram sonhos e, tradicionalmente, a água vivificou a ambos. Tenho sérias dúvidas se a água que resta é capaz de unir os sonhos à cidade. A sociedade industrial transformou H_2O em uma substância com a qual o elemento arquetípico da água não pode se misturar. Dessa forma, dividi minha palestra em duas partes. A primeira evoca as águas do sonho do Lete e a segunda introduz a história da descarga de banheiro. A conclusão retoma a pergunta inicial: o que acontece com a fantasia em um entorno de objetos mecanizados que perderam o poder elementar de espelhar as insondáveis águas dos sonhos?

Na cidade de Kassel, um príncipe alemão barroco construiu para si um castelo rodeado por um jardim inglês que solicita às águas que revelem tudo o que sabem. A água não se destina apenas a revelar-se aos olhos e ao toque, mas a falar e cantar em dezessete registros diferentes. Assim, as águas do sonho murmuram, e refluem, e incham, e rugem, e gotejam, e respingam,

1. Discurso para o Dallas Institute of Humanities and Culture. Dallas, Texas, maio de 1984.

e escorrem, e flertam, e te lavam, e são capazes de te arrastar. Elas chovem do alto e brotam das profundezas, podem umedecer ou encharcar. Entre todos esses prodígios da água, seleciono seu poder de lavar: a capacidade do Lete de levar as memórias e a função do H_2O de eliminar os rejeitos.

Os sonhos realizam catarse, o que significa que eles lavam, e as águas dos sonhos podem lavar de várias maneiras. A aspersão com água sagrada – *lustral* – dissolve o *miasma*; extingue as maldições, dissipa a poluição que perdura em certos lugares, pode ser derramada nas mãos, na cabeça ou nos pés para lavar a impureza, o sangue ou a culpa. Mas há outra catarse que só as águas escuras do Lete realizam: as águas do Lete separam aqueles que as atravessam de suas lembranças e lhes permitem que as esqueçam. Como tenho apenas trinta minutos para falar com vocês, a catarse do Lete é a única que posso abordar. Isso estreita bastante a minha pergunta sobre o lago proposto para a cidade: a alma do rio do esquecimento que deságua no reservatório social da lembrança pode se refletir no desinfetante purificado que é medido, drenado e encanado e depois despejado em um reservatório a céu aberto no centro da cidade? Os sonhos de "despreocupação e esquecimento" da criança da cidade podem ser regados pelo líquido que vem das torneiras, chuveiros e vasos sanitários? As águas-rejeitas purificadas podem "circular" em fontes ou lagos que espelham sonhos?

As águas lustrais do Lete *fluem*; elas não *circulam* como o sangue, o dinheiro e a descarga encanada que enchem a imaginação social do início da era industrial. Já em 1616, William Harvey havia anunciado ao London College of Physicians que o sangue circula pelo corpo humano. A ideia de Harvey levou bem mais de um século antes de ser comumente aceita pelos médicos praticantes. Em 1750, Johannes Pelargius Storch, autor de um tratado de referência sobre ginecologia em oito volumes, ainda não conseguia aceitar a validade geral da teoria de Harvey. Ele aceitava que o sangue pudesse fluir pelos corpos dos ingleses e lavar seus rejeitos; em suas próprias pacientes, as mulheres da Baixa Saxônia, ele observou o sangue fluindo e vazando pela carne. Storch entendeu o que agora lutamos para compreender: o fato de que a redefinição do sangue como um meio de circulação evoca a reconstrução social do corpo. A carne e o sangue trêmulos e carregados de símbolos, como os legou a tradição, devem ser reformulados como um sistema funcional de filtros e conduítes. No final do século XVIII, a teoria de Harvey era comumente aceita na medicina. A concepção de saúde pessoal baseada na rápida circulação do sangue se ajustava ao modelo mercantilista de riqueza – pouco antes de Adam Smith – baseado na intensidade da circulação de dinheiro. Em meados do século XIX, vários arquitetos britânicos começaram a falar de Londres referindo-se a esse mesmo paradigma, e repetidamente reconheceram sua dívida com o "imortal Harvey". Eles conceberam a cidade como um corpo social pelo qual a água deve circular incessantemente, deixando-a sem pausa como uma portadora de sujeira. Sem interrupção, a água deve escorrer para a cidade para lavar os rejeitos e o suor. Quanto mais rápido esse fluxo, menos reservatórios que geram "pestilência congênita", mais saudável será a cidade. A menos que a água flua constantemente para a cidade e seja constantemente levada pelos esgotos, a nova cidade criada pela imaginação não pode senão estagnar e apodrecer. Assim como Harvey havia criado algo anteriormente inimaginável, a saber, o sangue como meio de circulação e, portanto, o corpo da medicina moderna, Chadwick, Ward e seus colegas, com a criação da descarga, inventaram a cidade como um lugar que precisa ser constantemente aliviado de seus restos. Assim como o corpo e a economia, a cidade passou a ser visualizada como um sistema de tubos.

A história do H_2O, como a corporificação da água arquetípica, pode ser escrita de várias maneiras. Trato aqui da degradação projetada dessa substância, que a torna refratária e imprópria para carregar a metáfora que gostaríamos que ela levasse. Tudo o que posso fazer aqui é insistir que a "água", ao contrário do "H_2O", é uma construção histórica que espelha – para o bem ou para o mal – o elemento fluido da alma, e que a água vinculada ao H_2O da imaginação social pode estar muito fora de sintonia com a água que ansiamos em nossos sonhos. A água da cidade de hoje atravessa constantemente os seus limites: ela entra como uma mercadoria e sai como um rejeito. Como contraste, em todos os mitos indo-germânicos, a própria água é o limite. Ela separa este mundo do outro; ela divide o mundo dos que vivem agora do mundo do passado ou do porvir. Na grande família dos mitos indo-germânicos, o outro mundo não tem uma localização fixa no mapa mental: pode estar localizado abaixo da terra, no topo de uma montanha, em uma ilha, no céu ou em uma caverna. No entanto, em todo lugar nesse outro mundo há um reino situado além de uma porção de água: além do oceano, na outra margem de uma baía. Para alcançá-lo, é preciso atravessar um rio: ora você é transportado de barco, ora você deve vadear. Mas, em todos os mitos, esse caminho que conduz pelas águas, do outro lado, leva a uma nascente, e o rio cruzado também alimenta este poço do outro mundo.

Bruce Lincoln mostrou que peregrinos gregos, indianos, nórdicos e celtas, a caminho do além, atravessam todos a mesma paisagem fúnebre desenhada de acordo com a mesma hidrologia mítica. As calmas e vagarosas águas que o viajante atravessa são as do rio do esquecimento. Esse rio tem o poder de despojar a memória de quem o atravessa. A batida sonolenta da cabeça no *threnos*, com que as mulheres enlutadas embalam os heróis de Tebas em seu último sono, lembra a Ésquilo da batida monótona dos remos através do rio Aqueronte. No entanto, o que o rio lavou daqueles que rumam para o além não é destruído: o viajante é apenas despido dos feitos pelos quais será lembrado. O rio os leva a uma nascente, onde borbulham como a areia no fundo de um poço cósmico, para servir de bebida aos eleitos: o cantor, o sonhador, o vidente e o sábio. Essa água induz uma sóbria embriaguez, *sobriam ebriatatem*. Através desses mensageiros que voltaram de seus sonhos ou viagens, um fio de água viva do reino dos mortos traz de volta as memórias das quais não precisam mais, mas que são de imenso valor para os vivos. Assim, os mortos dependem muito menos dos vivos do que os vivos dependem dos mortos. O que o rio Lete lavou de seus pés volta à vida do pulsante poço de Mnemósine.

Quando o céu ainda descansava nos braços da Terra, quando Urano ainda compartilhava sua cama com "Gaia das largas ancas", os Titãs passaram a existir. E, nessa geração primogênita que precedeu os Deuses, havia Mnemósine. Ela é muito velha, muito arcaica para ser a mãe de Apolo, mas fornece a ele, filho de Maia, uma alma que sempre encontra o caminho de volta à fonte, que nunca pode esquecer. Hermes-Apolo tem assim duas mães, e isso parece fazer dele o deus-guia. No hino a Hermes, Mnemósine é chamada de a Mãe das Musas. Hesíodo lembra-se distintamente de seus cabelos soltos quando a descreve com Zeus engendrando suas filhas. Ela mesma é o poço em que se banha a Musa do Entusiasmo, não menos que a outra filha, a do Esquecimento. Essa aparição de Mnemósine entre os Titãs que precedem os Deuses é crucial na história da nossa água. Ao ser colocada entre os Titãs, um elemento cósmico torna-se a fonte de lembrança; o poço da cultura, a nascente de um primeiro tipo de cidade – e a água, como fonte de lembrança, adquire o aspecto de mulher.

No entanto, esse poço arcaico de tradição oral não tem lugar nas cidades clássicas. As cidades clássicas da Grécia, e sobretudo Roma, são construídas em torno de aquedutos que conduzem a água às fontes. Não é o poço que alimenta uma lagoa, nem é o cantor épico, são os jatos de água projetados e os textos escritos consignados aos livros que moldam o fluxo de água e de palavras. Nenhuma cidade grega preservou um altar ou um poço dedicado a Mnemósine. Ela ainda é invocada por poetas letrados que querem dialogar com Homero. Mas Mnemósine não é mais a fonte de intoxicação sóbria. Seu nome agora corresponde a uma personificação do depósito letrado da memória cuja lembrança Platão sabia que secaria, essa fonte pulsante além do rio do Esquecimento, a lembrança como poço alimentado pelo rio do fenecimento. A lembrança como a comãe titânica de Hermes é substituída por um novo tipo de memória, assim como a cultura escrita substitui a oral e a ordem legal a consuetudinária.

Do poço ao jato, do lago da lembrança à fonte esculpida, da canção épica à memória referenciada, a água como metáfora social passa por uma primeira transformação profunda. As águas da cultura oral que escorrem além das margens desse mundo são transformadas na provisão mais preciosa com a qual um governo pode abastecer a cidade. Se eu quisesse descrever isso, começaria escrevendo a história das várias formas da água e o significado que suas várias percepções dão à cidade. Em tal história, as fontes de Roma, o sistema hidráulico de Esfahan e os canais de Veneza e Tenochtitlán apareceriam como criaturas extremas e raras. A cidade construída ao longo de um rio, a cidade construída ao redor do poço como se fosse seu umbigo, a cidade que depende da água da chuva que cai nos telhados seriam tipos ideais entre muitos outros. No entanto, com raras exceções, todas as cidades para as quais a água é trazida propositalmente de longe tinham, até recentemente, uma coisa em comum: o que o aqueduto trazia através da linha que corta a cidade era absorvido pelo solo urbano. A ideia de que a água que é canalizada para dentro da cidade deve sair por um sistema de esgotos não se tornou um princípio orientador para o desenho urbano até que a máquina a vapor já fosse parte da vida cotidiana. Enquanto isso, essa ideia adquiriu a aparência de inevitabilidade – mesmo agora, quando o esgoto frequentemente leva a água para uma estação de tratamento. O que é produzido e gerado nessas estações está mais longe do que nunca da água dos sonhos. A necessidade das cidades de um banheiro constante só reforçou o domínio da imaginação dos planejadores. Para dissolver o feitiço dessa construção social em nossa imaginação, proponho estudar como esse feitiço foi lançado.

 A queixa de que as cidades são lugares sujos remonta à Antiguidade. Roma, com suas novecentas fontes, era um lugar perigoso para caminhar. Um tipo especial de magistrado menor estava sentado sob guarda-chuvas em um canto do fórum: ele ouvia e julgava queixas de pessoas atingidas por excrementos lançados pelas janelas. As cidades medievais eram limpas por porcos. Dezenas de decretos, que chegaram até nós, regulamentam o direito dos burgueses de possuírem porcos e alimentá-los com rejeitos públicos. O cheiro dos curtumes trazia o fedor do inferno. No entanto, a percepção da cidade como um lugar que deve ser constantemente desodorizado pela lavagem tem uma origem histórica claramente definida: surge no início do Iluminismo. A nova preocupação com esfregar e limpar é principalmente direcionada para a remoção daquilo que é ofensivo para o olfato e não tanto daquilo que é repugnante para a visão. Pela primeira vez, a cidade inteira é então percebida como um lugar malcheiroso. A utopia de uma cidade inodora é aqui proposta pela primeira vez. E, até onde posso julgar, a nova preocupação com os odores das cidades reflete primeiramente uma transformação da percepção sensorial e não um aumento da saturação do ar com gases de cheiro característico.

A história da percepção sensorial não é inteiramente nova, mas só recentemente alguns historiadores começaram a prestar atenção à evolução do olfato. Foi Robert Mandrou que, em 1961, destacou pela primeira vez a primazia do tato, do olfato e da audição nas culturas europeias pré-modernas. Essa complexa textura escura da percepção sensorial apenas lentamente deu lugar à predominância "ilustrada" do olho, que hoje tomamos como certa. Quando um Ronsard ou um Rabelais tocam os lábios de seu amor, afirmam derivar seu prazer do paladar e do olfato. Escrever sobre as percepções passadas dos odores seria a suprema conquista histórica: como os odores não deixam qualquer traço "objetivo", o historiador só pode saber como as coisas foram percebidas. No ano passado, Alain Corbin fez uma primeira tentativa monográfica de descrever a transformação da percepção do odor no final do *Ancien Régime*.

Por experiência própria, ainda conheço o cheiro tradicional das cidades. Durante duas décadas, passei grande parte do meu tempo em favelas de cidades entre o Rio de Janeiro e Lima, Carachi e Varanasi. Levei muito tempo para superar minha repulsa inata contra o odor de merda humana e urina rançosa que, com pequenas variações nacionais, faz com que todas as periferias industriais sem esgoto tenham o mesmo cheiro. Acostumei-me, no entanto, apenas com uma lufada da atmosfera densa de Paris sob Luís XIV e Luís XV. Somente durante o último ano de seu reinado foi aprovada uma portaria que tornará a remoção de matéria fecal dos corredores do palácio de Versalhes um procedimento semanal. Abaixo das janelas do Ministério da Fazenda, porcos foram abatidos por décadas e a parede do palácio ficava impregnada de camadas de sangue. Até mesmo os curtumes ainda funcionavam na cidade – embora às margens do Sena. As pessoas se aliviavam naturalmente contra a parede de qualquer morada ou igreja. O odor de covas rasas fazia parte da presença dos mortos dentro das paredes. Essa atmosfera era tomada de forma tão natural que as fontes que chegaram até nós quase não chamam a atenção para ela.

Essa indiferença olfativa chegou ao fim quando um pequeno número de cidadãos perdeu a tolerância ao fedor dos túmulos dentro das igrejas. Sem qualquer indicação de que os procedimentos físicos pelos quais os cadáveres eram sepultados perto do altar haviam mudado desde a Idade Média, em 1737 o Parlamento de Paris nomeou uma comissão para estudar o perigo que eles representavam para a saúde pública. O miasma emanado das sepulturas foi declarado perigoso para os vivos. Na mesma década, um tratado do abade Charles-Gabriel Porée, bibliotecário de Fénelon, foi publicado várias vezes.[2] Nesse livro, o teólogo argumentou que considerações filosóficas e jurídicas exigiam que os mortos fossem enterrados fora da cidade. Segundo Philippe Ariès, a nova sensibilidade olfativa à presença de cadáveres deveu-se a um novo tipo de medo da morte. Durante o terceiro quarto do século XVIII, relatos de que pessoas morreram em decorrência de um mero fedor tornaram-se comuns. Da Escócia à Polônia, as pessoas não apenas se ressentem, mas temem o fedor de corpos em decomposição. Mortes em massa entre os membros das congregações das igrejas, que ocorrem dentro de uma hora após a exposição dessas pessoas ao miasma que escapou de uma sepultura aberta para um funeral, são descritas por supostas testemunhas. Enquanto na década de 1760 o Cimetière des Innocents era muito usado

2. *Cartas sobre o enterro nas Igrejas.*

para festas à tarde e para relações sexuais ilícitas durante a noite, por volta de 1780 ele foi fechado por solicitação geral do povo, por causa do intolerável cheiro de corpos em decomposição. A intolerância ao cheiro das fezes levou muito mais tempo para se desenvolver, embora as primeiras queixas sobre sua intensidade possam ser ouvidas na década de 1740. A princípio, a atenção foi direcionada para essa questão apenas por cientistas de espírito público que estudavam "os ares" – hoje diríamos gases. Na época, os instrumentos para o estudo das substâncias voláteis ainda eram rudimentares; a existência do oxigênio e sua função na combustão ainda não eram conhecidos. Os pesquisadores tiveram que confiar em seus narizes para a análise que fizeram. Mas isso não os impediu de publicar tratados sobre o tema das "exalações" das cidades. Uma dúzia e meia desses ensaios e livros publicados, entre meados do século e Napoleão, são conhecidos. Esses tratados abordam os sete pontos malcheirosos do corpo humano que ficam entre o topo da cabeça e os interstícios entre os dedos dos pés; classificam os sete odores de decomposição que podem ser observados sucessivamente no corpo de um animal em decomposição; distinguem, no contexto de odores desagradáveis, os saudáveis, como o cheiro de merda ou esterco, dos pútridos e prejudiciais à saúde; ensinam a engarrafar os cheiros para posterior comparação e estudo de sua evolução; estimam o peso *per capita* das exsudações dos moradores da cidade e o efeito de seu depósito – por via aérea – nas proximidades desta. A maior parte da nova preocupação com o miasma malcheiroso é expressa por um pequeno grupo de médicos, filósofos e publicitários. Em quase todos os casos, os autores se queixam da insensibilidade do público em geral diante da necessidade de remover esses "maus ares" da cidade.

No final do século, essa vanguarda de desodorizadores começa a contar com o apoio de uma pequena, mas importante minoria dentro de Paris. Em vários relatos, as atitudes sociais em relação aos rejeitos corporais começaram a mudar. Duas gerações antes, o rei da França havia abandonado a tradição de realizar audiência pública sentado no "trono" (*en selle*). Em meados do século, temos o primeiro relato de que em um grande baile foram fornecidos toaletes separados para as mulheres. Finalmente, Maria Antonieta instalou uma porta para privatizar sua defecação, tornando-a uma função íntima. Primeiro o procedimento, depois também o resultado dele foram empurrados para além do alcance do olho e do nariz. Roupas íntimas que podiam ser lavadas com frequência, assim como o bidê, entraram na moda. Dormir entre lençóis e na própria cama separada era agora carregado de significado moral e médico. Não tardou para que os cobertores pesados fossem proibidos, pois acumulavam a aura corporal e levavam a sonhos molhados. Os médicos descobriram que o odor de um homem doente podia infectar o saudável, e a cama única de hospital tornou-se uma exigência higiênica, senão uma práxis. Então, em 15 de novembro de 1793, a Convenção Revolucionária declarou solenemente o direito de cada homem à sua própria cama como parte dos direitos do homem. A dignidade do cidadão exigia que uma zona-tampão privada o cercasse na cama, no sanitário e no túmulo. Instituições de caridade foram formadas para poupar os pobres de pelo menos um dos novos horrores: o enterro em uma vala comum.

Com o novo treinamento defecatório da burguesia, a limpeza social da própria cidade tornou-se o problema urbanístico predominante. Desde o início do século xviii, as condições particularmente insalubres das prisões e dos manicômios atraíram a atenção internacional. A ampla atenção dada à dramática imundície desses lugares ajudou a fazer o resto da cidade, por comparação, parecer limpo. As altas taxas de mortalidade na prisão foram relacionadas à intensidade de seu fedor, perceptível à distância. O ventilador acabava de ser inventado, e os primeiros foram instalados para dar uma lufada de ar fresco, pelo menos naqueles espaços onde eram mantidos os prisioneiros inocentes. O "banho de ar" dos prisioneiros parecia necessário, mas difícil de organizar. Assim, várias cidades, da Suíça à Bélgica, adotaram a ideia da cidade de Berna de combinar a remoção de excrementos com o banho de ar dos prisioneiros por meio de uma nova máquina. Tratava-se de uma carroça puxada por homens acorrentados, a qual as mulheres eram presas por correntes mais finas, que lhes permitiam circular com relativa liberdade pela calçada para coletar rejeitos, animais mortos e excrementos humanos. A cidade passou a ser comparada com o organismo, também tendo seus pontos fedorentos. O olfato adquiriu uma distinção específica de classe. Os pobres eram aqueles malcheirosos, e muitas vezes não sabiam disso. A osmologia – o estudo dos odores – tentou estabelecer-se como uma ciência separada. Supostas experiências provaram que os selvagens tinham um cheiro diferente dos europeus. Samoiedos, negros e hotentotes eram reconhecidos por seu odor racial específico, independente da dieta que comiam ou de quanto se lavavam.

Ter etiqueta passou a significar ser limpo: não cheirar mal e não ter odor próprio ligado à sua aura e ao seu lar. No início do século xix, as mulheres foram criadas para cultivar sua própria fragrância individual. Esse ideal surgiu durante o fim do *Ancien Régime*, na época em que os perfumes animais tradicionais e fortes, como âmbar cinza, almíscar e civeta, foram abandonados em favor de águas de colônia e de óleos vegetais. A preferência arrivista de Napoleão pela velha tradição levou a um breve retorno ao uso da preciosa gordura animal dos órgãos genitais dos roedores; mas na época de Napoleão iii seu uso havia se tornado um sinal de devassidão. A dama abastada agora aprimorou seu gosto pessoal com fragrâncias vegetais muito mais voláteis, que devem ser reaplicadas com frequência, permanecem no âmbito doméstico e tornam-se sinais de consumo conspícuo. O Emílio de Rousseau agora aprende que "a fragrância não te dá tanto quanto te faz esperar". Os dois gabinetes separados, em paredes espelhadas, um para o lavabo e outro para vaso, que uma cantora de ópera, Mademoiselle Deschamps, trouxera da Inglaterra em 1750 para o embaraço dos franceses, duas gerações depois, tornaram-se obrigatórios nos bons círculos. Como os ricos se perfumavam delicadamente com óleos vegetais, e os não tão ricos eram cada vez mais bem esfregados e ensinados a deixarem os sapatos do lado de fora da porta, a desodorização da maioria pobre tornou-se um dos principais objetivos da polícia médica.

Durante a primeira metade do século XIX, os ingleses já começaram a lavar suas cidades e a poluir o Tâmisa. Na França e em geral no continente, a opinião pública ainda não estava preparada para tal prodigalidade. Em um relatório de 1835, o Institut de France rejeitou a proposta de canalizar os excrementos de Paris para o Sena. Não foi preocupação com o rio, nem mero preconceito anti-inglês que motivou essa decisão, mas o cálculo do enorme valor econômico que se perderia. Vinte anos depois, os editores do *Journal of Medical Chemistry* invocaram Malthus e argumentos da fisiologia social para demonstrar que canalizar excrementos é um delito público. Durante os anos anteriores a esse estudo, ventilou-se a proposta de vincular o pagamento das aposentadorias à coleta e entrega diária de certa quantidade de esterco. Uma vez que a ferrovia havia chegado à cidade, deveria ser usada para permitir que a própria cidade fertilizasse o campo, possivelmente transformando-o em hortas e jardins.

No decorrer da década de 1860, entre os dois lados do canal da Mancha, duas ideologias nacionais se enfrentavam acerca do valor dos esgotos. Victor Hugo deu a expressão literária suprema à posição francesa. *La merde*, desde a exclamação de Cambronne, deve ser considerada uma coisa muita francesa e dotada de grande potencial comercial. Em *Os Miseráveis*, a merda alimenta *l'intestin du Léviathan*. Sem dúvida, diz ele, o esgoto de Paris, nos últimos dez séculos, tem sido a doença da cidade, mas *L'égout est le vice que la ville a dans le sang*, o esgoto é o vício que a cidade tem no sangue. Qualquer tentativa de jogar mais excremento humano pelo ralo não poderia deixar de aumentar os já inimagináveis horrores da cloaca da cidade. Viver na cidade exige que aceitemos os seus odores.

A visão oposta sobre o valor dos esgotos e o desvalor da merda foi adotada em 1871 pelo príncipe de Gales, antes de se tornar o rei Eduardo VII. Se não fosse príncipe, disse ele, sua próxima preferência seria tornar-se encanador. Naquela época, na Royal Society of the Arts, Hellinger exortou seus companheiros: "Deitada em seus braços fortes, cochilando pacificamente em seus músculos endurecidos, descansando em dedos bem treinados e em mãos talentosas, repousa a saúde desta cidade Leviatã!".

Em um dos seus romances, Jules Verne dá a expressão literária francesa à visão inglesa: "limpar, para sempre limpar, destruir o miasma assim que ele surge da aglomeração humana, essa é a tarefa principal e primordial dos governos centrais". Por cheirar mal, o suor das classes trabalhadoras era perigoso.

Para desodorizar a cidade, os arquitetos ingleses propuseram o uso da água. Já em 1596, Sir John Harrington, afilhado da rainha Elizabeth I, havia inventado o banheiro e publicado um tratado sobre o dispositivo, denominado "Ajax". Mas a engenhoca continuava sendo uma curiosidade para a maioria das pessoas. Então, em 1851, George Jennings instalou banheiros públicos no Crystal Palace para a Exposição Universal em Londres, e 827.280 pessoas, 14% dos visitantes, os experimentaram e pagaram pelo seu uso. A "comodidade adequada à idade avançada da civilização" foi aperfeiçoada por um certo Mr. Crapper, proprietário de uma fundição. A *anus mirabilis*, válvula de reserva de descarga d'água, foi patenteada na Inglaterra e a palavra inglesa "w. c." tornou-se parte integrante de todas as línguas civilizadas. De acordo com um relatório do governo dos Estados Unidos, Baltimore foi até 1912, quando a descarga d'água se tornou obrigatória, a última cidade da costa oriental a produzir seu fertilizante "de maneira natural".

No final do século XIX, as infecções de origem fecal começaram a infiltrar-se na água da torneira. Os engenheiros foram confrontados com a escolha de aplicar recursos econômicos e institucionais limitados para o tratamento de esgoto antes de seu descarte ou para o tratamento do abastecimento de água. Durante a primeira metade deste século, priorizou-se a esterilização do abastecimento de água. Só recentemente a bacteriologia substituiu a velha teoria da sujeira, que explicava a doença como resultado da corrupção no interior do corpo, pela nova teoria da doença dos germes, que constantemente ameaçam o corpo com invasões de micróbios. Os cidadãos exigiam acima de tudo o fornecimento de "água potável sem germes" em suas torneiras. Então, em meados do século, o que vinha da torneira deixou de ser inodoro e se tornou um líquido que muitas pessoas não ousavam mais beber. A transformação de H_2O em fluido de limpeza foi concluída. A ênfase pública poderia mudar para a "purificação" do esgoto e a recuperação dos lagos. Nos Estados Unidos, o custo do tratamento e coleta do esgoto, em 1980, tornou-se a maior despesa do governo local. Só as escolas custam mais.

Suponho que, para os gregos arcaicos, as lustrações rituais exorcizaram o miasma com mais frequência. A tentativa de lavar a cidade de seus maus cheiros obviamente falhou. No luxuoso clube de Dallas onde eu dormia, vidrinhos com línguas de algodão espalhavam um poderoso anestésico que paralisa o muco nasal para mascarar a falha do encanamento mais caro que o dinheiro pode comprar. O desodorante aleija a percepção com um tipo de ruído rosa para o nariz. Nossas cidades tornaram-se lugares de fedor industrial sem precedentes históricos. E nos tornamos tão insensíveis a essa poluição quanto os cidadãos de Paris do início do século XVIII eram aos seus cadáveres e seus excrementos.

Seguimos as águas da história, desde a Grécia arcaica até a torneira ecológica. Vimos as fontes de Roma expelirem a titânica Mnemósine da mente da cidade letrada e a povoarem com ninfas clássicas. E analisamos como os sistemas hidráulicos removem H_2O da nossa vista. Ouvimos as improvisações de fontes borbulhantes, a sinfonia planejada da Fontana di Trevi, e depois o silvo das torneiras, o gotejar das pias e o som da descarga. Entendemos que a água da cidade, na cultura ocidental, tem um começo e, portanto, pode ter um fim. Nasceu quando o artista domesticou cada uma das águas de Roma em uma fonte apropriada, cada uma delas capaz de narrar sua história particular aos sonhos dos cidadãos; e culmina em grandes bombas de sucção que transformam a água em um fluido de limpeza e resfriamento, alguns dos quais podem ser despejados em um lago no centro de Dallas. Passamos a nos perguntar sobre a possibilidade de coexistência entre a riqueza e os sonhos.

Olhando para as águas que escorreram pelas cidades, agora podemos reconhecer sua importância para os sonhos. Somente onde os sonhos foram refletidos nas águas do comum, as cidades puderam ser arrancadas de suas coisas [*stuff*]. Somente "águas vivas" com ninfas e com memórias podem fundir o lado arquetípico e o lado histórico dos sonhos. H_2O não é água nesse sentido. H_2O é um líquido que foi despojado tanto de seu significado cósmico quanto de seu *genius loci*. É opaco aos sonhos. A água da cidade devastou os *comuns* dos sonhos.

Um apelo por pesquisa em letramento leigo[1]

Com "letramento leigo", quero me referir à precipitação simbólica do uso do alfabeto nas culturas ocidentais – algo bastante diferente do letramento clerical, que consiste na habilidade de ler e escrever. Com "letramento leigo", quero me referir ao distinto modo de percepção no qual o livro se torna a metáfora decisiva por meio da qual nós concebemos o si [self] e o seu lugar. Com "letramento leigo", não quero me referir à difusão de conteúdos escritos além da seara do clero para outros que, anteriormente, só podiam escutar o que lhes era lido. Utilizo o termo "letramento leigo" para falar de uma estrutura mental que é definida por um conjunto de certezas que se espalham dentro do reino do alfabeto desde a Idade Média tardia. O leigo letrado tem certeza de que a fala pode ser congelada, que memórias podem ser armazenadas e resgatadas, que segredos podem ser gravados na consciência e, portanto, examinados, que a experiência pode ser descrita. Com "letramento leigo" quero me referir, portanto, a uma costura de categorias que – desde o século XII – molda o espaço mental dos leigos "iletrados" tanto quanto o do clero "letrado". Ele constitui um novo tipo de espaço dentro do qual a realidade social é reconstruída: um novo tipo de rede de postulados fundamentais sobre tudo que pode ser visto e conhecido. Tentei seguir a evolução dessa mentalidade desde a Idade Média, com a transformação de um certo número de certezas que existem apenas dentro dela. Ilustrarei como tal transformação acontece, contando a história do "texto".

---

1. Palestra como convidado especial na Assembleia Geral da American Education Research Association. São Francisco, agosto de 1986.

A mente letrada do não leitor

Dois motivos militam para que a história do letramento ganhe a atenção das pessoas que fazem pesquisa não apenas em educação mas sobre educação. O primeiro é o novo nível de sensibilização dentro da empreitada educacional com o letramento clerical universal como objetivo a ser alcançado antes do ano 2000. O outro é a poderosa tentação de substituir o livro como metáfora fundamental da autopercepção pelo computador.

Com relação ao primeiro, estamos todos cientes de que novas técnicas eletrônicas, gerenciais e psicológicas estão sendo usadas para difundir, em mais uma tentativa, as habilidades clericais de ler e escrever. Deve-se entender melhor se e como essas campanhas de alfabetização interagem com o letramento leigo. Cinquenta anos atrás, Alexander Luria estudou as maiores mudanças ocorridas na atividade mental enquanto as pessoas adquiriam letramento clerical. Seus processos cognitivos deixam de ser principalmente concretos e situacionais. Começam a inferir não apenas com base em sua própria experiência prática, mas com base em postulados formulados na linguagem. Desde 1931, quando Luria fez esses estudos na Rússia estalinista, muito se aprendeu sobre as mudanças que o letramento clerical induz na percepção, na representação, no raciocínio, na imaginação e no autoconhecimento. Mas na maioria dos estudos, se supõe existir um nexo causal entre a habilidade do indivíduo de escrever e a nova estrutura mental que ele adquire. Como mostrarei, sob a luz da história do letramento leigo, tal postulado é amplamente falso. Desde a Idade Média, as certezas que caracterizam a mente letrada se espalharam, esmagadoramente, por outros meios que não a instrução das habilidades de ler e escrever. Esse é um ponto que deve ser levado em conta nos atuais debates sobre iliteracia, semiletramento e pós-letramento. A abordagem atualmente utilizada para difundir a habilidade da "comunicação escrita" pode, na realidade, subverter a mente letrada.

Embora queira destacar essa independência da mente letrada com relação às habilidades pessoais de escrita, meu argumento principal está centrado na atual transformação aparente da própria mente letrada. Ao longo da última década, o computador rapidamente substituiu o livro como a metáfora primária para a visualização do si [*self*], suas atividades e sua relação com o ambiente. Palavras foram reduzidas a "unidades de mensagem"; a fala, ao "uso da linguagem"; a conversa, a algo chamado "comunicação oral"; e o texto tem sido reduzido de uma sequência de símbolos sonoros a uma de *bytes*. Quero argumentar que o espaço mental no qual as certezas letradas se encaixam e outros espaços mentais engendrados por certezas sobre a Máquina de Turing são espaços heterônomos. O estudo do espaço mental que é gerado pelo letramento leigo me parece um passo necessário se quisermos entender a natureza desse espaço mental completamente diferente que está se tornando dominante em nosso tempo. E assim como o letramento leigo é amplamente independente das habilidades clericais de um indivíduo, também a mente cibernética é amplamente independente da proficiência do indivíduo em usar um computador.

Bases sólidas para pesquisa sobre a mente letrada já foram estabelecidas. Apenas pleiteio que os resultados dessa pesquisa sejam aplicados à educação, que se reconheçam os postulados ainda não reconhecidos que estão implicados nos axiomas dos quais as teorias educacionais são derivadas. O primeiro a observar a profundidade da ruptura epistemológica entre a existência oral e letrada foi Milman Parry, cerca de sessenta anos atrás. Por meio dele, passamos a reconhecer a Ilha do Letramento que emergiu do magma da oralidade épica quando um oleiro-escriba anotou a canção de um bardo, que chamamos de *Ilíada*. Seu pupilo, Albert Lord, nos convence de que os passos pelos quais alguém se torna bardo não podem ser compreendidos com os mesmos conceitos utilizados para compreender os passos pelos quais alguém se torna um poeta letrado. Eric Havelock argumenta convincentemente que as profundas mudanças no estilo do raciocínio, no modo de perceber o universo, no aparecimento da "literatura" e da ciência na Grécia dos séculos vi e v a. C. podem ser entendidas apenas sob a luz de uma transição de uma mente oral para uma letrada. Outros exploraram como a invenção única e definitiva que foi o alfabeto se espalhou para a Índia brâmane e de lá para o Oriente. As circunstâncias sob as quais cada novo povo europeu foi trazido para o reino da percepção letrada me são bem conhecidas e, portanto, tiro meus principais exemplos dessa época.

Elizabeth Eisenstein, em seu estudo monumental do impacto da prensa móvel na cultura da Renascença, lida com outra enorme transformação dentro da mente letrada em, ainda, outra época. Jack Goody, o antropólogo, destacou a continuada "alfabetização da mente selvagem". E Walter Ong, nas duas últimas décadas, juntou as pesquisas de psicólogos, antropólogos e estudantes de épicos para argumentar que a alfabetização é equivalente à "tecnologização" da palavra. Até agora, ninguém tentou uma história da mente letrada como distinta do letramento clerical. E é uma tarefa assustadora. A mente letrada é um fenômeno ao mesmo tempo de uma clareza brilhante e escorregadio – como uma água-viva cujas características e formas podem ser discernidas apenas enquanto for observada em seu próprio ambiente.

A irrelevância da escolarização para a mente letrada

Para que meu apelo por essa nova pesquisa seja plausível, explicarei os passos que me levaram à minha atual posição. Posso fazer isso criticando meu livro *Sociedade sem escolas*,[2] por suas visões ingênuas. O itinerário de minha narrativa começa cerca de vinte anos atrás, quando tal livro ainda estava por ser publicado. Durante os nove meses em que o manuscrito esteve com a editora, fiquei mais e mais insatisfeito com seu texto, que, por sinal, não argumentava pela eliminação das escolas. Devo esse mal-entendido a Cass Canfield Sr., o presidente da editora Harper, que nomeou

---

2. Ivan Illich. *Sociedade sem escolas*. Trad. Lúcia Mathilde Endlich Orth. 9. ed. Petrópolis: Vozes, 2018. [N. T.]

meu bebê e, ao fazê-lo, deturpou meus pensamentos. O livro advoga pelo *desmantelamento* das escolas, no sentido no qual a Igreja foi desmantelada nos Estados Unidos. Eu chamava pelo "desmantelamento das escolas" pelo bem da educação, e aqui, percebi, estava meu erro. Muito mais importante do que o desmantelamento das escolas – agora percebo – era a reversão daquelas tendências que fazem da educação uma necessidade premente em vez de uma dádiva de lazer gratuito. Comecei a temer que o desmantelamento da igreja educacional levaria a um reavivamento fanático de muitas formas de educação degradada.

Norman Cousins publicou minha própria retratação na *Saturday Review* durante a mesmíssima semana em que o livro foi lançado. Ali argumentei que a alternativa à escolarização não era outro tipo de agência educacional ou o desenho de oportunidades educacionais em todos os aspectos da vida, mas uma sociedade que fomenta uma postura distinta por parte das pessoas com relação a ferramentas. Desde então, minha curiosidade e reflexões têm focado nas circunstâncias históricas sob as quais a própria ideia de necessidades educacionais pode emergir.

Para que vocês possam ver o caráter do meu argumento, deixem-me contar-lhes como cheguei ao estudo da educação. Eu vim da teologia. Como teólogo, me especializei em eclesiologia, que constitui a única antiga tradição culta que – na análise social – distingue fundamentalmente duas entidades: a comunidade visível na qual o espírito é incorporado e a comunidade muito distinta que é a cidade ou o Estado. Tal dualismo é de sua essência. Encorajado por 1.500 anos de eclesiologia, vi a Igreja como mais do que uma mera metáfora para a nova *Alma Mater*. Tendi cada vez mais a salientar a continuidade fundamental entre duas agências aparentemente opostas, ao menos enquanto definiam o significado da educação em sucessivos séculos.

Em eclesiologia, meu assunto favorito sempre foi a Liturgia. Esse ramo do aprendizado lida com o papel do culto na constituição do fenômeno que é a Igreja. A liturgia estuda como gestos e cantos solenes, hierarquias e objetos rituais criam não só a fé, mas a realidade da comunidade-enquanto-Igreja, que é o objeto de sua fé. A liturgia comparativa afia o olhar para distinguir os rituais mitopoiéticos (geradores de mitos) essenciais dos acidentes de estilo. Assim sensibilizado, comecei a olhar para as coisas que acontecem nas escolas como partes de uma liturgia. Acostumado com a grande beleza da liturgia cristã, fiquei, é claro, desconcertado com o estilo abjeto que é típico das escolas. Comecei então a estudar o posto que a liturgia da escolarização ocupa na construção da realidade moderna e o grau com que ela cria a necessidade de educação. Comecei a discernir os traços que a escolarização deixa na mentalidade de seus participantes. Foquei minha atenção nos efeitos da liturgia escolástica, colocando entre parênteses não apenas a teoria da aprendizagem, mas também a pesquisa que mede a realização de objetivos de aprendizagem. Nos artigos publicados em *Sociedade sem escolas*, apresentei a fenomenologia da escolarização. Do Brooklyn à Bolívia, ela consiste em assembleias para pessoas de idades específicas ao redor de um assim chamado professor, de três a seis horas, duzentos dias por ano, promoções anuais que também celebram a exclusão daqueles que falham ou que foram banidos para um estrato mais baixo, um conjunto de assuntos de ensino mais detalhado e cuidadosamente escolhido do que qualquer liturgia monástica.

Em todos os lugares, o comparecimento varia de 12 a 48 pupilos, e professores são aqueles que absorveram muitos anos mais dessa baboseira que seus pupilos. Em todos os lugares, se julga que os pupilos adquiriram alguma "educação" – que a escola, por definição, monopoliza – e que se pensa ser necessária para fazer dos pupilos cidadãos valiosos, cada um sabendo a que nível de classe abandonou sua "preparação para a vida". Vi então como a liturgia da escolarização cria a realidade social na qual a educação é percebida como um bem necessário. E já naquele momento eu estava ciente de o quanto a educação vitalícia, envelopante, poderia, nas últimas duas décadas do século XX, substituir a escolarização em sua função geradora de mitos. No entanto eu não suspeitava do que agora proponho como tema de pesquisa: a míngua dos tradicionais conceitos-chave de educação *letrada*, desde que seus termos são usados em analogia com linguagens de programação de computador. Na época, eu não concebia a escolarização como uma das máscaras por trás das quais essa transformação aparente poderia ocorrer.

Na época em que me engajei nessas reflexões, estávamos no pico do esforço desenvolvimentista internacional. Era possível perceber que a escola era um palco mundial no qual postulados ocultos de progresso econômico estavam sendo mobilizados. O sistema escolar demonstrou aonde o desenvolvimento fatalmente levaria: à estratificação padronizada internacional, à dependência universal de serviços, à especialização contraprodutiva, à degradação de muitos em nome de poucos. Conforme escrevi em *Sociedade sem escolas*, os efeitos sociais, e não a substância histórica da educação, ainda constituíam o centro do meu interesse. Eu ainda acreditava que, fundamentalmente, necessidades educacionais constituíam algum tipo de dado histórico da natureza humana.

Constituição e evolução de uma esfera mental

Minha aceitação do postulado não examinado de que seres humanos, por natureza, pertencem à espécie do *homo educandus* começou a diminuir quando estudei a história dos conceitos econômicos de Mandeville a Marx (com René Dumont), e de Bentham a Walras (com Élie Havély). Conforme passei a conhecer a natureza histórica de minhas próprias certezas com relação à escassez por meio da leitura de Karl Polanyi, reconheci que na ciência econômica existe uma importante tradição crítica que analisa como construtos históricos os postulados que os economistas de todas as tendências utilizam. Dei-me conta de que o *homo economicus*, com quem nos identificamos emocional e intelectualmente, é uma criação bastante recente. Portanto, passei a entender a educação como "aprendizado", *quando ela acontece sob o postulado da escassez dos meios que a produzem*. A "necessidade" de educação nessa perspectiva aparece como resultado de crenças e arranjos sociais que fazem com que os meios da assim chamada socialização sejam escassos. E, na mesma perspectiva, comecei a perceber que os rituais educacionais refletiam, reforçavam e, na realidade, criavam a crença no valor do aprendizado perseguido sob condições de escassez. Com acesso bastante limitado, tentei encorajar meus alunos a fazer no campo da pedagogia o que outros haviam feito no campo da ciência econômica. Polanyi demonstra que a troca de bens antecede por muitos séculos, senão por milênios, a comercialização econômica de mercadorias. Essa troca pré-econômica é performada para adquirir prestígio, por motivos mais diplomáticos do que comerciais. Ao comentar a *Política* de Aristóteles, Polanyi demonstra que a técnica de comercialização, na qual o valor de um bem passa a depender da demanda e da oferta e provê um lucro para o mercante, é uma invenção grega do começo do século IV a. C. Encontrei então evidências interessantes de que o espaço conceitual dentro do qual a *paideia* adquiriu um significado comparável ao que chamamos de "educação" fora definido mais ou menos na mesma época. O que Polanyi chama de "desarraigamento" de uma esfera econômica formal dentro da sociedade acontece na mesma década em que uma esfera educacional também é desarraigada.

Durante o mesmo século, o espaço euclidiano passou a existir formalmente. Sua criação e destino provêm uma analogia útil para ilustrar o que quero dizer com "espaço mental". Euclides foi cuidadoso em declarar os axiomas sobre os quais construiu sua geometria. Ele queria que fossem lembrados como estipulações. No entanto, como nós modernos estamos bem cientes, em um certo momento ele declarou como um axioma autoevidente algo que de fato requer um postulado. Quando Euclides declarou como axiomático que duas linhas paralelas nunca se intersectam, ele supôs sem saber a existência de um único espaço, nomeadamente, esse espaço particular que leva seu nome. Ele propôs um postulado que, continuando sem exame, se tornou uma certeza. E, por dois mil anos, a tradição ocidental culta o considerou como um fato natural. Apenas na virada do século Riemann demonstrou que um espaço no qual duas linhas paralelas nunca se intersectam é, para o matemático, apenas um caso especial. Logo após Riemann assentar a base matemática para a relatividade, antropólogos perceberam que membros de muitas culturas não viam com olhos euclidianos. Etnolinguistas então confirmaram, por exemplo, que hopis e dogons falam sobre espaço e direções de formas que podem ser muito mais facilmente traduzidas em termos de tensores matemáticos do que em termos de qualquer língua indo-germânica. Por outro lado, historiadores descobriram que literaturas antigas descrevem o espaço de maneira muito mais minuciosa por meio de referências a cheiros, sons e a experiência de se mover por uma atmosfera do que por meio da descrição da experiência visual. Historiadores da arte como Panofsky e filósofos como Susan Langer tornaram plausível afirmar que a maior parte dos artistas pinta o espaço no qual eles e suas épocas veem. Eles não organizam sua percepção na perspectiva que Dürer criou ou dentro das coordenadas de Descartes. A perspectiva, conforme diz o argumento, foi introduzida na pintura para expressar a recém-descoberta habilidade de ver o mundo predominantemente de uma maneira autocentrada. Em paralelo com a cadeia de paradigmas descritivos nas ciências de Kuhn, historiadores da arte encontram sucessivos paradigmas descritivos que correspondem a maneiras distintas de perceber o espaço visual.

Revolução pelo alfabeto

Nenhuma tentativa comparável à historiografia dos espaços econômico e visual foi, até agora, feita para explorar a constituição e a evolução do espaço mental dentro do qual as ideias pedagógicas tomam suas formas. Isso não significa que todas as disciplinas acadêmicas tenham permanecido prisioneiras de um espaço; quer dizer apenas que o desafio principal desse confinamento mental veio de não educadores e, até agora, não foi reconhecido pela profissão educacional. A descoberta de Milman

Parry da heteronomia entre a existência alfabética e oral poderia ter feito educadores reconhecerem os postulados questionáveis que eles aceitam sem saber como axiomas de seu campo. Mas a relevância da descoberta de Parry para uma teoria histórica da educação tem sido até agora despercebida.

Em sua tese de doutoramento sobre epítetos homéricos (1926), Parry foi o primeiro a perceber que a transição da oralidade épica para a poesia escrita na Grécia arcaica marca uma quebra epistêmica. Ele argumentou que para a mente letrada é quase impossível imaginar o contexto no qual o bardo pré-letrado compõe suas canções. Nenhuma ponte construída nas certezas inerentes à mente letrada pode trazer de volta o magma oral. Não posso resumir as percepções e as conclusões às quais chegaram, nos últimos cinquenta anos, Lord, Havelock, Peabody, Notopoulos e Ong – o trabalho que me convenceu. Mas para aqueles que não seguiram seus escritos sobre a heteronomia entre a oralidade épica e a poesia letrada, deixem-me notar brevemente algumas das firmes conclusões que tiro. Em uma cultura oral, não pode haver uma "palavra" tal como estamos acostumados a procurar no dicionário. Nesse tipo de cultura, o que o silêncio põe entre parênteses pode ser uma sílaba ou uma frase, mas não nosso átomo, a palavra. Além disso, todas as entonações são aladas, se vão para sempre antes de serem pronunciadas por completo. A ideia de fixar esses sons em uma linha, de os mumificar para uma ressurreição subsequente não pode ocorrer. Portanto, a memória, na cultura oral, não pode ser concebida como um cômodo de armazenamento ou um tablete de cera. Instado pela lira, o bardo não "procura" a palavra certa, mas uma entonação que se encaixe a partir do balaio de frases tradicionais e move sua língua ao som da batida apropriada. Homero, o bardo, nunca tentou ou rejeitou *le mot juste* [a palavra correta]. Mas Virgílio mudou e corrigiu a *Eneida* até a hora de sua morte, ele era já o protótipo do poeta letrado, o genial *Schrift-Steller*.[3]

---

[3]. Escritor, no sentido daquele que põe as palavras no lugar. [N. T.]

De maneira apropriada, o equivalente em nosso currículo foi chamado de *musiki* nas escolas da Atenas do século V. Os alunos aprendiam a compor música, a escrita permanecia como uma habilidade servil exercida sobretudo por oleiros até cerca de 400 d. C., quando Platão frequentou a escola. Apenas então se constituíram verdadeiramente as matérias de ensino; apenas então a sabedoria de gerações passadas pôde ser transmitida nas palavras da geração atual e ser comentada em palavras novas e distintas pelo professor. A gravação alfabética é tanto uma condição para o que chamamos de ciência/literatura quanto é necessária para a distinção entre pensamento e fala. Platão, um dos poucos gigantes que enfrentaram a linha divisória entre a oralidade e o letramento, faz dessa transição da experiência lembrada e cada vez renovada para a memória letrada o tema de *Fedro*. Ele estava bem ciente de que, com o professor que costura palavras (escritas), que não podem falar por si mesmas nem ensinar a verdade adequadamente para outros (*Fedro*, 276a), uma época completamente nova estava se abrindo e de que o uso do alfabeto iria barrar o retorno ao passado oral.

Com mais clareza do que os modernos, Platão parece ter estado ciente de que, com o letramento, um novo espaço mental passou a existir e, com ele, conceitos anteriormente inimagináveis que dariam um significado completamente novo à criação de Lísias. É possível, portanto, distinguir duas coisas na história dos postulados educacionais: o começo do espaço pedagógico – que pode agora estar ameaçado – e as transformações da rede de conceitos pedagógicos que ocorrem nesse espaço.

Para demonstrar como tal axioma apropriado para o espaço letrado se expandiu e adquiriu certo domínio, ofereço o exemplo do "texto". A palavra é clássica: em latim, *textus* é um tecido costurado e – apenas raramente – a composição de palavras bem encadeadas. Na época dos Evangelhos de Lindisfarena, a palavra é usada pela primeira vez como equivalente para a Sagrada Escritura. Então, no século XIV, é usada de fato para o conceito que agora tomamos como dado, um conceito que – como mostrarei imediatamente – sob diferentes designações já havia aparecido duzentos anos antes. Gostaria de falar sobre a emergência da ideia ou do conceito, não do uso do termo.

Revolução pelo texto

Escolho a ideia do texto por duas razões: a ideia é importante na teoria educacional e – com sua aparência minuciosamente transformada – também é central para a teoria da comunicação. Da metade do século xii em diante, o texto é a fala passada, codificado de maneira que o olho possa pegá-la da página; na teoria da comunicação, o termo se refere a qualquer sequência binária. O texto, como um elemento articulado na mente letrada, tem um começo e um fim.

Por definição, o alfabeto é uma técnica para registrar sons de fala de maneira visível. Nesse sentido, é muito mais do que qualquer outro sistema de notação. O leitor que lida com ideogramas e hieróglifos, ou mesmo com o betabet semítico, não vocalizados, deve entender o sentido de uma linha antes de poder pronunciá-la. Apenas o alfabeto torna possível ler corretamente sem nenhum entendimento. E, de fato, por mais de dois mil anos, a decodificação do registro alfabético não podia ser feita somente com os olhos. "Ler" significava recitação em voz alta ou murmurada. Agostinho, o maior orador de sua época, se surpreendeu quando descobriu que era possível ler silenciosamente. Em suas *Confissões* ele fala sobre sua descoberta: ele aprendeu a ler sem fazer barulho e sem acordar seus confrades.

Apesar de ser praticada ocasionalmente, a leitura silenciosa seria normalmente impossível até o século vii; a quebra ou o espaço entre as palavras era desconhecida. Apenas algumas inscrições monumentais falavam aos olhos separando palavra por palavra. Em tabletes de cera, papiros ou pergaminhos, cada linha era uma sequência de letras sem interrupções. Quase não havia outra forma de ler a não ser ensaiar as frases em voz alta e escutar para ouvir se faziam sentido. Meros *dicta* – fragmentos de fala fora de contexto – eram praticamente ilegíveis. Uma frase, com propósito de ser gravada, era "ditada"; era dita em *cursus*, o ritmo de prosa clássico que hoje perdemos. Ao pegar o jeito do *cursus* que o *ditador* havia escolhido, ler com os olhos se tornava possível. O sentido permanecia enterrado na página até que fosse falado. Espaços entre as palavras foram introduzidos no tempo de Beda (672-735) como um material didático. Serviam para que fosse mais fácil que "escoceses novatos imbecis" adquirissem o vocabulário latino. Como consequência indireta, o procedimento para copiar manuscritos mudou. Até então, o original precisava ser ditado por um monge para muitos escribas ou cada escriba precisava ler em voz alta tantas palavras quanto pudesse manter em sua memória audível, e então escrevê-las enquanto "ditava para si mesmo". Espaços entre as palavras possibilitaram a cópia silenciosa; o copista podia agora transcrever palavra por palavra. A linha antiga, composta de uma sequência ininterrupta de trinta a cinquenta minúsculas, simplesmente não podia ser copiada pelo olhar.

Apesar de o *codex* da Idade Média, então, conter palavras visivelmente separadas no lugar de filas indianas de letras ininterruptas, ele ainda não fazia do texto algo visível. Essa nova realidade toma forma apenas após a morte de Bernardo e de Abelardo. Ela acontece por meio da convergência de duas dúzias de técnicas, algumas com antecedentes árabes, outras com antecedentes clássicos, algumas completamente novas. Essas inovações juntas conspiram para sustentar e dar forma a uma nova ideia: a de que um texto é distinto do livro e de suas leituras.

Capítulos ganham títulos e são divididos em subtítulos. Capítulos e versos são agora numerados; citações são marcadas por sublinhamentos em uma tinta de cor diferente; parágrafos são introduzidos e, por vezes, glosas marginais resumem seu assunto; miniaturas se tornam menos ornamentais e mais ilustrativas. Graças a esses novos dispositivos, uma tabela de conteúdos e um índice alfabético de assuntos agora podiam ser preparados, e referências de uma parte a outra podiam ser feitas dentro dos capítulos. O livro que antes só podia ser lido do início ao fim agora era acessível aleatoriamente: a ideia de consulta adquire um novo sentido. Livros agora podem ser escolhidos e apanhados de um novo modo. No início do século XII, o costume ainda era de que em certos dias festivos de cada estação, o abade retirava solenemente os livros do tesouro onde eram guardados junto a joias e relíquias de santos, e os colocava na sala do capítulo. Cada monge então escolhia um para sua *lectio* ao longo dos meses seguintes. Ao final do mesmo século, os livros foram retirados da arca na sacristia e começaram a ser guardados em uma biblioteca separada, notoriamente intitulados, em prateleiras. Os primeiros catálogos de fundos monásticos foram feitos, e no fim do século seguinte Paris e Oxford estabeleceram cada qual um catálogo geral.

Graças a essas mudanças técnicas, a consulta, a verificação de citações e a leitura silenciosa passaram a ser comuns, e *scriptoria* deixaram de ser lugares onde alguém tenta ouvir sua própria voz. Nem o professor nem o vizinho agora podem ouvir o que está sendo lido e, parcialmente como resultado, ambos, livros obscenos e heréticos, se multiplicam. Conforme o antigo hábito de citar a partir de um bem treinado palácio da memória foi substituído por uma nova habilidade de citar diretamente do livro, a ideia de um texto que é independente desse ou daquele manuscrito se torna visível. Muitos dos efeitos sociais que seguidamente foram atribuídos à imprensa gráfica já eram de fato resultado de um texto que pode ser consultado. A antiga habilidade clerical de pegar o ditame e ler linhas é agora complementado pelas habilidades de contemplar e procurar o texto com os olhos. E, de uma maneira complexa, a nova realidade do texto e a nova habilidade clerical afetam a mente letrada, comum ao clero e aos leigos.

Para a maior parte dos propósitos práticos, a caligrafia e o *status* clerical coincidiram até boa parte do século XIV. As meras habilidades de assinar e soletrar eram tomadas como prova de privilégios clericais, e qualquer um que pudesse demonstrar tais capacidades escapava da pena capital – gozava de privilégio clerical. Mas enquanto a maioria do clero ainda era demasiadamente despreparada para "procurar" o texto em um livro, "o texto" se tornou uma metáfora constitutiva para o modo de existência de uma vasta população leiga durante o século xv.

Para aqueles que não são medievalistas, mas ainda desejam uma sólida introdução ao que é conhecido de historiadores sobre o crescente letramento leigo do Ocidente daquela época, recomendo um livro de Martin Clanchy, *From Memory to Written Record*. Ele salienta não como o letramento clerical contribuiu à literatura e à ciência, mas como a difusão das cartas mudou a autopercepção da época e as ideias sobre a sociedade. Na Inglaterra, por exemplo, o número de cartas utilizadas para a transferência de propriedades aumentou cem vezes ou mais entre o início do século xii e o final do século xiii. Além disso, a carta escrita substituiu o juramento, que é oral por natureza. O "testamento" substituiu o torrão de terra que o pai antigamente colocava na mão do filho que ele havia escolhido como herdeiro de suas terras. No tribunal, uma escritura obteve a última palavra! O usufruto, uma atividade exercida ao *sentar-se em cima* [*ao residir*], *sedere*, foi ofuscada em sua importância pela "detenção" [*holding*] (arrendamento, inquilinato) de um título, algo que alguém faz com a mão. Antigamente, era preciso caminhar solenemente com o comprador pela propriedade que se queria vender; agora se aprendia a indicá-la com seu dedo, e fazer com que o tabelião o descrevesse. Mesmo os iletrados adquiriram a certeza de que o mundo é detido pela descrição: "trinta passos da pedra em forma de cachorro, e então até o riacho em linha reta...". Todos agora tendiam a se tornar *ditadores*, mesmo que os escribas permanecessem poucos. Surpreendentemente, mesmo servos carregavam selos, para colocar embaixo de seus *ditames*.

Todos mantêm registros, mesmo o diabo. Sob o novo disfarce de um escriba infernal, retratado como o diabo escritor, ele aparece em uma escultura românica tardia. Ele está agachado acima de seu rabo enrolado e prepara o registro de todas as tarefas, palavras e pensamentos de seus clientes para o acerto de contas final. Simultaneamente, uma representação do Juízo Final aparece no tímpano acima da entrada principal da igreja paroquial. Ela representa Cristo, entronado como um juiz entre os portões do paraíso e as mandíbulas do inferno, com um anjo segurando o Livro da Vida aberto na página correspondente da Pobre Alma individual. Mesmo o camponês mais rude e a faxineira mais humilde não conseguem mais entrar pelo portal da igreja sem aprender que seu nome e seus feitos aparecem no texto do Livro celestial. Deus, como o senhorio, se refere ao registro de um passado que, na comunidade, foi piedosamente esquecido. Em 1212, o Quarto Concílio de Latrão torna a confissão auricular obrigatória. O texto conciliar é o primeiro documento canônico que afirma explicitamente que uma obrigação está vigente a todos os cristãos, homens e mulheres. E a confissão interioriza o sentido do texto em duas maneiras distintas: ele fomenta o senso de "memória" e o de "confissão". Por um milênio, cristãos haviam recitado suas preces conforme as haviam ouvido em suas comunidades, com grandes variações locais e geracionais. Frases eram seguidamente tão corrompidas que geravam piedade, mas certamente não faziam sentido. Os Sínodos da Igreja do século XII tentaram remediar essa situação. Seus cânones impuseram ao clero o dever de treinar a memória dos leigos fazendo-os repetir palavra por palavra o *Pater* e o *Credo* conforme estão no Livro. Quando o penitente ia até a confissão, ele tinha que provar ao padre que ele sabia rezar de cor, que ele tinha adquirido o tipo de memória na qual palavras podiam ser gravadas. Apenas após esse teste de memória ele podia proceder para o exame de outro ponto de seu coração, daqui em diante chamado de sua consciência, no qual os relatos contados de seus maus feitos, palavras e pensamentos haviam sido mantidos. Mesmo o "eu" iletrado que fala na confissão agora percebe por meio de olhos novos e letrados seu próprio "si" [*self*] na imagem de um texto.

Si mesmo leigo, consciência leiga e memória leiga

O novo tipo de passado, congelado em letras, é cimentado tanto no si [*self*] quanto na sociedade, na memória e na consciência, bem como em alvarás e livros contábeis, em descrições e confissões assinadas. E a experiência de um si individual corresponde a um novo tipo de sujeito da lei que toma forma nas escolas de direito de Bolonha e Paris, e se torna normativo, no decorrer dos séculos, para a concepção de pessoa, para onde quer que a sociedade ocidental estenda sua influência. Esse novo si e essa nova sociedade são realidades que surgem apenas dentro da mente letrada.

Em uma sociedade oral, uma afirmação passada só pode ser relembrada por outra similar. Mesmo em sociedades em que notações não alfabéticas são mantidas, a fala não perde suas asas; uma vez murmurada, ela se vai para sempre. Notações pictográficas ou ideográficas sugerem ao leitor uma ideia e é ele que deve, então, encontrar uma palavra correspondente. O texto alfabético fixa o som. Quando ele é lido, as frases do antigo *ditador* se tornam presentes. Um novo tipo de material de construção para o presente passa a existir; ele é feito das próprias palavras de falantes que há muito tempo já estão mortos. E, na Baixa Idade Média, a constituição do texto visível traz construções inteiras do passado, de maneira nova, para o presente.

Em uma sociedade oral, um homem tem que manter sua palavra. Ele confirma sua palavra fazendo um juramento, que é uma maldição condicional jogada sobre si mesmo caso ele aja de má-fé. Enquanto jura, ele agarra sua barba ou suas bolas, penhorando sua carne. Quando um homem livre jura, qualquer acusação contra ele é suspensa. Mas em um regime letrado, o juramento empalidece diante do manuscrito, não é mais a memória, mas o registro que conta. E se não há registro, o juiz tem poder de ler o coração do acusado. Então a tortura é introduzida nos procedimentos. O questionamento é aplicado e abre o coração, bisbilhotando-o. A confissão sob tortura agora toma o lugar do juramento e do ordálio. Técnicas inquisitórias ensinam o acusado a aceitar a identidade entre o texto que a corte lê a ele e aquele outro texto que está gravado em seu coração. A identidade dos dois conteúdos – do original e da cópia – só pode ser imaginada pela comparação visual dos dois textos. Uma miniatura de 1226 preserva a primeira imagem de um "corretor", um novo oficial que se debruça sobre o ombro do escriba para se certificar da "identidade" entre dois alvarás. É novamente uma técnica clerical que é refletida na nova lei da prova jurídica que requer que o juiz confira o que foi enunciado pelo réu contra a verdade no fundo de seu coração.

A mente letrada implica uma profunda reconstrução do si [*self*] leigo, da consciência leiga, da memória leiga, não menos do que da concepção leiga do passado e do medo leigo de ter que encarar o Livro do Dia do Apocalipse na hora da morte. Todas essas novas características, é claro, são compartilhadas pelos leigos e pelo clero: e são efetivamente transmitidas fora das escolas e *scriptoria*. Até agora, esse ponto tem sido amplamente negligenciado por historiadores da educação, que, focando principalmente na evolução do letramento clerical, veem nestas transformações do espaço mental apenas um produto secundário das habilidades das chancelarias. Historiadores exploraram bem o estilo de cartas, de abreviações, de integração entre texto e ornamento. Ampliaram nosso conhecimento sobre o impacto que a fabricação de papel e a nova superfície de escrita lisa teve na evolução de uma escrita cursiva no século XIII, algo que permitiu aos mestres escolásticos lecionar a partir de notas escritas com suas próprias mãos em vez de ditadas. Observaram o enorme aumento de uso de cera de vedação nas chancelarias. Podem nos dizer que, para uma sessão de tribunal na metade do século XIII, cerca de doze ovelhas perderiam suas peles, enquanto um século mais tarde seria preciso muitas centenas de couros para fazer os pergaminhos de que se precisava.

Se historiadores têm prestado atenção ao letramento leigo, ou mais geralmente à nova configuração tomada pela mente letrada, eles têm normalmente observado como ela toma forma entre o clero, como o novo si [*self*] passou a ser explorado como um novo domínio psicológico nas autobiografias de alguém como

Guiberto ou Abelardo, como as novas lógica e gramática escolásticas supunham a textualização visual da página. No melhor dos casos, alguns historiadores tentaram entender como o aumento da frequência com que romances *fabliaux* [populares], diários de viagem e homilias, que eram escritos para ser lidos diante de um grande público, haviam afetado o estilo no qual eram compostos.

Ainda assim, obviamente, enquanto escolas e *scriptoria* e as novas noções técnicas do letramento clerical foram essenciais para a difusão da mente letrada entre o clero, esses não foram os meios pelos quais o letramento leigo se difundiu.

Todos os detalhes que dei, tomados do final do século xii, que conheço melhor, ilustram o que quero dizer com o impacto que uma técnica letrada em particular pode ter sobre a formação da mente letrada de uma época. Ilustram o efeito que o texto visível teve – naquele momento em uma rede de outros conceitos que, na sua formação, são dependentes do alfabeto. Aponto para tais noções como si [*self*], consciência, memória, descrição possessiva, identidade. Seria tarefa do historiador estabelecer as épocas dessa rede, sua transformação sob a influência da *narratio* medieval tardia, da "ficção", das edições de textos críticos da Renascença, da prensa móvel, da gramática vernacular, do "leitor". Em cada etapa, o historiador da educação obteria novas inspirações ao começar sua pesquisa pelas evidências de novas formas de letramento leigo em vez de novos ideais e técnicas de professores. No entanto, meu apelo à pesquisa não é primariamente motivado por meu interesse nesse lado negligenciado da pesquisa educacional, que lida com fenômenos que ocorrem dentro do espaço cultural alfabético. Meu principal motivo para clamar por essa pesquisa está relacionado com a exploração desse espaço enquanto tal. Sinto-me, eu mesmo, ameaçado pelo declínio desse espaço.

Exílio da mente letrada

Ainda lembro do choque que tomei em Chicago em 1964. Estávamos sentados em uma mesa de seminário, em frente a mim sentava um jovem antropólogo. No momento crítico do que eu pensava ser uma conversa, ele me disse: "Illich, você não consegue me excitar, você não se comunica comigo". Pela primeira vez em minha vida percebi que estava sendo tratado não como uma pessoa, mas como um transmissor. Depois de um momento de desconcerto, comecei a sentir ultraje. Uma pessoa viva, a quem pensei que estava respondendo, experimentou nosso diálogo como algo mais geral, nomeadamente como "uma forma de comunicação humana". Imediatamente pensei na descrição de Freud dos três exemplos de ultraje doentio que se experimentavam na cultura ocidental: os *Kränkungen* [desrespeitos], quando o sistema heliocêntrico, a teoria da evolução e o postulado do subconsciente tinham que ser integrados ao pensamento cotidiano. Foi então 25 anos atrás que comecei a refletir sobre a profundidade da quebra epistemológica que eu proponho para ser examinada. Suspeito que ela vai além das quebras sugeridas por Freud – e ela é com certeza mais diretamente relacionada ao sujeito com os quais os educadores lidam.

Apenas após muitos anos de pesquisa sobre a história do espaço conceitual que emergiu na Grécia arcaica compreendi a profundidade com a qual o computador como metáfora exila quem o aceita – longe do espaço da mente letrada. Comecei então a refletir sobre a emergência de um novo espaço mental cujos axiomas geradores não estão mais embasados na codificação de sons de fala por meio de notação alfabética, mas sim no poder de armazenar e manipular "informação" em bytes.

Não proponho que examinemos os efeitos que o computador como ferramenta técnica tem em manter e acessar registros escritos, nem como ele pode ser usado para ensinar "os três Rs" [as matérias básicas]. Além disso, não peço por estudos sobre os traços que o computador deixa no estilo e nas composições modernas. Outrossim, convido à reflexão sobre uma rede de termos e ideias que conecta um novo conjunto de conceitos cuja metáfora comum é o computador e que não parece se encaixar no espaço do letramento, onde a ciência pedagógica originalmente se formou. Ao convidar para tal atenção, quero evitar a tentação de designar qualquer função causal à máquina eletrônica. Assim como aqueles historiadores que defendiam a ideia de que a prensa móvel fora necessária para moldar a mente Ocidental cometeram um grande erro pelo "pensamento linear", também seria um erro acreditar que o próprio computador ameaça a sobrevivência da mente letrada. Uma combinação de pequenas técnicas nos *scriptoria* dos monastérios do século XII criou o texto visível no qual uma evolução muito complexa de estilos de vida e imagens letradas encontraram seu espelho adequado, séculos antes de Gutenberg cortar sua primeira fonte. E eu suspeito que um historiador futuro verá a relação entre o computador e o declínio do espaço letrado de forma similar. Sob circunstâncias demasiado complexas para serem sugeridas, no pico do desenvolvimento econômico e educacional – durante o segundo quartil do século XX –, a rede de axiomas letrados foi enfraquecida e um novo espaço ou "estrutura" mental encontrou sua metáfora na Máquina de Turing. Seria insensato, nesse apelo, propor que essa nova quebra deva ser estudada. Mas, ao relembrar a estória contada por Orwell, espero tornar plausível que a exploração da quebra que estamos testemunhando é central para a preocupação de qualquer pesquisa sobre o que "educação" pode vir a ser.

É importante lembrar que, na época em que George Orwell trabalhou em 1984, a linguagem da teoria dos papéis [*role theory*] que Mead, Linton e Murdock haviam cunhado em 1932 estava apenas começando a ser utilizada em sociologia. O vocabulário da cibernética ainda estava confinado ao laboratório. Orwell, enquanto novelista, sentiu o estado de espírito do seu tempo e inventou a parábola para uma mentalidade cujos elementos ainda não haviam sido nomeados. Ele refletiu sobre os efeitos que o tratamento da fala como comunicação teria nas pessoas antes de o computador estar disponível para servir de modelo.

Em 1945, a Western Union pôs um anúncio no *New York Times* procurando empregar "transportadores de comunicação", um neologismo eufemístico para meninos de recado. O suplemento do dicionário de inglês *Oxford* dá esse exemplo como primeiro uso do termo em seu significado atual.

Assim, a novilíngua de Orwell é muito mais do que uma caricatura de propaganda política, ou que uma paródia do inglês básico [*Basic English*] – que nos anos 1930 o havia fascinado por um momento. Novilíngua, no final da obra, é, para ele, o símbolo de algo que então não tinha equivalente em língua inglesa. Isso fica claro na cena em que O'Brien, da Polícia do Pensamento, diz a Smith, a quem tortura: "Nós não apenas destruímos nossos inimigos, nós os mudamos [...] nós os convertemos, os moldamos [...] nós fazemos do nosso inimigo um de nós mesmos antes de matá-lo [...] tornamos seu cérebro perfeito antes de explodi-lo". Nesse momento, Smith, o anti-herói da novela, ainda acredita que o que O'Brien diz deve fazer sentido ao ouvinte. As páginas seguintes, então, descrevem como Smith é desiludido de sua mente letrada. Ele terá que aceitar que o mundo de O'Brien é sem sentido [*senseless*] e sem si [*selfless*], e que a terapia a que ele é submetido tem o propósito de fazê-lo participar desse mundo.

Winston Smith trabalha no Ministério da Verdade. Ele é especialista no abuso da linguagem: propaganda em forma de uma caricatura do inglês básico. Ele pratica distorções extremas que são possíveis na mente letrada. O'Brien tem a tarefa de levá-lo a um mundo inteiramente novo, um espaço que Smith deve primeiro "entender" e depois aceitar. O'Brien diz a ele: "Diga-me por que nos apegamos ao poder [...] Fale!". Winston, amarrado, responde: "Vocês governam sobre nós para o nosso próprio bem [...] vocês acreditam que seres humanos não são aptos para governar a si mesmos". Essa resposta teria agradado o inquisidor de Ivan na obra de Dostoievski, mas ela faz O'Brien aumentar a dor para "33 graus". "Procuramos poder inteiramente como um fim em si mesmo". O'Brien insiste que o Estado é poder e que ele antes havia feito Smith entender que esse poder consiste na habilidade de escrever *o* livro. Winston será uma linha nesse livro, escrito ou reescrito pelo Estado. "O poder está em estilhaçar mentes humanas em pedaços", diz O'Brien, "e recolocá-los no lugar em novas formas de nossa própria escolha". A tortura força Winston a abandonar sua crença de que a novilíngua é uma forma degradada de língua inglesa; ele "entende" que a novilíngua é uma troca de saber-fazer sem sentido, sem nenhum *porquê* e nenhum *eu*. Quando O'Brien mostra quatro dedos e os chama de "três", Winston deve entender a mensagem, não o orador. Sem conseguir encontrar uma palavra em inglês para a troca de unidades de mensagem entre máquinas, Orwell chama a relação pretendida de "solipsismo coletivo". Sem conhecer a palavra apropriada, nomeadamente "comunicação", Winston passou a entender o mundo no qual o estado de O'Brien opera. Orwell insiste que o mero entendimento deste mundo não é suficiente, ele deve ser aceito.

Para aceitar sua existência sem sentido e sem si [*self*], Winston precisa da terapia derradeira da "sala 101". Apenas após a traição que lá ocorre, ele passa a tomar como dado que ele é parte de "um mundo de fantasia no qual as coisas acontecem como deveriam" – nomeadamente, em uma tela. E para aceitar ser apenas uma unidade de mensagem de um poder sem sentido, Winston precisa primeiro apagar seu próprio eu [*self*]. Nem a violência nem a dor puderam quebrar o que Orwell chama de "decência". Para se tornar sem si como O'Brien, Winston deve primeiro trair seu último amor, Julia (na sala 101). Depois, quando os dois antigos amantes se encontram como cascas esgotadas, eles sabem que na sala 101 eles disseram o que quiseram dizer. Autotraição diante de ratos foi a última coisa que Winston *quis dizer*. De acordo com Orwell, apenas esse tipo de traição poderia integrar a vítima ao sistema solipsista de comunicação sem sentido do carrasco.

Eu agora recontei a fábula. É uma história do Estado que se transformou em um computador e dos educadores que programam pessoas para que venham a perder a "distalidade" entre o si e o eu que veio a florescer no espaço letrado. Eles aprendem a se referir a si mesmos como "meu sistema", e a "inserir" [*input*] a si mesmos como linhas apropriadas em um megatexto. No livro, Orwell fala de maneira jocosa. Ele conta mais do que um conto de advertência, mas ele não retrata algo que ele acreditasse que pudesse vir a existir. Ele cria o símbolo para o Estado que sobrevive à sociedade, comunicação entre desempenhadores de papéis que sobrevive à mente letrada; "pessoas" que permanecem após a traição da decência. *1984* é para Orwell o símbolo para algo impossível que seu gênio jornalístico fez parecer iminente.

Retrospectivamente, Orwell aparece para alguns de nós como um otimista. Ele acreditava que a mente cibernética se difundiria apenas como resultado de instrução intensiva. De fato, muitas pessoas agora aceitam o computador como a metáfora chave para si mesmas e para seus lugares no mundo sem pensar, sem necessidade de uma "sala 101". Eles atravessam calmamente e sem reclamar o domínio mental do letramento leigo para o do computador. E eles o fazem seguidamente com tão pouca competência no uso da máquina quanto os leigos do século xiii tinham no uso da caneta e do pergaminho. A mente cibernética engolfa um novo tipo de leigo sem a assistência de agências educacionais. Esse é o motivo pelo qual destaquei no início duas questões raramente formuladas: primeiro, há algum motivo para crer que a nova preocupação intensiva do *establishment* educacional com o letramento *clerical* universal possa, de fato, fortalecer e difundir a mente letrada? E, segundo, a escolarização agora se tornou um ritual de iniciação introduzindo alunos à mente cibernética ao esconder de todos os seus participantes a contradição entre as ideias letradas às quais a educação finge servir e a imagem computacional que vende?

Com essas sugestões, espero ter esclarecido o tema e argumentado pela urgência da pesquisa a favor da qual pleiteio. Essa pesquisa é embasada na fenomenologia histórica de postulados sobre a fala. Apenas a técnica do alfabeto nos permite registrar e conceber tal registro – no alfabeto – enquanto "linguagem" que *usamos* quando falamos. Uma certa visão do passado e de criar as crianças é determinada por esse postulado. A pesquisa pela qual reivindico poderia se dedicar a identificar os postulados que são característicos e próprios à "educação" apenas dentro desse espaço mental.

A pesquisa poderia ainda explorar o grau com que letrados e iletrados compartilham a mentalidade especial que surge em uma sociedade que usa o registro alfabético. Ela reconheceria que a mente letrada constitui uma esquisitice histórica de origem do século VII a. C. Ela iria ainda explorar esse espaço que é uniforme em suas características, mas diverso em todas as distorções e transformações que elas permitem. Finalmente, essa pesquisa reconhecerá a heteronomia do espaço letrado com relação a três outros domínios: os mundos da oralidade, os formados por notações não alfabéticas e, finalmente, o da mente cibernética.

Vocês podem ver que o meu mundo é o do letramento. Estou em casa apenas na ilha do alfabeto. Compartilho essa ilha com muitos que não podem ler nem escrever, mas cuja mentalidade é fundamentalmente letrada, como a minha. E eles estão ameaçados, como eu, pela traição daqueles clérigos que dissolvem as palavras no livro em apenas códigos de comunicação.

Mnemósine: o molde da memória[1]

Modos de passado

Todos temos o poder de nos lembrar do que ocorreu. Cada um compartilha com sua própria geração a habilidade de recriar o passado. A vida na sombra do passado é o que nos torna humanos. No entanto, de diversas maneiras as pessoas diferem por causa dos distintos passados que têm.

Cada um de nós consegue lembrar-se do seu próprio passado. Mas quanto mais velho me torno, mais valorizo as discrepâncias entre o que é unicamente meu no passado e o que outros podem compartilhar comigo. O passado que aparece nesse interstício é aquele passado que pode me surpreender. Pois mesmo quando nós crescemos juntos e depois lembramos do mesmo momento que vivemos juntos, a minha substância que é lembrada frequentemente não é a sua. E, além do mais, os acordes que o passado toca quando me vem podem dissonar daqueles que soam correspondentemente em seu coração. Apenas anos depois entendi, subitamente, que quando aqueles sinos dobram para o casamento, para você eles significam a morte. Essa é uma razão por que gosto de relembrar com outros: a noite maldita que fez com que eu me retraísse ao lembrá--la passou a vestir-se de trajes festivos quando você me contou dela.

Quando o passado é invocado, ele sempre vem vestido em trajes diferentes. E cada vez que ele passa, ele deixa algo de novo para trás, ele deposita uma camada recém-criada no casulo das minhas memórias. Sempre que tomo uma taça de vinho da Borgonha, aquela memorável tarde com meu irmão retorna, mas com cores novas.

1. "O objeto dos objetos: Uma elegia para o texto ancorado". Declaração de encerramento na conferência The Socio-Semiotics of Objects: The Role of Artifacts in Social Symbolic Processes. Universidade de Toronto, 24 de junho de 1990.

Essa diversidade do "mesmo" passado é tão fascinante e aventurosa que ela pode quase nos cegar para uma outra diferença, ainda mais fundamental, entre passado e passado. O passado retorna em modos bastante distintos, de acordo com a época histórica na qual ele é chamado. *Les Neiges d'Antan* se referem a um passado que é incomparável ao do "antigo relógio na escadaria". Muitos desses modos de passado eu tenho que conhecer por experiência. Quando entro em uma igreja – seja ela grega ou latina –, sei que estou em um templo erigido acima de uma tumba vazia. A ausência do santo durante a liturgia é de um tipo diferente da ausência de Carlos Magno quando discuto seus tesouros com um colega em um escritório. Graças à minha criação, tenho um senso espontâneo, embora um pouco vago, da diferença entre a rememoração litúrgica e acadêmica. E vivi por tempo suficiente em um vilarejo mexicano para sentir como os recém-mortos voltam no 2 de novembro, caminhando pelas linhas das flores de pétalas que lhes mostram o caminho da tumba para seus antigos lares. Apesar dos arrepios, sei que eles não voltam para ficar comigo.

Outros modos de passado estão completamente além da minha gama de sentimentos. Conheço-os apenas de ouvir falar. Meu corpo não sabe ouvir os acordes que eles parecem fazer soar em outros. Conceitualmente, posso me referir à experiência que corresponde à representação de ancestrais africanos ou ao retorno místico de deuses mexicanos. Mas o mundo no qual nasci e no qual fui criado apagou a realidade da ambiência na qual esses eventos podem ocorrer. E quanto mais reflito sobre relatos históricos sobre rememoração, melhor vejo que existe um abismo que separa o passado de agora e o de então.

Cultura como *Mnemósine*

O presente é o molde do passado. O que Franz Boas chamou de *cultura*, eu, seguindo o conselho de Aby Warburg, poderia da mesma forma chamar de *mnemósine*. O que mais é cultura a não ser a moldura dentro da qual as sombras voltam e são encarnadas?

Assim entendida, os costumes e símbolos, os rituais e artefatos de uma cultura podem ser imaginados como um corpo que ressoa quando o passado emerge. Como os padrões ondulatórios que se formam em um corpo de água quando ele é tocado por uma brisa, a cultura enquanto *mnemósine* é afetada como um todo pelos ventos de seu próprio além. Mas assim como as ondas ao longo de um corpo de água começam a murmurar e a borrifar quando chegam a um penhasco ou a uma margem, também existem linhas costeiras em cada cultura contra a qual a memória quebra.

Diferentes eras usaram diferentes aparatos para conjurar o que aconteceu: gregos usaram a lira; astecas, a flauta; bosquímanos, o tambor, para fazer com que o corpo inteiro de *mnemósine* ressoasse aos ritmos do passado. Miçangas e nós, pinturas e caminhos demarcados por montanhas e desertos, todos foram acionados para servir à iniciação ao passado. Francos usavam paus entalhados para recontar o número exato de palavras mágicas necessárias para o juramento. Os bardos tinham suas próprias técnicas, inúteis para os letrados. Os iorubás usavam máscaras em danças, e cristãos, assembleias em cima de uma tumba vazia.

Escrita como ponte

Algumas sociedades adotaram a escrita como uma rota privilegiada ao passado. Mas a escrita não é apenas um caminho sobre o qual sombras podem vir; é uma ponte para mensagens que foram deixadas, uma ponte que gera um abismo ao além. Ou então é como uma embarcação que leva memórias que foram registradas pelos mortos. Mas a escrita não é o principal material de memórias culturais, mesmo na maioria daquelas sociedades nas quais ela desempenha um papel proeminente. Também sobre esse ponto pode-se argumentar que a sociedade contemporânea, pós-máquina de escrever, é uma grande exceção. Muitos concebem e percebem suas memórias, acordados ou dormindo, como "textos" desamarrados, flutuantes.

As escritas do passado podem ser estudadas com diferentes intenções. Para o arqueólogo, a escrita é ela mesma um objeto do passado que sobrevive. Para o historiador, a escrita é um veículo por meio do qual ele pode recuperar os eventos ou percepções que o documento procurou registrar. Para o estudante do passado enquanto tal, a escrita tem uma função mais específica. Para ele, a escrita é um objeto privilegiado que permite a ele explorar duas coisas: o modo de lembrar usado em uma dada época e a imagem tomada por tal época sobre a natureza da memória e, portanto, do passado.

Na ocasião presente, quero seguir um aspecto muito especial da escrita, e perguntar o que ele pode me dizer sobre a percepção de passado de uma época. Quero me limitar à padronização da superfície pelo uso de letras e ao efeito que essa padronização tem na concepção de "memória" da época. Em outras palavras, quero examinar o poder do padrão de empaginação de significar o modo de rememoração e não o assunto que é lembrado por meio do conteúdo do escrito.

Meu tema é a empaginação como o molde da memória. Em qualquer molde, posso distinguir duas coisas: posso perguntar se a moeda será moldada de forma a ser redonda ou oval, pequena ou grande, plana ou convexa, *e* posso perguntar quem ela representará, o Rei Pepino ou Carlos Magno. Aqui, quero focar na página no primeiro sentido.

Não tenho dúvida de que em diferentes épocas a padronização da superfície de escrita moldou o conceito do que é a memória. Não posso provar isso aqui; posso apenas tornar plausível ao examinar um exemplo muito específico, nomeadamente, a superfície de escrita que tomou a forma de uma página de livro. Acredito que durante o século XII a página mudou sua função de molde, que um certo número de mudanças técnicas, todas afetando o arranjo das letras nesse momento em particular, fizeram da página de manuscrito uma ferramenta que transformou a noção de memória. Apesar de sutis, essas mudanças tiveram um efeito social poderoso. E elas ocorreram trezentos anos antes do tipo móvel ser usado. Elas apoiavam um novo conjunto de axiomas para o óbvio, sem o qual Gutenberg e Lutero, Leibniz e Descartes, *The New York Review of Books* e a Penguin Books nunca poderiam ter se tornado o que são.

O fim do antigo passado no século XII

Organizarei meu discurso sobre os escritos de um autor do século XII, Hugo de São Vítor. Ele foi um cônego regrante de Santo Agostinho nascido em Flandres por volta do ano de 1100 e criado na Turíngia. Ele veio a Paris na época em que Abelardo começara suas palestras sobre o método, e os arcos góticos da Catedral Basílica de Saint-Denis estavam sendo construídos, quando Pedro, o Venerável, trouxe o Corão de Toledo para traduzi-lo, e os primeiros trovadores estavam compondo músicas vernaculares. Ele morreu como o diretor da Escola de São Vítor. Hugo deixou uma vasta obra, e três de seus livros são particularmente adequados para mostrar a costura histórica que corre por sua relação com a página. Comentarei sobre a percepção da memória nesses três livros.

O primeiro é o *Didascalicon*, com o subtítulo *de arte legendi*. É o primeiro livro a fazer da "arte da leitura" o tema de um tratado. Os conteúdos explícitos do livro foram seguidamente examinados. Ao ler esse livro, eu ouvia o que Hugo dá a entender com relação a duas de minhas perguntas: o que ele fazia quando "lia"? E o que ele imaginava fazer? Qual era a atividade precisa de suas mãos, boca, língua, olhos e orelhas quando ele lia? E que significado ele dava às linhas, palavras, pergaminho, tinta e o que mais estivesse lá, em frente a ele, na página? Leio o *Didascalion* para aprender sobre a leitura de Hugo, e não sobre a substância de seu ensino sobre as sete artes. Fiz isso para me sensibilizar à etologia do aprendizado em seu tempo.

Conforme lia Hugo, me senti convidado a começar uma peregrinação pelas páginas. Movia-me com ele pela espaldeira das páginas nas quais palavras são penduradas como uvas que posso colher e das quais sou incitado a chupar a saborosa doçura da sabedoria. A leitura me é apresentada como uma atividade cinética, como uma degustação, como uma declamação que vai se tornar significativa apenas se eu abrir meus ouvidos. É claro, os olhos têm seu papel. Mas não é o papel que atribuo aos meus olhos quando leio hoje. Hugo imagina seus olhos como tendo uma dupla função: eles são uma fonte de iluminação, já que sua luz faz as palavras na página cintilarem, e são janelas que deixam entrar a luz da sabedoria que brilha por meio das páginas.

O segundo livro de Hugo que quero examinar é bastante curto. Hoje poderíamos chamá-lo de notas de classe. Intitulado *De tribus maximis circumstantiis*, é um manual para novatos muito jovens que precisam de instrução básica na arte de aprender de cor. Surpreendentemente, seu texto ficou desconhecido por muitos séculos, e a primeira edição impressa foi publicada em 1932. Embora pequeno, esse panfleto é de grande originalidade.

Desde a Antiguidade greco-romana, uma das primeiras coisas que um estudante tinha que aprender era a arte da memória. Até o começo do século XII, a memorização ainda era uma das habilidades básicas que um estudante de humanidades tinha que cultivar. Apenas ao longo das últimas décadas ela saiu de moda. Na Antiguidade, o estudante normalmente seguia o método que Cícero descreve. Ele era treinado a construir um "palácio" mental, uma morada fantasiada com muitos cômodos. Ele devia nomear aquelas passagens que queria lembrar com um emblema, por exemplo, uma maçã vermelha, e colocar muitas de tais frases marcadas em um desses cômodos imaginários, se quisesse tê-los presentes no momento de um debate. Nos confins de seu palácio, o pupilo adquiria a habilidade de correr com agilidade de um cômodo a outro, ele aprendia a estar pronto para encontrar as frases que havia preparado para uso nos exames na escola e em interrogatórios em tribunal.

Em *De tribus*, Hugo se coloca na tradição do treinamento da memória. No entanto, o noviço de Hugo é alertado para não ser precipitado. Sua memória não está sendo treinada para ataques e defesas legais, mas para a penetração contemplativa da Sagrada

Escritura. Ele aprende a ficar firme em um mesmo lugar, como se estivesse na banca do coral de uma catedral gótica cercado por muitas dúzias de quadros multicoloridos:

> Meu filho, a Sabedoria é um tesouro, e seu coração é o lugar no qual você deve guardá-la [...]. Existem lugares distintos para esconder ouro, prata ou joias. Você deve passar a conhecer esses diferentes lugares para recuperar o que você escondeu neles. Você deve se tornar como o cambista de dinheiro na feira, cujas mãos se movem rapidamente de uma sacola a outra, sempre buscando a moeda correta.

Essa fixação paciente e descansada do aprendiz em seu lugar próprio é para Hugo um equivalente ao aterramento da sabedoria. "A *Confusão* é a mãe da ignorância e do esquecimento. O *Discernimento* faz a inteligência brilhar e fortalece a memória." O pupilo deve colocar seu pé direito no começo de uma linha imaginária, sobre a qual ele então marcará a sequência dos numerais romanos em direção ao horizonte. Cada um desses numerais discretos do I até depois de XLVIII então servirá ao aprendiz como um tipo de parapeito no qual ele pode colocar um conceito ou um símbolo visual arbitrário que o rotula. Em uma dessas "escadas" ele pode listar todos os rios que aparecem na Bíblia: os quatro que fluem do Paraíso, os quatro que os israelitas tiveram que atravessar e os quatro que banham a Terra Sagrada. Em outra escada, as virtudes dos anjos ou dos apóstolos podem encontrar seu lugar. Enquanto o pé direito do noviço mantém a convergência de todas as linhas, ele buscará, como o cambista de dinheiro na feira, recuperar o que aprendeu.

A terceira obra que quero examinar é muito maior e feita de dois volumes. Ela contém um conjunto completo de regras para a construção da Arca de Noé no coração do pupilo. Não é destinada a noviços, mas a Irmãos adultos, embora o que pareça ser tomado como dado em seu círculo hoje rotularia alguém de aberração, de performante de circo. Assim como Noé salvou os animais durante a inundação, o pupilo preservará suas memórias no meio das violentas tempestades do mundo pecaminoso. Hugo descreve detalhadamente como essa arca deve ser construída: como uma caixa flutuante com muitos níveis, com escadarias de diferentes tipos, vigas e mastros. Essa jangada imaginária serve a Hugo como um imenso quadro de anotações tridimensional. O mastro e o leme, cada parte separada de cada portal, tudo está presente para ele em cada detalhe. E para cada um desses elementos estruturais ele anexou uma memória de algo. Cada pedaço suculento que ele tenha apanhado em sua peregrinação por meio das páginas de um livro, ele pendura em um ponto da arca no qual ele pode buscar quando medita no escuro. Com seus pupilos adultos, ele insiste que o monge deixou sua residência na terra; que ele veleja pela *historia* com o modelo da *historia* – a Arca de Noé – flutuando em seu coração. Se a Arca de Hugo fosse desdobrada em uma planta, com os rótulos em um tamanho legível, um pergaminho cobrindo uma sala de aula seria necessário para imprimir tudo que ele anexou à sua estrutura.

Memoria está morrendo como a floresta

Tentei repetidamente ler desses três livros aos meus alunos na Universidade da Pensilvânia. Toda vez um ou dois deles, muito intrigados, começaram a comparar suas próprias certezas com as de Hugo. Mas a maioria passou o semestre tentando fugir da necessidade de encarar a época em que as pessoas faziam toda a rememoração em vez de deixar o trabalho para as máquinas. Eles pertencem a uma geração que aceita não apenas o desaparecimento de florestas, mas também da *memoria*. Um aluno de silvicultura sugeriu uma analogia: sim, as florestas estão morrendo. Mas as florestas virgens não morreram há tempos? Por que as florestas mistas não deveriam seguir o mesmo caminho da extinção? A silvicultura estará lá, e leis garantirão a existência de parquinhos de diversões nesses locais. Isso trará as crianças para muito mais perto da natureza do que as perigosas florestas hoje permitem.

Quando meus alunos abrem um livro, eles não saem em uma peregrinação. Na era do gravador de fita cassete, convencer qualquer um deles a memorizar uma lista de datas se tornou difícil. E são raros aqueles colegas que tiveram o privilégio de ter um professor de retórica que treinou sua habilidade de relembrar. Memória, quando discuto a esse respeito com a maioria, tem algo a ver com decoreba e *megabytes*, ou com arquétipos e sonhos. Para eles, a página é um *pagus* – uma vastidão cultivada de campos e construções que convidam para uma caminhada –, é uma fantasia romântica ou um refúgio do inconsciente, não o outro lado da realidade, como é para Hugo. Algo ainda mais estranho parece ser a construção de um bote salva-vidas para a História no coração.

Não apenas dois conjuntos de metáforas incomparáveis, mas duas topologias mentais separam o mundo de Hugo do nosso. Dois tipos de páginas agem aqui como espelhos, como metáforas, e também como cogeradoras de dois espaços mentais distintos. Não conheço um jeito melhor de esclarecer a distância entre tais espaços mentais heterogêneos do que o exame das respectivas *páginas*. A disposição da página pode ser examinada como um espelho para a *Weltanschauung* da época, mas também como seu molde.

Comparação entre três "páginas"

Para fazê-lo, quero comparar não apenas dois, mas três tipos de páginas: a *pagina* pela qual Hugo imagina mover-se; o *texto*, familiar a estudantes do século XIII até o final do século XX; e a sombra eletrônica de um *arquivo de documento* digitalizado que o *Wordperfect* ou o *Wordstar* agora me permitem gerir na tela.

Nas duas últimas décadas, "texto" adquiriu um significado novo e vago não apenas na filosofia e na ciência, mas também na fala comum. Pode se referir a um parágrafo escrito em inglês, a um programa escrito em Pascal, a uma sequência característica de amino bases em um *gene* ou a sequência de tons em um canto de pássaro. Tendo sido criado sob a influência de uma mescla entre exegese bíblica e Karl Kraus, André Gide e Henry Louis Mencken, levou algum tempo para que eu, no começo dos anos 1960, me adaptasse aos novos usos dessa palavra na fala comum. Ainda me lembro de como percebi pela primeira vez esse transbordamento do uso estruturalista e biológico no significado de "texto", na época em que os departamentos de inglês passaram a ser parte da "escola de comunicação". Em 1970, mais por lealdade do que por convicção, concordei em escrever um prefácio para o livro de um colega. Quando a editora me enviou o produto final, fiquei perturbado pelo fato de que o "texto" de seu ensaio tinha sido radicalmente modificado desde que eu havia escrito o prefácio. Fiquei aborrecido com essa falta de respeito pela palavra escrita. Em uma festa, mais de uma década depois, encontrei o autor novamente. Queria saber o que ele estava fazendo agora. Eu era convidado em seu departamento, e por "fazendo" é claro que eu queria dizer "escrevendo". "Coisas fantásticas!", foi sua resposta. "Eu comprei um compositor de texto e você não imagina os tipos de coisas que ele pode fazer. Eu o alimentei com *nosso* livro, e ele me dá no final um texto completamente satisfatório." Eu não estava apenas chocado, mas ofendido quando vi um "texto" separado de qualquer página.

Até aquele momento, eu não tinha consciência de a que grau eu havia santificado o texto, a que profundidade eu estava em dívida com sua inviolabilidade. Simplesmente não consigo me desvencilhar de seu tecido. Diferentemente de Agostinho ou de Hugo, nasci em uma macroépoca da história ocidental durante a qual noções derivadas do texto definem a sociedade, a natureza e o ego. Não sou um velho rabino ou monge cujo lar é no objeto sagrado, que pode perambular pelo livro como se fosse um vale ou um deserto. Vivo em meio a cópias, artigos e edições críticas. Sou, por completo, um filho do mundo pós-medieval no qual tudo que é percebido é também fatalmente *descrito*. Meus olhos não vagam, eles absorvem o texto. Vocalizo e ouço o texto que absorvi. Nos tempos de Hugo, quando uma vaca mudava de dono, um juramento acabava a transação; uma mão na garupa da vaca e a outra na própria barba ou nas bolas enquanto palavras audíveis faziam a venda. Já cem anos depois, a troca era similar ao resultado de um alvará. O que confirmava que não era uma ação, mas um objeto que *descreve* o animal e ambas as partes. O nexo da coisa às pessoas não era mais jurado à possessão, mas certificado à detenção. A verdade passou a ser corporificada em protocolos. Esse é o mundo no qual nasci. Isso faz de mim alguém cada vez mais ultrapassado, um estranho em um novo mundo do texto sem-teto que aparece, fantasmagórico, para edição na tela.

O fim do texto livresco

George Steiner deu um nome à autoimagem que resulta de ter nascido no mundo do texto. Ele as chama de pessoas "livrescas" [*bookish*]. Segundo Steiner, ser "livresco" é uma singularidade histórica, um clima mental que resulta de uma coincidência única de técnica, ideologia e textura social. Depende da possibilidade de ter livros, de os ler em silêncio, de discuti-los *ad libitum*, em câmaras de eco, como academias, cafeterias ou periódicos. Esse tipo de relação com o texto tem sido o ideal de escolas. Paradoxalmente, no entanto, quanto mais as escolas tornaram-se obrigatórias para a maioria, menores se tornaram as porcentagens de pessoas que são livrescas nesse sentido. A maioria das pessoas nascidas na metade do século XX foi preparada pela escola para o texto na tela.

Para Steiner, o texto livresco vem com a impressão. Enquanto penso que essa fenomenologia do texto livresco é admirável, argumento que o caráter livresco único da percepção ocidental é mais velho que a técnica de impressão com caracteres móveis. Na minha opinião, o texto livresco passa a existir quando o texto visível passa por uma mutação, quando ele começa a flutuar acima da página e, trezentos anos antes da impressão, sua sombra pode aparecer aqui e ali, nesse ou naquele livro, em pergaminho ou na "alma". Isso aconteceu nos tempos da morte de Hugo, duas gerações antes de as universidades serem fundadas. O texto em si se tornou um peregrino que podia vir a descansar aqui e ali. Ele se tornou um barco cheio de bens que podia se ancorar em qualquer porto. Mas ele não podia ser lido, seus tesouros não podiam ser desembarcados, a não ser que ele parasse em um píer. Estou impressionado, mas não envergonhado em perceber o quão profundamente sou marcado por esse senso livresco do texto. E certamente não estou sozinho. Uma experiência quase trivial comprova isso. Vivendo como eu vivo, nas margens das instituições, uma coisa da qual tive que abrir mão há muito tempo foi o estenógrafo. Quando eu estava na casa dos vinte a trinta anos, parecia óbvio que eu podia chamar alguém e ditar. Foi assim que muito da escrita foi feito desde que a arte foi inventada. Depois veio o ditafone e, em seguida, o computador. Estenógrafos passaram a ser tesouros raros, secretários se tornaram caros, datilógrafos, meros operadores de máquinas gerenciadoras de textos, enquanto editores chamavam por disquetes. Para pessoas que não estão na organização, passou a ser obrigatório digitar o que haviam escrito à caneta, e isso significava aprender a usar o computador. Sob essas circunstâncias, tive a oportunidade de ensinar essa habilidade mínima para quase meia dúzia de meus sócios mais próximos. A máquina, afinal de contas, funciona como uma máquina de escrever para pessoas com dedos fracos, na qual algumas funções são adicionadas. E a primeira função que o novato deve aprender é o "DELETE". Observei como seis pessoas, todas elas leitoras eruditas, reagiram ao seu primeiro encontro com a tecla "delete": todas ficaram aborrecidas, duas chegaram a ficar doentes. O desaparecimento de uma frase bloqueada e o fechamento do vão por uma enxurrada de palavras foram vividos por eles como algo ofensivo. Não é assim que esquecemos, nem o comando "DESFAZER" é um análogo a como nós lembramos. Para uma mente livresca, há algo profundamente perturbador na forma pela qual a terminologia do criticismo humanista é apropriada pelo programador de comandos de máquina. O que aparece na tela não é *escrito*. É tão pouco uma escrita quanto o "cachimbo" de Magritte é um cachimbo.

    Quando me sento em frente a uma tela de computador, encaro um objeto que está além do horizonte estabelecido pelo letramento alfabético. Hieróglifos e códices maias estão além da linha do céu das letras. Mas, historicamente falando, essas antiguidades – como tabletes de argila assírios, textos piramidais e códices de cascas maias – estão fora de meu campo de visão interior, eles ficam além do horizonte atrás de mim. São modelos de pontes para o passado de outros tempos, tão distantes do meu texto quanto a ponte George Washington está das lianas que os incas entrelaçaram sobre os cânions dos Andes. O que encaro, o que está em minha frente, é uma inundação de arranjos programados que me treinam para selecionar, recuperar, bloquear, inserir, deletar, salvar, restaurar, mesclar, publicar e navegar, alternar entre arquivos que não estão presentes nem ausentes. E após passar um número suficiente de horas na frente da tela, ela tem um efeito sobre mim. Leva um tempo para meus olhos se readaptarem às paredes de adobe e os feixes no teto do cômodo no qual estou sentado. Descartar o *kit* de ferramentas de conceitos cibernéticos que utilizei para transferir meu *manu scriptum* para um computador requer um esforço.

Relembrar significa deixar as coisas aparecerem, deixá-las emergir debaixo da superfície da água, permitir-lhes sair da névoa. Também significa virar-se e olhar para trás com olhos saudosos, esticando o ouvido para apanhar um tom que se tornou fraco. Significa levantar os mortos conjurando suas sombras. Todas essas metáforas funcionam quando eu relembro e revisito o que foi esquecido. Mas não é isso que eu faço como historiador da página. Minha intenção aqui é redescobrir um antigo modo de passado. Quero recuperar a página como ela parecia para Hugo de São Vítor. Quero ganhar entendimento sobre a forma como a página trazia o passado de volta para ele. Sua *memoria*, e não o que a memória se tornou na era dos computadores, é o tema da minha investigação. E para ficar próximo desse tema, preciso de uma disciplina que me mantenha alerta à minha própria maneira de olhar, enquanto interpreto seus escritos sobre a *ars legendi*.

O caranguejo de Kuchenbuch

Em busca de uma disciplina historiográfica que recupere o passado sem jamais esquecer sua distância do presente, Ludolf Kuchenbuch encontrou uma parábola. Ele fala de historiografia por meio dos olhos de um caranguejo. A maior parte dos animais foge dando meia-volta, olhando para sua frente. O caranguejo se mexe para trás, enquanto seus olhos esbugalhados permanecem fixos no objeto do qual fogem. A tela é minha imagem para o presente. Escritos fenícios, hebraicos, cuneiformes e hieróglifos estão lá atrás, fora do meu alcance. Quero explorar o que acontece se eu começar a me mexer para trás, com meus olhos fixos no presente. E durante a primeira página de tal viagem cega ao passado, o que fica entre mim e a tela são coisas que eu lembro de minha própria experiência passada.

Conforme me mexo para longe da tela, na qual meus olhos permanecem fixos, a primeira parada que faço é a Universidade de Cornell. Não consigo esquecer a ocasião, a noite em que Che Guevara foi assassinado. Eu estava lá para estudar os arquivos de Myron Stykos que – com uma bolsa generosa da Fundação Ford – havia angariado milhares de editoriais latino-americanos lidando com controle de natalidade. Ele queria classificar os motivos pelos quais as pessoas concordavam ou discordavam de seu uso. Eu queria usar os mesmos materiais para descobrir o que significavam diafragma, "DIU", "pílula" e preservativo. Com seus recursos econômicos, Stykos havia mesmo naquela época sido capaz de usar um computador. Por uma noite inteira eu o reprogramei, esforçando meus conhecimentos limitados de Fortran. Esse foi meu primeiro encontro com a máquina. Se agora lembro da noite em claro no laboratório e as posteriores conversas com engenheiros, uma coisa fica clara para mim: então, 25 anos atrás, qualquer coisa que se aproximasse do compositor de texto que agora dou por dado não era utópica, mas certamente não era algo comumente considerado. Sem dúvida, a teoria da informação já havia começado a encharcar a fala comum. Análise de sistemas havia começado a entrar nas ciências sociais e "duras". A terminologia cibernética havia entrado na moda na academia. Mas em jornais, qualquer uso dessas novas palavras era francamente mistificador se não fosse explicado de alguma forma. Se eu tivesse subido da estação de trabalho, dado meia-volta e, na minha memória, caminhado para trás, para a metade da década de 1960, quase inevitavelmente eu teria mantido aqueles óculos especiais que uso para digitar meu manuscrito no *Wordperfect*. Eu teria voltado por meio dos livros que li desde então, de Penrose ou Moravec ou ambas as escritas primeiras e tardias de Chomsky, aos primeiros encontros com Foerster ou seus pupilos Varela e Maturana. Teria focado minha atenção em como aos poucos passei a ver as coisas como eu as vejo agora. Eu teria juntado materiais para a sociogênese de meus atuais conceitos e perceptos. Mas, me movendo para trás como um caranguejo, minha principal atenção se volta para como meu mundo era na época. Minha disciplina consiste em lembrar a surpresa enquanto seus elementos foram espalhados ou dissolvidos. Tento não olhar para um momento passado com um olhar de previsão, mas conhecer o presente com uma visão retrospectiva de caranguejo. Pela metade dos anos 1960, texto, apesar de não ser mais livresco, era ainda algo essencialmente relacionado ao papel e à impressão.

Conforme me movo dez anos mais atrás, até o fim dos anos 1950, perco a tela de vista. Apenas um brilho pálido acima de meu horizonte mental indica a *estação de trabalho* da qual parti. Na universidade, ninguém pensava seriamente em um "Departamento de Comunicação". Lembro-me de uma noite com biólogos visitantes em um restaurante de frutos do mar na costa sul de Porto Rico. Esses colegas haviam vindo para uma conferência sobre genética e falavam sobre informação que tinha sido textualmente codificada em genes. Entendi o que eles diziam: as analogias entre cadeias de mensagens e variações biológicas eram marcantes. Mas havia desde o começo algo assombroso para um medievalista: essas pessoas falavam mesmo de um texto submicroscópico no livro da natureza? A quem estava destinado esse texto misterioso? Levou anos para que eu resolvesse o desconforto mental que a necessidade de aceitar essa nova metáfora me causou. Era óbvio que esses biólogos usavam "texto" para uma sequência de caracteres que ninguém havia escrito, que ninguém era destinado a entender, que ninguém era destinado a interpretar. Eles falavam de "escrever" e "ler" como funções permitidas por coisas, não por pessoas.

Conforme reflito sobre essas duas primeiras estações no meu rastejar de caranguejo em meio a paisagens de inocência passada, sou tentado a parar na próxima estação: meu primeiro encontro com a ideia de que a linguagem pode ser estudada como um código. Lembrando-me de minha própria estrutura mental ao final dos anos 1940, e lembrando meus colegas das deles, eu teria uma distância suficiente do presente para descrever e depois analisar o golfo entre o espaço mental de então e o de agora. Se eu fizesse isso, minha principal atenção seria levada para o caminho no qual a existência do novo uso do texto afetou a mente popular em vez do discurso técnico ou científico. O impacto simbólico de coisas sugestivas, como "o" computador, que agem como símbolos sagrados, e o impacto simbólico de palavras conjuradoras, como "o" texto, apanhariam meu interesse. Mas, nesse momento, só quero criar o clima apropriado para tal análise. Quero alcançar isso ao voltar ao passado mais distante quando uma nova tecnologia teve um efeito vagamente comparável. Ao apontar as grandes dificuldades encaradas pelo historiador em interpretar a mudança da página em 1200 d. C., espero avivar a coragem daqueles que focam no passado recente. Ao iluminar o que vejo como o fim da era da leitura livresca, quero olhar seu começo e novamente, como o caranguejo, me mover para trás no tempo logo antes de a Universidade passar a existir.

Walter Benjamin inventou a sedutora imagem do "Anjo da História". Ele olha para trás e encara o vendaval do tempo que o empurra para trás, rumo ao presente. E diante dos olhos inabaláveis desse anjo, o naufrágio do tempo se estende. Como um caranguejo, eu me movo no sentido exatamente oposto. Enquanto o presente do qual eu venho permanece firme diante de mim, uma após a outra das minhas próprias certezas desaparecem da paisagem por meio da qual me movo para trás. Por volta do tempo em que os átrios românicos foram substituídos por portais góticos, minhas costas colidem com uma porta que abre conforme me mexo além dela e paro. Esse é o momento que Richard Southern chama de época de dobradiça [*hinge-time*] para tempos europeus ou modernos, mas que eu prefiro ver como o virar de uma página. De fato, gosto de imaginar que a porta na qual meu caranguejo mexeu é uma página manuscrita – isso me permite continuar meu devaneio. No claustro românico no qual vim a parar, posso ver dois objetos diante de mim: a porta que abriu para dentro e, perto dela, muitas outras páginas de um tempo anterior. E através da abertura da porta, muito ao longe, ainda posso ver um brilho vago de neon. Mantendo-me com muita disciplina na postura do caranguejo, continuo a encarar dois "textos" que estão no além, enquanto examino a *pagina* de Hugo que é adequada à era na qual cheguei. Essa disciplina pode ajudar a distanciar ambas as categorias livresca e eletrônica do texto que estou agora examinando.

O livro de Hugo [*Didascalicon*] começa com a frase que diz que ler é uma procura, um tipo de peregrinação. É procurar a luz que iluminará seus olhos. Conforme o leio, posso vê-lo no coral, pacientemente esperando o crepúsculo para revelar as cenas do vidro corado. As palavras ainda se iluminam; cada uma tem sua própria luminosidade, como as imagens das miniaturas da época pintadas no chão dourado. A luz pintada, que pela época do começo da prensa móvel começa a iluminar os personagens dos artistas da Renascença, não é do seu tempo. Tomás de Aquino, no século XIII, já consegue concebê-la quando fala de *lumen formale sub quo* como algo que podemos chamar de "perspectiva de uma disciplina". Não, Hugo quer plantar palavras luminescentes no coração de seus pupilos. Ele quer que seus estudantes memorizem tesouros. Quando colocadas em seu devido lugar, palavras podem ser costuradas, texturizadas na *historia*. Quando bem memorizadas, palavras iluminam umas às outras mutuamente nas analogias de seus significados.

O que quer que tenha sobrevivido à ira do Criador contra uma humanidade que se misturou com os gigantes recebeu seu lugar na Arca de Noé. O livro pode assim ser visto como uma Arca. O coração então contém um livro. O século XII é rico em maneiras de inculcar esse ponto. Devemos guardar o que deixamos entrar no nosso coração para preservá-lo de manchas. Antes de usar o pincel, a superfície do coração deve ser amaciada para que a tinta embeba a substância. Ninguém deve ser capaz de apagar esses traços. Eles devem ser firmes como em um pergaminho no qual o canivete não consegue cavar o que foi escrito sem criar um buraco. As cores devem ser sedimentadas em muitas camadas, bem polidas para fazê-las brilhar.

Arca significa "embarcação" e "baú". É um navio para objetos como para palavras. Quase sem gosto é o livro externo, *modi cum sapita est lectio, nisi glossam sumat ex corde*, a menos que obtenha seu som (também poderia ser bem traduzido por "sua língua") do coração. O que Hugo apanha no seu caminho por meio das linhas pode ser ouvido por sua orelha e degustado por sua boca. Seus lábios trazem o som das páginas, *voces paginarum*, como se fossem as cordas de uma lira. Nos escritos de Hugo a linha tênue entre coisas e palavras que alguns de seus contemporâneos tentam desenhar é ainda muito confusa. Ele lê oralmente, descrevendo a sensação que tal ato deixa nos lábios e na língua: doçura mais doce que o mel. Hugo está em meio a uma tradição de leitura murmurante, meditativa, gustatória e auditiva que foi iniciada pelos Padres da Igreja, especialmente Agostinho. Seria um erro grave confundir a *memoria* cultivada por essa leitura monacal e litúrgica com aquela outra *memoria* clássica, fomentada pelos professores romanos de retórica que prepararam políticos e advogados, treinando-os a usar palavras em arengas e discussões. Apenas quando a *memoria* medieval for entendida em contraste com perceptos de Cícero, seu final, por volta de 1200, será adequadamente entendido.

Hugo é o primeiro autor que conheço que olha além de sua própria época de leitura. Ele distingue três tipos de leitura, nomeadamente, para minhas próprias orelhas, para as dos meus ouvintes e aquela que é feita pela contemplação silenciosa da página. Como ele fazia esse terceiro tipo de leitura permanece um mistério para mim enquanto me sento, como um caranguejo, olhando para ambas, a página do próximo século, que se abriu como uma porta na minha linha de visão e – em contraste a ela – aquelas páginas que foram escritas antes da morte de Hugo em 1142. A página da Baixa e da Alta Idade Média não se destina a ser absorvida simplesmente pelo olhar. Ela clama por um deciframento cinestésico. Glosas invadem o espaço interlinear. Uma página se parece com a seguinte. Parágrafos são raros. Títulos ajudam muito pouco. Você pode voltar a um local físico no livro no qual a frase de que você se lembra será encontrada em um manuscrito em particular. Mas as técnicas de escribas não fazem quase nada para ajudar sua orientação visual em um "texto". Só posso imaginar a *pagina* que Hugo contemplou em silêncio como uma arca flutuando em seu coração e não como um objeto diante de seus olhos exteriores. Ele sabia em qual de seus cômodos entrar, acima de qual porta procurar por um lintel para encontrar a frase que havia fixado lá.

Isso é completamente diferente quando olho para uma página cem anos mais nova. A página se tornou o apoio para um texto graficamente articulado. A página não é mais um lugar de armazenamento para objetos, nem uma espaldeira para vinhas de palavras. A página cuidadosamente articulada sobre a porta cujo batente abre para trás, em minha direção, é resultado da fusão de uma dúzia de inovações técnicas. O que teria surpreendido Hugo são parágrafos, indentações, numeração de argumentos *ad primum... ad quintum*, o espaço entre as linhas que foi livrado das glosas. Estrelas e colchetes referem-se ao espaço onde a glosa deve estar. O texto principal está escrito em uma fonte maior. O escriba deve ter tido que calcular cuidadosamente o quanto dela cabe em cada página para que o volume correspondente das notas marginais ainda coubesse. Vermelho-mercúrio é usado para marcar citações como algo distinto das palavras do próprio autor. Na primeira página, encontro um índice que se refere ao número do capítulo ou mesmo ao verso. Títulos e subtítulos saltam aos olhos. Pode ainda haver um índice no final do livro que lista não apenas nomes, mas também coisas em ordem alfabética. A ideia de ordenar coisas pela primeira letra da palavra correspondente teria parecido, à geração de Hugo, algo peculiar. Isso é difícil de entender para nós até que lembremos que nós também ficaríamos enlouquecidos com uma lista de meses, dias da semana ou números de rua em ordem alfabética. Mas também temos dificuldade em lembrar quão novo o acesso aleatório era em uma sociedade na qual a leitura era sempre uma peregrinação, uma rota serpenteando daqui até lá. Quanto mais eu olho para as duas páginas próximas uma da outra, mais claramente vejo o nascimento de algo visível: uma textura verbal fixada pela escrita para ser apanhada em um relance. O texto pode agora ser visualizado, imaginado, concebido como algo que tem uma existência real, em separado de sua encarnação com essa ou aquela capa.

    Movendo-me contra o Anjo da História, cheguei ao ponto no qual o texto nasceu. A ideia do texto é algo comparável à ideia do alfabeto. Uma vez que o alfabeto foi inventado, ele estava lá, uma daquelas coisas que, uma vez que nasce, já é madura – como a roda, a coleira de cavalo ou o timão posto no eixo de um navio. Elas não podem ser significativamente melhoradas, mas podem ser usadas de maneiras completamente fora das expectativas. Foi isso que aconteceu com as letras quando se tornaram os elementos de que o texto visualizado é feito. E desde que o texto decolou da página, ele permaneceu uma metáfora poderosa. E assim como as letras foram os elementos dos quais a nova entidade foi feita, também o texto agora se tornou o elemento do qual um conjunto completamente novo de conceitos é derivado.

    Em física, Max Planck ressuscitou a metáfora do mundo como livro e do cientista como um "leitor" da natureza. Ele comparou o físico ao arqueólogo, tentando entender os traços deixados por uma cultura completamente alienígena que não tem a intenção de revelar nem o desejo de esconder algo do leitor. O primeiro a usar a escrita não mais como uma metáfora, mas como uma analogia explanatória, foi também um físico, o emigrante judeu Erwin Schrödinger. De Dublin, em 1943, ele sugeriu que a substância genética poderia ser mais bem entendida como um texto estável cujas variações eventuais tinham que ser interpretadas como variações textuais. Como um físico, Schrödinger se moveu completamente além de seu domínio ao formular esse modelo biológico. Apenas alguns meses mais tarde, o biólogo Avery demonstrou pela primeira vez que genomas podiam ser "inseridos" em bactérias, quase como uma glosa que escorrega para o texto principal de um manuscrito. Cada indivíduo no momento da fertilização podia agora ser visualizado como um texto original.

A ideia de Schrödinger afetou a noção de texto ao menos tão profundamente quanto a revolução escriba o fez por volta de 1200. Ele trouxe à existência algo novo, uma sequência de "letras" que exerce poder sem vir de uma mente ou ser destinada a ela. Desde Schrödinger, "texto" é um programa sem significado e sem sentido que age como um determinante para a organização de um processo.

A primeira pessoa a ter entendido a extraordinária consequência semântica dessa reformulação de texto como um comando sem autoria, não destinado a receber um sentido no ato de ler, é Erwin Chargaff. Celebrando o centésimo aniversário do primeiro isolamento de "ácidos nucleicos" (feito por Miescher em 1869), Chargaff diz, ao ler Schrödinger à luz dos experimentos de Avery: "Ainda que obscuramente, vi se desenharem diante de mim linhas muito rudimentares, uma 'gramática' de biologia". Chargaff entendeu que ao transformar a analogia animista de Schrödinger em um modelo explanatório, apenas quatro "bases" – e não uma grande variedade de "letras" – seriam suficientes para codificar a variabilidade da natureza viva. Foi também Chargaff que me fez entender a dupla consequência simbólica da nova linguagem da biologia. Primeiro, o pesadelo do letramento universal está agora sendo ancorado na habilidade de moléculas orgânicas de "ler" umas às outras. Segundo, progresso daqui em diante significa que o homem reprograma o livro da natureza.

Com esse comentário, o caranguejo saltou pela porta aberta que separa as páginas românica e gótica e pousou novamente diante do computador.

Letramento computacional e o sonho cibernético[1]

O Letramento Tecnológico foi posto na agenda pelo segundo ano neste encontro de educadores, engenheiros e cientistas. Este ano, o tema é tecnologia e a imaginação. A imaginação trabalha dia e noite. Quero falar sobre a imaginação diurna, quando as pessoas estão imersas em luzes neon. Apenas indiretamente farei menção às minicompetências em lidar com teclados, com interruptores e em frente a gráficos que fazem com que todos se sintam um pouco como *hackers*. Tão útil quanto possa ser, vejo esses pseudoletramentos principalmente como uma condição para manter seu senso de humor em um mundo que foi programado. Eu vou lidar com a máquina e sua lógica cibernética apenas enquanto elas induzem a um estado mental onírico. Estou preocupado com como nos manter acordados na era do computador.

É útil distinguir três maneiras pelas quais a técnica afeta a condição humana. Meios técnicos podem ser ferramentas nas mãos de um engenheiro. O engenheiro é confrontado com uma tarefa, e para tal ele seleciona, melhora e aplica uma ferramenta. De uma segunda maneira, as ferramentas afetam, à sua maneira, as relações sociais. Uma sociedade de telefones engendra algo novo, ainda chamado de "confiança", com relação às pessoas com as quais se conversa, mas não se pode encarar. Finalmente, todas as ferramentas tendem a ser, elas mesmas, poderosas metáforas que afetam a

---

1. Palestra proferida à Segunda Conferência Nacional de Ciência, Tecnologia e Sociedade sobre "Letramento Tecnológico" (Second National Science, Technology and Society on "Technological Literacy"), organizada pelo Projeto Ciência pela Ciência, Tecnologia e Sociedade (Science through Science, Technology and Society) na Universidade Estadual da Pensilvânia, Washington, Distrito Federal, EUA, fevereiro de 1987.

mente. Isto é tão verdade para o relógio quanto é para diferentes tipos de motores; é tão verdade para a página coberta com signos alfabéticos quanto é para o fio de *bits* binários. Os primeiros dois efeitos de ferramentas, nomeadamente o uso técnico e seu impacto na estrutura social, eu quero deixar de lado por hoje. Quero focar na cibernética enquanto metáfora dominante, quero falar do computador como um aparelho potencialmente alucinante.

Entretanto, antes de entrar nesse assunto, quero esclarecer mais um ponto: não estou falando da onipotência do computador de uma maneira generalizada, mundial. Não estou dizendo o que o computador como metáfora faz às crianças japonesas que estudaram ideogramas *kanji* todos os dias por três horas, ao longo de onze anos. Quero orientar nosso debate sobre adequação entre a metáfora cibernética e um estado mental particular, o espaço mental caracteristicamente europeu, ocidental, que por mais de mil anos tem sido formado pelo alfabeto e o texto alfabético como metáfora dominante. Sugiro essa restrição por três motivos: primeiro, porque o que sei sobre isso é principalmente conhecimento histórico; segundo, porque estou estudando a função das notações alfabéticas, enquanto elas têm sido consideradas geradoras de axiomas pós-medievais tipicamente europeus ainda não estudados; e, terceiro, porque quero convidá-los a discutir comigo o impacto do computador como metáfora não como um fenômeno sociológico, mas literário e histórico.

A ciência clássica foi criada por pessoas que gravavam o som das palavras por meio das quais discutiam a natureza. Não foi criada por chineses que por milênios têm expressado graficamente abstrações mudas. Até recentemente, cientistas naturais eram, acima de tudo, homens letrados. A ciência moderna é, portanto, um fruto da mente letrada, no sentido que este termo tem sido usado por Milman Parry ou Walter Ong. A máquina universal de Turing aparece como uma singularidade dentro desse espaço mental durante o ano crucial de 1932/1933. Proponho que exploremos como a metáfora cibernética proposta por Norbert Wiener tem afetado a topologia mental da mente alfabética. Quero descrever o modo desincorporado de percepção que corresponde ao estado mental alucinado pelo computador em contraste com a percepção característica da mente letrada.

Maurice Berman cunhou um termo excelente para esse modo de conceber e comunicar entre pessoas que estão chapadas na metáfora cibernética. Ele chama esse estado de "o sonho cibernético". Muitos de vocês conhecem Berman pela sua obra *Reenchantment of the World*, publicada em 1981. No momento, ele está trabalhando no seu novo livro, *Body of History*. Um artigo publicado no *Journal of Humanistic Psychology* dá uma prova atrativa do que está por vir.

Berman reconhece o ofuscamento daquelas certezas implícitas que davam forma à mente literal clássica. Ele destaca muitas tentativas de reconhecer modos alternativos de conscientização e observação. A maioria delas – de uma forma ou de outra – se coloca sob o guarda-chuva da New Age e, segundo Berman, a maioria delas tem uma coisa em comum: encorajam seus seguidores a se jogar no sonho cibernético.

Berman, nesse artigo, chega a tal conclusão examinando um conjunto de autores norte-americanos que recentemente têm sido influentes entre o público geral e que tendem a posar de cientistas desencantados. Ele reconhece a diferença enorme de linguagem, lógica e estilo entre Douglas Hofstadter, Frank Capra[2] e Ken Wilber, Jeremy Rifkin ou Rupert Sheldrake. Com destreza, ele apresenta seus respectivos padrões: paradigmas holográficos, campos morfogênicos, tempo real, ordem implícita. E, convincentemente, ele argumenta que todos eles se apressam em cair na mesma armadilha, que mesmo Bateson caiu quando reduziu o corpo, próximo ao fim de sua vida, a uma parte de um processo mental monístico.

Todos esses autores, em algum momento, dizem oferecer uma abordagem epistemológica à realidade que seria uma alternativa à conscientização mecanicista, empirista e livre de valoração que

---

2. Provavelmente, Ivan Illich se refere ao físico Fritjof Capra, autor de *O Tao da física* (1975) e *O ponto de mutação* (1982). [N. E.]

cada um desses autores atribui à "ciência atual" ou ao *establishment* científico". Mas de fato, segundo Berman, estes autores não fazem nada parecido com isso. Cada um deles, ainda que usando palavreados distintos, interconecta outro conjunto de conceitos que são relacionados à teoria da informação e então cria um sistema de referência puramente formal, abstrato e desincorporado que ele identifica com o que está acontecendo na sua própria mente. Esse estado mental, para Berman, é mais bem descrito como "sonho cibernético". É algo que coloca a mente em um estado que pode ser acomodado a qualquer situação. Para Berman, o sonho cibernético traz à plenitude a lógica de trezentos anos de ciência mecanicista. Eu preferiria dizer: ele representa uma "singularidade" – no sentido de que um buraco negro é uma singularidade no tempo-espaço.

Berman conta a história de uma amiga sua chamada Susan. Ela me impressionou tanto que não posso deixar de contá-la em mais detalhes. Susan é professora do Ensino Médio no norte da Flórida. Muitos de seus alunos têm computadores em casa. Quando Susan pede um trabalho para esses alunos, eles correm para suas máquinas. Eles as alimentam com as palavras-chave de Susan, para que elas encontrem materiais de bancos de dados, os compilam e então apresentam à professora como seus deveres de casa. Numa tarde, Frank, um desses alunos, ficou na sala com Susan após a aula. O trabalho naquela semana tinha sido sobre a seca e a fome ao sul do Saara. Frank queria saber mais sobre o material que havia impresso, e em algum momento Susan o interrompeu. Ela disse: "Frank, diga-me, como você se sente com relação a isso?". Frank a encarou por um momento e então respondeu: "Não sei o que você quer dizer". Nesse momento, o abismo entre Susan e Frank se tornou evidente. Michel Foucault teria falado de um abismo epistemológico. Deixe-me rascunhar ambas as mentes, a dela e a dele.

Para Susan, uma declaração é uma declaração; por trás de cada declaração há alguém que diz o que quer dizer. Além do mais, Susan não pode querer dizer nada sem sentir como o significado está corporificado. Quando ela soletra "fome desesperada", ela sente algo que ela não sente quando opera uma conta que dá "33".

Portanto, para Susan, as palavras que compõem uma frase são como tábuas de uma ponte para os sentimentos de outra pessoa. Para Frank, palavras são unidades de informação que ele compila em uma mensagem. Sua consistência objetiva e precisão denotativa, não suas conotações subjetivas, são o que conta. Ele opera sobre noções abstratas e programa o uso desses dados. Sua percepção está presa em sua cabeça. Ele controla redundâncias e ruídos. Sentimentos e significados suscitariam ansiedade, terror e surtos de afeições, e ele os mantém controlados, ele mantém sua compostura. O compositor de texto é o modelo que grava seu modo de percepção. Ele concebe seus sentidos como "perceptores" e seu ego como um proprioceptor.

Susan (agora tomada como tipo ideal) é um si mesmo perceptualmente corporificado. Suas expressões surgem da massa de carne e sangue, da floresta de sentimentos e significados que engolfam tudo que ela disse. Ela pode ser professora porque ela disciplinou significados e sentimentos sem os degradar. Com muitas dores ela treinou seu Descartes interno e seu Pascal interno a se vigiarem: a equilibrar mente e corpo, espírito e carne, lógica e sentimento.

Frank é, neste momento, para mim, o emblema do estado perceptório oposto. Ele se separou do marasmo dos sentimentos. Ele aprendeu como partir, deixar a atmosfera densa para trás e operar no espaço livre, sem gravidade. Ele se plugou no computador e ficou enredado no pensamento operacional. A fórmula de Turing o induziu ao sonho cibernético. Ele pode sobrevoar o Sahel, ver a terra ressecada, o camelo moribundo e registrar o desespero e a hostilidade emergentes. Sua mente é uma câmera que não distorce os sinais que não deixa entrar. Ele quer que Susan avalie os dados que tirou da tela e compilou em forma de "texto".

Susan e Frank são, ambos, pessoas. São responsáveis pelo estado mental no qual se encontram. Susan pode navegar entre o sentimentalismo romântico e a lucidez crítica, entre escolhas desleixadas e sensitivas de conotações, escolher a linhagem tradicional de autores na qual ela quer que suas metáforas se encaixem. Quando ela fala, ela faz uso das palavras que foram escritas, e pensar para ela é uma forma de soletrar silenciosamente as coisas. Essa referência constante ao alfabeto a torna diferente dos pré-letrados, mas também de maneira diferente, a torna diferente de Frank. Frank também é responsável pelo que faz. Ele pode usar a metáfora cibernética para o que faz quando fala como uma ferramenta analítica que perde mais do que modela. Ele pode usá-la como uma piada. Tal como Fromm, quando fala de encanamento mental, Frank pode referir-se a "inserir merda e sair merda". Mas ele também pode se tornar desleixado e deixar esta metáfora engolir todas as outras e finalmente passar ao estado que Berman chama de sonho cibernético.

Conforme ambas as formas de pensar se confrontam, elas podem se endurecer em ideologias. Conheci muitas Susans para quem o letramento se tornou uma ideologia anticibernética. Elas reagem aos computadores da mesma forma que fundamentalistas reagem ao comunismo. Para essas fundamentalistas anticomputador, uma viagem pela *computerlândia* e um pouco de diversão com controles são um ingrediente necessário para a sanidade nesses tempos. Aqueles entre vocês que estudam o letramento computacional às vezes esquecem a importância dele como meio de exorcismo contra o feitiço paralisante que o computador pode lançar. Mas conheço muitos Franks que, sob esse feitiço, se tornaram zumbis, um perigo que Maurice Merleau-Ponty previu claramente, quase trinta anos atrás. Ele, então, disse – e eu cito – que "o ciberneticismo se tornou uma ideologia. Nessa ideologia, as criações humanas são derivadas de processos naturais de informação, que por sua vez foram concebidos no modelo do 'homem enquanto computador'". Nesse estado mental, a ciência delira e "constrói o homem e a história com base em alguns índices abstratos" e para aqueles que se engajam neste sonho, "o homem na realidade se torna o *manipulandum* que pensa ser".

Quando descrevi Susan e Frank, mais cedo, em oposição um ao outro, separados por um abismo epistemológico, evitei dizer que eles se "encaravam". Para falar com Merleau-Ponty, o corpo de Susan é o "solo do sensível que emerge com cada palavra e gesto", e o corpo de Frank é o artifício sem rosto da "máquina informacional". Os dois não podem se encarar, e, para fazer "interface", Frank teria que escolher outro da sua laia.

Quando penso na vitrificação que a tela leva aos olhos de seu usuário, minhas entranhas se rebelam quando alguém diz que a tela e o olho se "encaram". Um verbo para o que acontece nessa situação ainda não havia sido cunhado quando Merleau-Ponty escreveu em 1959. O verbo foi criado dez anos mais tarde por McLuhan, e dentro de um ano "interfacear" era um termo corrente em psicologia, engenharia, fotografia e linguística. Espero que a Susan seja uma amiga que esteja à procura do rosto de Frank. Talvez Susan veja sua vocação em procurar o rosto de Frank.

Parte IV

Doze anos após Nêmesis da medicina: um apelo por uma história do corpo[1]

Doze anos atrás, escrevi *Nêmesis da medicina*. O livro começa com a declaração: "O *establishment* médico se tornou uma enorme ameaça à saúde". Ao ouvir isso hoje, eu responderia: "e daí?". O maior patógeno atualmente é, suspeito, a busca por um corpo saudável. E essa empreitada, é importante ressaltar, tem uma história. Enquanto causa pública, a busca primeiro aparece com a emergência do Estado-nação. Povos passaram a constituir um recurso, uma "população". A saúde se tornou uma norma qualitativa para exércitos e então, durante o século XIX, para trabalhadores, e mais tarde, para mães. Na Prússia, como na França, a polícia médica foi encarregada de sua aplicação. Mas a busca da saúde era também entendida como um direito pessoal, como a realização física do direito jeffersoniano à busca da felicidade. O sonho valetudinário de uma velhice ativa e a demanda da economia por trabalhadores produtivos e reprodutores férteis se mesclaram na ideia de saúde. Mas o que começou como um dever e um direito foi aparentemente transformado em uma necessidade premente. Em 1985, eu colocaria a fenomenologia histórica dessa nova necessidade no centro da pesquisa. Para muitos de nossos contemporâneos, a busca por saúde se tornou consubstancial à experiência de seus corpos.

Desde que escrevi *Nêmesis da medicina*, o caráter simbólico dos cuidados em saúde mudou. Americanos agora pagam mais dinheiro para profissionais de saúde do que gastam em comida ou em moradia. Um paradoxo instrutivo aparece: medicinas, psicologias,

---

1. Consulta sobre Saúde e Cura nos EUA, Universidade Estadual da Pensilvânia, Janeiro de 1985.

ambientes e arranjos sociais influenciam crescentemente como as pessoas pensam e sentem, enquanto os conceitos e teorias para os quais as profissões apelam são publicamente questionados. Como resultado, os gastos em vários e diversificados programas de bem--estar holístico aumentaram mais rapidamente do que os custos médicos. A saúde parece estar nas entrelinhas de metade das propagandas e ser a inspiração de metade das imagens da mídia. Alocações para segurança, ecologia, policiamento, educação e defesa civil são melhoradas se conseguem se associar ao cuidado integral em saúde. Portanto, a importância relativa do *establishment* médico dentro do setor de saúde foi reduzida. Uma mistura curiosa de práticas de autocuidado opinantes e detalhadas com um entusiasmo ingênuo por tecnologias sofisticadas tornam os esforços e a atenção pessoal dos médicos cada vez mais frustrantes. Suspeito que a contribuição atual da medicina à procura patógena por saúde seja um fator pouco importante atualmente.

Em *Nêmesis da medicina*, me dediquei a examinar o espectro dos efeitos gerados por agentes médicos. Chamei esses efeitos de "iatrogênicos", com um propósito retórico. Eu queria chamar atenção pública à pesquisa sobre a efetividade médica que foi desenvolvida no final dos anos 1950 e nos anos 1960. Minha conclusão dizia o óbvio: apenas uma pequena porcentagem da cura, do alívio da dor, da reabilitação, da consolação e da prevenção eram devidos à medicina. A maior parte desses resultados ocorria sem ou apesar da atenção médica. Além disso, a iatrogênese das doenças é comparável em importância à iatrogênese do bem-estar. O que soava chocante naquele momento, hoje se tornou lugar--comum. Em sua previsão para 1986, o Secretário de Saúde dos Estados Unidos estima que de 80 a 100 mil pacientes serão seriamente feridos pela hospitalização. Mas esse tipo de dano acidental a indivíduos era marginal com relação ao argumento central do meu livro. Escrevi para salientar os efeitos institucionais, sociais e culturais do sistema médico. No centro de minha análise estava a remodelação iatrogênica da dor, da doença, da deficiência e da morte, como a maneira pela qual os sujeitos experimentam tais fenômenos. As restrições culturais dessas experiências e seus impactos simbólicos, enquanto são mediados pela medicina, eram do meu interesse. Não estou insatisfeito com meu texto, no que se refere a ele, mas estou angustiado por ter estado cego a um efeito iatrogênico simbólico muito mais profundo: a iatrogênese do corpo em si. Negligenciei o grau com que, na metade do século, a experiência de "nossos corpos e nossos eus" [selves] havia se tornado o resultado de cuidados e conceitos médicos.

Não reconheci que, além da percepção da doença, da deficiência, da dor e da morte, o próprio percepto-corpo havia se tornado iatrogênico. Portanto, minha análise foi deficiente em dois sentidos: não esclareci a Gestalt histórica do percepto-corpo daquele período nem o papel da medicina em moldá-lo. E uma vez que eu não estava ciente da natureza iatrogênica do corpo experienciado, não explorei sua metamorfose: a emergência de um percepto--corpo congruente com um estilo de vida pós-profissional de alta tecnologia. Para criar perspectiva sobre uma metamorfose contemporânea, a história do corpo se tornou, para mim, uma condição importante para uma vida examinada nos anos 1980.

Encontrei a história do corpo pela primeira vez ao ensinar sobre a Idade Média. Em meus cursos sobre o século XII, eu foco na emergência de certas ideias, em temas e conceitos para os quais a Antiguidade não tem verdadeiros equivalentes, mas que no nosso tempo são vivenciados como certezas. Um deles é o que chamamos de "nós mesmos". "Até cerca de trinta polegadas a partir do meu nariz / vai a fronteira da minha pessoa", escrevera W.H. Auden em um de seus poemas. Se você não tem certeza sobre esta distinção entre você mesmo e outros, você não consegue se encaixar na sociedade ocidental. Há um consenso de que este senso de si emerge com as cruzadas, com as catedrais, com o campesinato e os vilarejos europeus. Além disso, suas formas sucessivas e seu contraste com diferentes culturas é um assunto já bem estudado.

Pouca atenção foi dada ao fato de que o si [self] ocidental é experienciado como carne e sangue, que o nascimento do eu dotou a Europa com um corpo de experiência diferente de qualquer outro. Em colaboração com uma colega que estuda o corpo no princípio do século XVIII, desenvolvi conceitos necessários para uma fenomenologia histórica do corpo. E logo conheci outros interessados nas mesmas questões em diferentes períodos e contextos. Conforme a história do corpo toma forma, somos capazes de entender como cada momento histórico é encarnado em um corpo específico de cada época. Nós agora começamos a decifrar o corpo da experiência subjetiva como uma encarnação única do *ethos* de uma era. Por meio desses estudos, aprendi a ver o corpo ocidental como uma corporificação progressiva de si [*self*].

Procurando por um elemento comum que pudesse me ajudar a interpretar as diferentes mudanças na transição de uma visão de mundo românica para uma gótica, me deparei com a noção de uma história do corpo. Eu precisava explicar como o odor da santidade pôde desaparecer entre 1110 e 1180, como relíquias passaram a curar à primeira vista, as circunstâncias sob as quais os corpos das pobres almas no purgatório assumiam suas formas. Por que os zoomorfos que decoravam o interior das igrejas românicas se tornaram gárgulas em posição de decolagem no exterior das catedrais góticas? Como a figura de Cristo, de braços abertos e roupas de realeza, se tornou, pelo ano 1200, o corpo nu, martirizado, pendurado em uma cruz? Como explicar São Bernardo, ao treinar abades para mil monastérios cistercienses reformados, e ao ensinar esses homens a amamentar seus jovens monges com o puro leite de Cristo? E, o que é mais importante, devido às imensas consequências sociais, comecei a entender o contexto no qual as ideias modernas de sexo e casamento tomaram forma. Homens e mulheres foram dotados de corpos "humanos" que cada si [*self*] poderia dar ao outro, portanto criando laços de parentesco entre suas respectivas famílias, não pela vontade dos anciãos, mas por um contrato legal entre indivíduos que trocam direitos sobre o corpo.

Passei a ver que existia um conhecimento distinto do corpo como local primário de experiência. Esse corpo, específico a um período mas sujeito a profundas transformações que às vezes ocorrem em períodos relativamente curtos de tempo, era paralelo ao corpo que era pintado, esculpido e descrito, embora claramente distante dele. Essa percepção e esse entendimento me revelaram o tipo de crítica de que *Nêmesis da medicina* precisava. No centro do meu argumento, eu havia posto a arte de viver, a habilidade culturalmente moldada e a vontade que alguém tem de viver sua era, carregando-a, suportando-a ou apreciando-a. Enquanto filósofo, eu estava interessado em fomentar e proteger essa arte e suas tradições em uma época de intensa medicalização do cotidiano. Tentei mostrar que a arte de viver tem um lado radiante e um lado sombrio, é possível falar de uma arte de desfrutar e uma arte de sofrer. Sobre esse ponto, fui criticado por algumas pessoas que questionavam meus motivos para redefinir "cultura" de uma maneira subjetiva. Meus críticos diziam que, ao enfatizar os benefícios de uma cultura que é o modelo e o resultado de uma "arte de sofrer", eu falava como um masoquista romântico ou como um pregador ansioso por refrear qualquer expectativa de progresso. Outros aplaudiram minha tentativa de enraizar o conceito de cultura em um significado vivenciado de sofrimento pessoal.

A história do corpo, no entanto, me levou a ver o que genuinamente faltava em minha análise. Ambos, o desfrute e o sofrimento, são conceitos abstratos. Eles nomeiam formas opostas nas quais sensações são culturalmente incorporadas. O desfrute se refere à encarnação cultural do prazer, e o sofrer, à topologia da frustração, da depressão, da angústia e da dor. Cada era tem seu estilo de experimentar a condição humana que tradicionalmente tem sido chamada de "carne".

Até recentemente, eu via o corpo como um fato natural que fica de fora do domínio do historiador. Eu não tinha entendido a diferença, que pode ser grande, entre o corpo vivenciado e outros objetos menos efêmeros que o historiador deve examinar pelo seu uso e significado. Meu espanto ao não encontrar um corpo como o meu no século XII me levou a reconhecer o "corpo" iatrogênico dos anos 1960 como o resultado de uma construção social que pertencia apenas a uma geração.

Percebo que o sistema médico não pode engendrar um corpo, mesmo se cuidar de alguém da sua concepção até a sua morte cerebral. Em todas as épocas, corpos existem apenas em contexto. Formam o equivalente sentido de uma era, enquanto essa era pode ser experimentada por um grupo específico. Na maior parte dos períodos, as mulheres parecem ter tipos diferentes de corpos em relação aos homens, e servos, tipos diferentes daqueles de senhores. É o sentimento do paciente que diz ao médico o que receitar. Os primeiros a consertar os novos moinhos de vento que apareceram no século XIII, os mecânicos itinerantes, eram evitados pela gente da cidade como do campo por causa de sua sensação assombrosa.

Na sociogênese de nossos corpos, o transporte desempenha um papel tão grande quanto a medicina. Corpos que requerem transporte diário eram algo impensável poucas gerações atrás. Dizemos que "vamos a tal lugar" quando dirigimos ou voamos. Manuais de engenharia falam em "autolocomoção" quando usamos nossos pés no lugar de um elevador. Nos sentimos com direito a muletas de alta-tecnologia, despojados se temos que voltar a usar nossos pés. Posso entender o corpo dos americanos durante o período da guerra do Vietnã como pertencendo ao *homo transportandus*, e caricaturar tal corpo como o consumidor de Diazepam, apavorado pelo câncer. Mas após algum estudo, vejo que os termos mais aptos devem se referir a uma transição que agora acontece: a dissolução do corpo iatrogênico dando lugar a um corpo feito para e pela alta tecnologia. Ao escolher o adjetivo "iatrogênico", destaco a relação especial entre o *establishment* médico e a percepção corporal, uma relação que agora se dissolve diante dos meus olhos. Eu vejo algo ocorrendo.

Por volta da metade desse século, o *establishment* médico chegou a uma influência sem precedentes sobre a construção social de corpos. *Designers* se referiam às normas médicas para criar novos móveis ou automóveis, escolas e mídia inundaram a imaginação com fantasias médicas e/ou psiquiátricas, e as estruturas dos sistemas de bem--estar ou de seguros treinaram a todos para serem pacientes. Nós experimentamos um momento especial na história quando uma agência, nomeadamente a medicina, não estava longe de exercer monopólio sobre a construção social da realidade corpórea. Normalmente a geração do corpo sentido não pode ser atribuída a uma única agência. Quando a praga chegou a Florença entre 1622 e 1623, nenhum sistema de cuidado em saúde foi mobilizado. Em um estudo notável, Giulia Calvi descreve como a cidade inteira esteve à altura do desafio do flagelo.[2] Barbeiros e cirurgiões, com fabricantes de velas e vendedores de sais aromáticos, magistrados e coveiros, capelães de santuários especiais para casos desesperados e comerciantes de incenso, cada um teve sua resposta particular para a epidemia. Cada "guilda" foi mobilizada para se tornar um "anticorpo" para a praga. A carne de cada florentino, homem ou mulher, angustiado ou doente, foi tomada, interpretada e refletida por diferentes espelhos. Nenhum corpo profissional pôde por si mesmo abranger a carne afligida em um único espelho. Nenhuma agência foi dotada com o poder de estabelecer o corpo sentido enquanto tal. A aposta da metade do século XX por tal monopólio por parte da medicina foi sem precedentes e, como se vê, de vida curta.

Passei a acreditar que o *establishment* médico perdeu sua reivindicação durante os últimos dez anos. O poder profissional sobre a definição da realidade chegou a seu apogeu e está agora em declínio. Neste momento, uma mistura confusa de sabedoria de alta tecnologia e de ervas, bioengenharia e exercício autônomo opera para criar uma realidade sentida, incluindo a do corpo. Vinte anos atrás era comum se referir ao "corpo que eu tenho" como "meu corpo". Sabemos que essa referência à propriedade na fala cotidiana é pós-cartesiana. Aparece pela primeira vez em todas as línguas europeias com a difusão do individualismo possessivo, um fenômeno bem descrito por C. B. McPherson. Mas agora

---

2. Giulia Calvi. *Storie di un anno di peste: comportamenti sociali e immaginario nella Firenze Barocca*. Milão: Bompiani, 1984. [N. T.]

encontro frequentemente jovens que sorriem quando alguém não se "identifica" com o seu corpo. Falam do corpo que "são", mas então paradoxalmente se referem a ele como "meu sistema". Durante os anos 1960, a profissão médica foi proeminente em determinar o que o corpo é e como ele deve se sentir. Durante os anos 1970, ela começou a compartilhar o poder de objetificar as pessoas com outras agências. De um empreendimento que objetifica as pessoas enquanto corpos ou psiques, um novo modelo surgiu que engendra pessoas que objetificam a si mesmas: aquelas que concebem si mesmas como "produtoras" de seus corpos. É, até agora, apenas uma parte de uma nova matriz epistemológica em processo de formação. Pode ser que seja uma que põe em evidência pessoas que experienciam a si mesmas contribuintes de um programa de computador complexo, que se veem como parte de seu texto. Nada me parece mais importante agora do que a clara distinção entre a tendência atual rumo à "construção do corpo" e a arte tradicional de incorporar a cultura.

A construção institucional de um novo fetiche: a vida humana[1]

Senhoras e Senhores. No dia primeiro de janeiro de 1988, assim vocês me informaram, a Evangelical Lutheran Church of America passou a existir. É o resultado da fusão de três Igrejas antecessoras. Com 5,6 milhões de membros, é a quarta maior Igreja cristã dos Estados Unidos. Essa Igreja e seu bispo convocaram uma conferência que vocês nomearam de "encontro de planejamento". Sou um dentre meia dúzia de forasteiros que foram convidados para comentar sobre o contexto que a missão da nova Igreja deve abordar.

Pediram-me que tratasse de algo chamado "recursos e instituições". Tomo esse desafio fazendo-os refletir sobre uma característica das instituições do século xx: sua habilidade de gerar entidades que podem ser definidas como necessidades básicas e que, por sua vez, definem recursos que são percebidos como sendo escassos. Para ilustrar meu ponto, sugiro que olhem para a relação institucional da Igreja com uma nova entidade chamada "vida", uma noção a qual tem sido referida amplamente como "*uma* vida", "vidas americanas", "vida humana na Terra" e por alguns como "Gaia, a vida da biosfera". Estas palavras são, agora, frequentemente usadas no debate público e se referem a um novo tipo de construto social: uma entidade da qual ninguém ousa se livrar. Analisando esse discurso, sou levado à conclusão de que a vida "entitativa", o sujeito desse novo discurso, é referida como algo precioso, ameaçado, escasso. É também referida como algo

---

[1]. Apresentado como um "Encontro de Planejamento" da Evangelical Lutheran Church in America. Chicago, 29 de março de 1989.

passível de gestão institucional, algo que convida para o treinamento de cada vez mais novos especialistas, de cientistas de laboratório a terapeutas e cuidadores profissionais. Muitas Igrejas cristãs reivindicam uma responsabilidade imanente como guardiãs da "vida" ou como especialistas na sua definição. Por outro lado, a "vida na Terra" desempenha um papel crucial na nova mitologia e filosofia das ecociências e é discutida como o recurso derradeiro a ser protegido. A vida é um exemplo eminente de um postulado que é conveniente para a expansão do controle institucional sobre recursos que, por não serem examinados, assumem as características de uma certeza.

Apresentarei cinco observações históricas para embasar a minha tese. Darei a cada uma delas a forma de um pequeno plano de estudos. Tal organização do meu material, na forma de unidades conceituais que poderiam servir como esquemas para aulas ou seminários, torna mais fácil para vocês a condução do debate para o qual me convidaram. Ela também sugere as linhas para um projeto de pesquisa histórica e teológica. A Igreja Luterana à qual devemos a liderança no campo de estudos bíblicos pode tomar a liderança na exploração da relação entre a vida na Bíblia e a acepção dada ao termo atualmente.

Philip Hefner me pediu para fazer uma apresentação potente para gerar uma resposta teológica e uma discussão centrada em temas concretos. Então começo postulando uma tese:

> A "vida humana" é um construto social recente, algo que agora concebemos tão desapercebidamente que não nos atrevemos a questionar de maneira séria. Proponho que a igreja exorcize referências à nova vida substantiva de seu próprio discurso.

A vida constitui um referente essencial nos atuais discursos ecológico, médico, legal, político e ético. Aqueles que o usam esquecem consistentemente que a noção tem uma história; que é uma noção ocidental, em última análise, o resultado de uma perversão da mensagem cristã. E é também uma noção altamente contemporânea, com conotações confusas que impedem a palavra de denotar qualquer noção precisa. Pensar em termos de "uma vida" e "vida humana" conota vagamente algo de extrema importância e tende a abolir todos os limites que a decência e o senso comum até agora impuseram ao exercício da tutelagem profissional.

Da maneira que são usadas atualmente, as palavras "vida" e *"uma* vida" alimentam o ídolo mais poderoso que a Igreja já teve que encarar ao longo de sua história. Mais do que a ideologia das ordens imperiais ou feudais, mais do que o nacionalismo ou o progresso, mais do que o gnosticismo ou o iluminismo, a aceitação da vida substantiva como uma realidade dada por Deus se presta a uma nova corrupção da fé cristã. O que temo é o seguinte: que as Igrejas, devido a uma falta de enraizamento firme na linguagem bíblica, mobilizem o poder que possuem de criar mitos, enquanto instituições do século xx, para fomentar, consagrar e santificar a noção secular e abstrata de "vida". Ao levar adiante esta empreitada profundamente "religiosa" e igualmente não cristã, elas possibilitam que essa entidade espectral substitua progressivamente a noção de "pessoa" na qual o humanismo do individualismo ocidental se ancora. *"Uma* vida" é passível de gestão, de melhoria e de avaliação em termos de recursos disponíveis de uma forma que é impensável quando falamos de *"uma* pessoa".

Paralisia da linguagem em um mundo gerido

Estou transformando a ideia de gestão em um problema-chave do encontro entre Igreja e Mundo. Faço isto porque é por meio da gestão que se formam e confirmam aquelas certezas em virtude das quais nossa sociedade está organizada neste fim de século xx. Quero destacar os perigos em vez das oportunidades relacionadas ao endosso da Igreja a essas realidades, em colaboração com outras instituições.

A dificuldade de me referir a vocês neste assunto específico aparece na própria frase nas cartas sobre esta conferência que me enviaram ao longo dos últimos sete meses. Deixem-me ilustrar por meio de uma caricatura. No primeiro parágrafo da primeira carta, vocês falam sobre uma Igreja que "veio a existir" não no Pentecostes, mas em 1º de janeiro. Vocês nos informam que esta Igreja resultou não da vontade de Deus, mas da fusão de três instituições antecedentes. Esta Igreja tem um bispo, mas um que é cercado de um corpo executivo, uma equipe que se organiza para planejar. Com uma inocência tocante, as agências similares ao Vaticano dos anos 1980 se apresentam em termos gerencialistas. Agora, não estou desafiando a necessidade de competência em contabilidade, serviços bancários, limpeza de janelas e angariamento de fundos. Não estou sequer questionando relações públicas, estatísticas e *lobby*. E penso que devemos chamar as coisas pelo seu nome. Mas a *inocência* com a qual as pessoas da igreja aplicam às pessoas de suas comunidades metáforas emprestadas de corporações merece mais atenção. Deixem-me contar-lhes uma história.

Um dos meus grandes professores foi Jacques Maritain, filósofo, neotomista, poeta místico e, em certo momento da história, um colega de Einstein no Instituto de Estudos Avançados em Princeton. Era 1957, o segundo ano após minha transferência de uma paróquia de um bairro pobre em Nova York para a administração da educação pública de Porto Rico. Eu havia me envolvido profundamente no poder recém-estabelecido do conselho planificador de qualificação de mão de obra do governo da ilha. Estava profundamente aborrecido por conta das ambiguidades filosóficas para as quais o planejamento *não* da Igreja, mas de algo chamado *mão de obra qualificada* estava me levando. Os dicionários não me ajudavam: "planejamento" não aparece no suplemento pré-guerra do *Oxford English Dictionary*, apesar de ter sido lançado na mesma época por Hitler, Stalin e Roosevelt. Então, na minha visita seguinte ao continente fui ver o professor Maritain, que anteriormente havia guiado meus estudos sobre a história da prática e teoria da virtude no Ocidente cristão. Como eu poderia encaixar "planejamento" no sistema tradicional de hábitos responsáveis no qual eu havia aprendido a pensar? Eu tinha muita dificuldade de explicar para aquele senhor o significado do termo que eu estava usando: planejamento não era contabilidade, nem legislação, nem algum tipo de tabela horária de trens. Tomávamos chá na sua varanda. Seria a minha última visita a ele. Admirava seu lindo rosto, próximo da morte, transparente, como um daqueles patriarcas pintados em janelas góticas. A xícara em sua mão tremia. Então, finalmente, ele a largou, parecendo perturbado, e disse: "Esse planejamento do qual você me fala não é um pecado, uma nova espécie de vício que se desenvolve da presunção?". Ele me fez entender que, ao pensar sobre seres humanos como recursos que podem ser geridos, uma nova certeza sobre a natureza humana poderia ser trazida à existência sub-repticiamente.

Hoje pareceria bobo examinar a noção de planejamento no contexto das virtudes cristãs. "Planejamento" há tempos adquiriu o *status* público de uma técnica testada e aceita. Hoje se tornou impensável questionar o *status* epistêmico de noções como "gestão", "controle", "comunicação", "profissionalismo" e outras ideias correlatas. Dando a impressão de que sabem do que falam, conferencistas aplicam esses conceitos imprudentemente a quase qualquer assunto que escolham. Por exemplo, uma vez que "mão de obra" se tornou um tema de pesquisa, de planejamento, de desenvolvimento, de investimento e de melhoria, o fantasma da "mão de obra" assume as características de uma realidade compacta. Mesmo as crianças aprendem a pensar em termos de *recursos humanos*. Seus jogos populares inculcam políticas, programas, tomadas de decisão. Ao longo da vida, o conceito de escassez de recursos que precisam ser geridos adquire a aparência de uma certeza a-histórica. A onipotência das instituições modernas consiste em sua habilidade de criar e nomear a realidade social que os *especialistas* institucionais precisam como a substância que gerenciam.

O poder da gestão de *nomear* normas de saúde, educação, equilíbrio psíquico, desenvolvimento e outros ídolos modernos não é menos importante do que seu poder de criar de fato o contexto social no qual um padrão com relação a esses "valores" é vivenciado como uma *necessidade* que por sua vez se traduz em um direito. Este ponto é de particular importância dentro da tradição da Igreja Luterana, com seu intenso conhecimento do dever da Igreja de anunciar a Palavra de Deus. A crítica evangélica do universo da terminologia burocrática que penetra e dá o tom de conversas e consciências cotidianas me parece uma tarefa dada por Deus, implicada no testemunho da Palavra de Deus.

Sentimentalismo epistêmico

A experiência cotidiana de uma existência gerida leva todos nós a tomar um mundo de substâncias fictícias como algo dado. Nos leva a falar de tais fantasmas geridos com novas palavras como "progresso" no cuidado em saúde, educação universal, consciência global, desenvolvimento social; com palavras que sugerem algo "melhor", "científico", "moderno", "avançado", "benéfico para os pobres". As amebas verbais por meio das quais designamos os fantasmas nascidos da gestão passam a conotar um iluminismo presunçoso, preocupação e racionalidade social sem, no entanto, denotar nada que possamos nós mesmos vivenciar, sentir o gosto ou o cheiro. Nesse deserto semântico cheio de ecos confusos, precisamos de um amuleto, de algum fetiche prestigioso que possamos levar conosco para nos sentirmos defensores decentes de valores sagrados. Retrospectivamente, parece que a justiça social doméstica, o desenvolvimento no ultramar e a paz mundial são exemplos de tais fetiches; o novo fetiche é a Vida. Há algo de apocalíptico em procurar pela vida sob um microscópio (Mt. 24:26).

Existem pessoas que são pró-vida: algumas se opõem ao aborto, outras à vivissecção, à pena de morte ou à guerra. Seus oponentes querem a escolha de interromper a gravidez ou um tratamento capaz de salvar a vida. Como me disse Will Campbell três anos atrás, "a vida está despedaçando a Igreja". E ainda assim, ninguém ousa se opor ao uso dessa ameba verbal na controvérsia pública. Menos ainda os homens da igreja. Alguns queimam incenso em homenagem à vida. Outros tornaram-se especialistas em traficar piedades pseudo-bíblicas sobre o "valor" da vida. Enquanto a medicina gerencia a vida, do esperma até os vermes da tumba, as Igrejas adquiriram um novo *status* social ao enquadrar tais atividades médicas dentro do semblante de um discurso ético. A bioética provê um novo e prestigioso mercado de trabalho que dá preferência a clérigos desempregados com diplomas universitários. Estou, portanto, plenamente ciente da dificuldade que encaro quando escolho vida como meu caso exemplar de uma noção que toma uma existência espectral mas não questionada por meio de comprometimentos institucionais a novos domínios de gestão. Também estou ciente de um perigo adicional: apresento este exemplo a uma Igreja que resultou de uma fusão no último 1º de janeiro, e cujos executivos estão ansiosos para saber o que o mundo espera de sua instituição.

Posso lhes dizer: o Ocidente cristão deu à luz um tipo radicalmente diferente de condição humana, diferente de qualquer coisa que já tenha existido sem a obstetrícia milenar da Igreja. Apenas dentro da matriz a qual Jacques Ellul chama de "sistema tecnológico" esse novo tipo de condição humana conheceu sua plena fruição. Um novo papel se abre para instituições criadoras de mitos, moralizantes e legitimadoras, um papel que não pode ser bem entendido nos termos das antigas religiões, mas que algumas Igrejas se apressam em desempenhar.

A nova sociedade tecnológica é singularmente incapaz de gerar mitos com os quais as pessoas possam formar ligações ricas e profundas. No entanto, para sua manutenção rudimentar, ela precisa de agências que criem fetiches legítimos aos quais o sentimentalismo epistêmico possa se prender. Nunca antes existiu uma demanda semelhante por agências capazes de fornecer tal serviço. E as maiores Igrejas cristãs – tradicionalmente legítimas, intelectualmente prestigiosas, bem geridas e independentemente financiadas – aparecem como centros aptos a se confiar essa tarefa. Na época de Gorbachev, a Igreja não enfrenta jacobinos.

Um novo tipo de conspiração ameaça: não com o triunfalismo de um império de Constantino, mas com poderes que promovem o bem-estar, desenvolvimento e justiça como meios de manter a ordem e a paz.

O Evangelho da Vida

Não fui ensinado a crer que a Igreja encontra sua vocação ouvindo o mundo. A Igreja Luterana não é apenas populosa e rica; não é apenas uma das importantes agências definindo questões morais na vida pública e falando em nome da responsabilidade ética na política americana; não é apenas uma das instituições-chave a prover coesão social, junto a orquestras, clubes democráticos, associações de alunos e as Filhas da Revolução Americana. Só posso crer que é também e, acima de tudo, uma das maiores embarcações às quais uma tradição teológica distinta foi confiada. Todos os cristãos americanos são de alguma forma dependentes da salvaguarda da Igreja Luterana com relação às palavras do Evangelho em um mundo cheio de termos-lixo da ciência *pop*. A clara diferenciação entre *a* Vida e *uma* vida é hoje uma parte essencial e paradigmática de tal tarefa. Mas como podemos pedir que a Igreja anatematize um ídolo no mesmo momento em que ela perdeu sua habilidade de definir os termos que usa para anunciar sua própria mensagem? Como pedir que a Igreja navegue contra a própria corrente para a qual ela conduziu o Ocidente?

A comparação entre a Igreja e um navio que navega pelo oceano vem desde os tempos patrísticos. Ela antecede a invenção do leme central e as conotações de completo controle que a imagem sugere. O pesado navio agora navega por águas completamente desconhecidas, aquelas que mapas medievais mostram na extremidade do mundo, onde os oceanos queimam, e dos céus chove enxofre. Não consigo pensar em uma imagem melhor para evocar a vocês o que significa ser a tripulação da Igreja nos anos 1990, quando os elementos por meio dos quais gerações navegaram praticamente desapareceram: ozônio e clima, variedade genética e imunidades hereditárias, florestas e baleias – isto é, de maneira mais importante, os cedros que dão ao Templo de Salomão sua qualidade sensual, o monstro na barriga do qual Jonas, como Cristo, passou três dias.

É nessas regiões de dissemelhança que vocês se encontram amontoados para uma semana de reflexões em prece, levando adiante as Boas-Novas que o Senhor anuncia a Marta quando diz a ela "Eu sou Vida". Ele não diz: "Eu sou uma vida". Ele diz simplesmente: "Eu sou Vida". A vida hipostática tem suas raízes históricas na revelação de que uma pessoa humana, Jesus, é também Deus. Esta Vida é a substância da fé de Marta, e da nossa. Esperamos receber esta Vida como um presente, e esperamos compartilhá-la. Sabemos que esta Vida nos foi dada na Cruz e que não podemos procurá-la a não ser pela *via crucis*. Estar meramente vivo não significa ainda ter esta Vida. Esta Vida é gratuita, além e acima de ter nascido e vivido. Mas, como Agostinho e Lutero lembram constantemente, é um presente sem o qual estar vivo seria como ser pó.

Esta Vida é pessoal a ponto de ser uma pessoa revelada e prometida em João 19.[2] Esta Vida é algo profundamente diferente da vida que aparece como um substantivo nas manchetes dos jornais dos Estados Unidos. E, à primeira vista, ambas não têm nada em comum. De um lado, a palavra diz: Emanuel, Deus feito homem, encarnação. De outro, o termo é usado para imputar substância ao processo pelo qual o médico assume responsabilidade, que as tecnologias prolongam e que armamentos atômicos protegem; que tem presença nas cortes, que pode ser dado de maneira equivocada; um processo cuja destruição, sem o procedimento devido, ou além das necessidades de defesa nacional ou do crescimento industrial, incita a fúria das organizações ditas pró-vida.

Entretanto, em uma análise mais próxima, a vida como uma propriedade, um valor, um recurso nacional, um direito, é uma

---

2. Acreditamos que Ivan Illich tenha se confundido com a referência do capítulo. A tradução à língua espanhola também indica João 11:25, onde consta o diálogo de Jesus com Marta. [N. T.]

noção ocidental que compartilha sua ancestralidade cristã com outras verdades-chave em sua definição da sociedade secular.

A noção de uma vida humana entitativa que pode ser protegida profissional e legalmente foi tortuosamente construída por meio de um discurso legal-médico-religioso-científico cujas raízes vão longe, na teologia. As conotações emocionais e conceituais da vida nas tradições hindu, budista ou islâmica são completamente distintas daquelas evidentes no discurso corrente sobre o assunto nas democracias ocidentais. Esta é uma razão primária de por que a desmistificação da vida é um serviço no qual historiadores treinados teologicamente devem se engajar.

Politicamente, movimentos pró-vida são patrocinados principalmente por denominações cristãs. E essas organizações têm desempenhado um papel significativo na construção social do ídolo do qual eu falo. Esta é a segunda razão pela qual olho para a Igreja para esclarecer a noção. As Igrejas cristãs agora encaram uma feia tentação: a de cooperar na criação social de um fetiche que, de uma perspectiva teológica, é a perversão da Vida revelada em um ídolo.

Cinco observações sobre a história da vida

A teologia cristã começa onde o iconoclasmo faz sua tarefa. Se, como instituição, vocês colocam seus recursos em uma interpretação do Evangelho que tenta evitar o sentimentalismo epistêmico, a "história da vida" está, para vocês, na ordem do dia. E aqueles que se engajam nessa história devem manter em mente cinco pontos.

Primeiro, "vida", enquanto noção substantiva, faz sua primeira aparição por volta de 1801.

Acadêmicos bíblicos sabem bem a correspondência limitada da palavra hebraica para sangue, *dam*, e do termo grego que utilizaríamos para alma, nomeadamente, *psyché*. Nenhuma das duas está sequer próxima do significado do substantivo "vida". O conceito de vida não existe na Antiguidade greco-romana: *bios* quer dizer o curso de um destino e *zoé* algo próximo do brilho do que é vivo. Em hebraico, o conceito é totalmente teocêntrico, uma implicação do sopro de Deus.

"Vida" como uma noção substantiva aparece 2 mil anos depois, junto com a ciência que se propõe a estudá-la. O termo "biologia" foi cunhado no início do século xix por Jean-Baptiste Lamarck. Ele reagia ao progresso barroco na botânica e na zoologia que tendia a reduzir as duas disciplinas ao *status* de mera classificação. Ao inventar um novo termo, ele também nomeou um novo campo de estudos, "a ciência da vida".

O gênio de Lamarck confrontou a tradição que atribuía a animais e vegetais infusões de almas distintas, junto da consequente divisão da natureza em três reinos: mineral, vegetal e animal. Ele postulou a existência de vida que distingue seres vivos de matéria inorgânica, não por estrutura visível, mas por organização. Desde Lamarck, a biologia procura pela "causa estimulante da organização" e sua localização em tecidos, células, protoplasma, no código genético ou em campos morfogênicos. "O que é 'vida'?" é, portanto, não uma questão perene, mas a reação da ciência *pop* a relatórios de pesquisa científica com relação a uma gama de diferentes fenômenos tais como reprodução, fisiologia, hereditariedade, organização, evolução e, mais recentemente, retroalimentação e morfogênese. Vida aparece durante as guerras napoleônicas como um postulado que deveria levar os novos biólogos além dos diferentes estudos comparativos de mecanicistas, vitalistas e materialistas que competiam entre si. Então, conforme estudos morfológicos, fisiológicos e genéticos tornaram-se mais precisos em meados do século xix, vida e sua evolução tornaram-se os subprodutos nebulosos e não intencionais que refletiam no discurso cotidiano um tipo de terminologia científica cada vez mais formal e abstrato. Com a exceção possível das primeiras duas gerações de biólogos do século xix, as *obiter dicta* [reflexões complementares] baseadas na noção substantiva de vida não são, nem nunca foram, parte do argumento da biologia como ciência.

É, portanto, surpreendente observar com que solenidade biólogos têm sido recentemente convidados por executivos de Igrejas para compor suas competências com as de teólogos no estudo de questões relacionadas à vida pós-lamarquiana. Segundo, a perda da contingência, a morte da natureza e o aparecimento da vida são apenas aspectos distintos da mesma nova consciência.

Uma vertente que volta até Anaxágoras (500-428 a. C.) liga vários sistemas filosóficos que seriam de outra forma totalmente distintos entre si: o tema da vivacidade da natureza. Essa ideia da responsividade sensitiva da natureza encontrou sua constante expressão até o século XVI em versões animistas e idealistas, gnósticas e hilomórficas. Nessas variações, a natureza é vivenciada como a matriz da qual todas as coisas nascem. No longo período entre Agostinho e Duns Escoto, esse poder da natureza de dar à luz era ancorado no fato de o mundo ser *contingente* à incessante vontade criativa de Deus. Pelo século XIII, e especialmente na escola teológica franciscana, o ser do mundo é visto como contingente não meramente com relação à criação de Deus, mas também com o gracioso compartilhamento de Seu próprio ser, Sua vida. O que quer que venha da possibilidade, *de potentia*, para a necessidade de sua própria existência, prospera por seu compartilhamento milagroso na intimidade de Deus, para o qual não há melhor palavra do que a Sua vida.

Com a revolução científica, o pensamento enraizado na contingência se desvanece e um modelo mecanicista passa a dominar a percepção. Carolyn Merchant argumenta que a resultante "morte da natureza" foi o evento mais insidioso em mudar a visão e percepção do homem com relação ao universo. Mas também levantou a questão enervante: como explicar a existência de formas vivas em um cosmos morto? A noção de vida substantiva então aparece não como uma resposta direta a esta questão, mas como uma espécie de xibolete insensato para preencher um vão.

Terceiro, a ideologia do individualismo possessivo abriu o caminho para que pudéssemos falar da vida como se fosse uma propriedade.

Desde o século XIX, a construção legal da sociedade cada vez mais reflete um novo radicalismo filosófico na percepção de si. O resultado é um rompimento com a ética que havia dado forma à história ocidental desde a Antiguidade grega, claramente expressa pela mudança de preocupação pelo bem para valores. A sociedade está organizada sobre o postulado utilitarista de que o homem nasce necessitado, e os valores de que necessita são escassos por definição. A possessão de vida em axiologia é, então, interpretada como o valor supremo. O *homo economicus* se torna a referência para a reflexão ética. Viver é equacionado com a luta pela sobrevivência ou, de maneira mais radical, com a competição pela vida. Por já mais de um século se tornou costumeiro falar da "conservação da vida" como o derradeiro motivo da ação humana e da organização social. Hoje, alguns bioeticistas vão mais além. Enquanto até agora a lei implicou que uma pessoa é viva, *eles* demandam que nós reconheçamos que existe uma diferença profunda entre ter uma vida e meramente estar vivo. A habilidade comprovada de exercer este ato de possessão ou apropriação se torna o critério para o "estatuto de pessoa" [*personhood*] e para a existência de um sujeito legal.

Durante esse mesmo período, o *homo economicus* foi tomado sub-repticiamente como o emblema e análogo de todos os seres vivos. Um antropomorfismo mecanístico se tornou corrente. Imagina-se que bactérias imitam comportamentos "econômicos" e empreendem uma áspera competição pelo escasso oxigênio disponível em seu ambiente. Uma luta cósmica entre formas de vida cada vez mais complexas se tornou o mito de origem antropomórfica da era científica.

Quarto, a natureza fictícia da vida aparece com destaque especial na discussão ecológica.

Ecologia pode significar o estudo das correlações entre formas vivas e seu *habitat*. O termo é também e cada vez mais usado como uma maneira filosófica de correlacionar todos os fenômenos conhecíveis. Ela então significa pensar em termos de um sistema cibernético que, em tempo real, é tanto modelo quanto realidade: um processo que observa e define, regula e sustenta a si mesmo. Dentro deste estilo de pensamento, "vida" se torna equiparada com o sistema: é o fetiche abstrato que simultaneamente o esconde e o constitui.

O sentimentalismo epistêmico tem suas raízes nesse desabamento da linha fronteiriça entre o processo cósmico e a substância, e a incorporação mítica de ambos no fetiche da vida. Concebido como sistema, o cosmos é imaginado em analogia com uma entidade que pode ser analisada racionalmente e gerida. Simultaneamente, este mesmíssimo mecanismo abstrato é romanticamente identificado com "vida" e referido em tons abafados como algo misterioso, polimórfico, fraco, que precisa de tenra proteção. Em um novo tipo de leitura, o Gênesis agora diz como a vida foi confiada a Adão e Eva e a ulterior melhoria de sua qualidade. Este novo Adão é ceramista e enfermeiro do Golem.

Quinto, a *"uma* vida", fetiche da ciência *pop*, tende a anular a noção legal de pessoa.

Esse processo é bem ilustrado na relação entre a prática médica, procedimentos jurídicos e discurso bioético. Médicos na tradição hipocrática estavam obrigados a restaurar o equilíbrio (a saúde) da constituição de seus pacientes e eram proibidos de usar suas habilidades para lidar com a morte. Eles tinham que aceitar o poder da natureza de dissolver o contrato curador entre o paciente e seu médico. Quando os sinais hipocráticos indicavam ao médico que o paciente havia entrado em agonia, o "átrio entre vida e morte", ele tinha que se retirar do que era agora um leito de morte. Os primeiros estremecimentos do feto – que significa se tornar vivo – no útero e a agonia – uma luta pessoal para morrer – definiam os limites extremos nos quais um sujeito de cuidados médicos poderia ser concebido. Isso, agora, muda rapidamente. Os médicos são ensinados a considerar-se responsáveis pelas vidas do momento em que o óvulo é fertilizado até o momento da captação de órgãos. No início do século xx, o médico passou a ser percebido como o tutor socialmente apontado de qualquer pessoa que, tendo sido posta no papel de paciente, perdeu uma porção de sua própria competência. Agora ele se torna o gerente socialmente responsável não de um paciente, mas de uma vida. De acordo com um dos bioeticistas mais bem respeitados, a ciência dotou a sociedade da habilidade de distinguir entre uma vida que é de uma pessoa humana e uma que corresponde a uma "não pessoa humana". A essa última criatura falta a qualidade ou "capacidade requerida de desempenhar um papel na comunidade moral". A nova disciplina da bioética medeia entre a ciência *pop* e a lei ao criar a aparência de um discurso moral que ancora o "estatuto de pessoa" na avaliação qualitativa de um fetiche, "vida".

Ética médica: um chamado para desmascarar a bioética[1]

Ética médica é um oxímoro, do mesmo tipo que sexo seguro, proteção nuclear e inteligência militar.

Desde 1970, a bioética se espalhou como uma epidemia, criando uma aparência de escolha ética em um contexto intrinsecamente antiético. Esse contexto tomou forma a partir da extensão da medicina da concepção à captação de órgãos. Dado esse novo domínio de operação, a medicina parou de olhar para os sofrimentos da pessoa doente: o objeto de cuidado se tornou algo chamado "uma vida humana".

A transformação aparente de uma pessoa em "uma vida" é uma operação letal, tão perigosa quanto procurar a árvore da vida nos tempos de Adão e Eva.

A ética, institutos, programas e cursos criaram um discurso dentro do qual "vida" aparece como objeto de gestão médica, profissional. Portanto, o guarda-chuva da racionalização acadêmica agora confere legitimidade a uma empreitada essencialmente incorreta. A ética médica agora obscurece a prática da virtude no sofrer e no morrer.

Consideramos a bioética irrelevante para a vivacidade com a qual pretendemos encarar a dor e a angústia, a renúncia e a morte.

---

1. Redigido com o Dr. Robert Mendelsohn para discussão na Escola de Medicina da Universidade de Illinois. Chicago, 20 de novembro de 1987.

Dados Internacionais de Catalogação na Publicação (CIP) de acordo com ISBD

I29n	Illich, Ivan
	No espelho do passado: Palestras e discursos 1978-1990 / Ivan Illich ; traduzido por Neto Leão, Nilo Coradini de Freitas. - São Paulo : n-1 edições, 2024.
	274 p. ; 14cm x 21cm.
	ISBN: 978-65-6119-001-5
	1. Filosofia. 2. Pedagogia. 3. História. I. Leão, Neto. II. Freitas, Nilo Coradini de. III. Título.
2024-66	CDD 100 CDU 1

Elaborado por Odilio Hilario Moreira Junior - CRB-8/9949

Índice para catálogo sistemático:

1. Filosofia 100
2. Filosofia 1

n-1

O livro como imagem do mundo é de toda maneira uma ideia insípida. Na verdade não basta dizer Viva o múltiplo, grito de resto difícil de emitir. Nenhuma habilidade tipográfica, lexical ou mesmo sintática será suficiente para fazê-lo ouvir. É preciso fazer o múltiplo, não acrescentando sempre uma dimensão superior, mas, ao contrário, da maneira mais simples, com força de sobriedade, no nível das dimensões de que se dispõe, sempre n-1 (é somente assim que o uno faz parte do múltiplo, estando sempre subtraído dele). Subtrair o único da multiplicidade a ser constituída; escrever a n-1.

Gilles Deleuze e Félix Guattari

n-1edicoes.org

v. eb3895d